从俗语辞书的编纂看清人的词语观

徐小波 著

吉林大学出版社

·长春·

图书在版编目（CIP）数据

从俗语辞书的编纂看清人的词语观 / 徐小波著. —
长春：吉林大学出版社，2019.9（2024.10重印）
ISBN 978-7-5692-5435-8

Ⅰ.①从… Ⅱ.①徐… Ⅲ.①汉语-俗语-研究-中国-清代 Ⅳ.①H136.4

中国版本图书馆 CIP 数据核字（2019）第 187615 号

书　　名 从俗语辞书的编纂看清人的词语观
CONG SUYU CISHU DE BIANZUAN KAN QINGREN DE CIYUGUAN

作　　者 徐小波　著
策划编辑 黄国彬
责任编辑 马宁徽
责任校对 张宏亮
装帧设计 刘昌凤
出版发行 吉林大学出版社
社　　址 长春市人民大街 4059 号
邮政编码 130021
发行电话 0431-89580028/29/21
网　　址 http://www.jlup.com.cn
电子邮箱 jdcbs@jlu.edu.cn
印　　刷 三河市华晨印务有限公司
开　　本 710mm×1000mm　1/16
印　　张 15
字　　数 230 千字
版　　次 2019 年 10 月　第 1 版
印　　次 2024 年 10 月　第 3 次
书　　号 ISBN 978-7-5692-5435-8
定　　价 78.90 元

序

从上个世纪末开始，词汇学中的一些问题，常常引起我深入思考。其中有两个问题，一是词语雅俗问题，二是词语观问题，愈来愈萦绕在我的脑际。词语雅俗的问题，我曾写出一系列论文进行研讨，如《熟语的经典性和非经典性》（《语文研究》1994年第3期）、《论成语的经典性》（《南开学报》1997年第2期）、《论四字语和三字语》（《语文研究》1997年第4期）、《词语雅俗论——兼谈易本烺<常谭搜>的收条、分类等问题》（《立命馆言语文化研究》第13卷1号，2001年）；词语观问题，因为忙，仅写出《词语观的建立和完善与词典收目》（《辞书研究》2004年第6辑）一篇论文，再无暇继续做下去。工作虽仅开了个头，但所提出的问题是重要的，因而引起了一些反响。这一点，从该文为《中国辞书论集（第7辑）》（外语教学与研究出版社2007年）和《〈辞书研究〉三十年论文精选》（上海辞书出版社2009年）反复收录即可知一二。我曾想待手头的杂事忙完，就重拾旧业，继续深化词语观的研究。但随着2008年我工作重心南移，这个想法愈来愈成为美好的梦想了。2014年，徐小波考取我的研究生，似让我看到了某种希望。小波具有扎实的理论基础，硕士出自著名学者张志毅先生门下；具较强的教学与科研能力，在读博前曾长期在教学科研第一线工作，是其所在大学的教学科研骨干；具较高的外语水平，这从其博士学位论文广泛涉猎并引用英、日文献即可看出。博二时，小波原来自己考虑的博士学位论文选题受挫，请我给她另择一题，我毫不犹豫地把这个题目交给了她，我相信这个题目的潜力，更信赖小波的能力。

中国人很早就已具有了词语意识——世界上现存最早的单语词典《尔雅》在周秦之际即已诞生，扬雄的《方言》、刘熙的《释名》也都产生于汉代，充分说明了问题；但是中国人词语观的建立却较迟——判定词语观已然建立起来，需要一些要件，如语言使用的群体必须要有自觉的语言意识，要能明了语言与非语言的界限和彼此关系，明了此语言与彼语言的异同，要对语言单位的“位”有清楚的认知，等等。中国人的词语观，其建立经历了一个由朦胧到清晰的过程，大约明清以降才逐渐成形。这个时间，正是西方告别中世纪的黑暗时代，中国由理学的封建桎梏中挣脱出来，开始迈向现代文明的时刻。中世纪在西方持续了千年时间，中国挣脱封建羁绊的过程也拖得很久，至少从唐代开始中国文学的关注点即开始由庙堂向市井转移，但是贵族将视点稍稍聚焦于社会底层则已是明清了。明清时，不仅一些士大夫喜用百姓的语言，甚至九五之尊的皇帝嘴里也偶尔会冒出个把俚俗的词语来。美国公理会传教士明恩溥（Arthur H. Smith，1845～1932）编纂的《汉语谚语熟语集》（Proverbs and Common Sayings from the Chinese，American Presbyterian Mission Press1888 年，上海）介绍说，道光皇帝在与两广总督对话时就曾引用谚语说道：“老妇曾言：‘千算万算，不如老天一算。’”正因为社会上下有如此浓郁而广泛的俗语氛围，明清出现了以《水浒传》《西游记》《金瓶梅》《红楼梦》为代表的小说，更出现了为数甚多的裒辑词语（时人谓之“俗语”“常谈”等）的辞书。编纂词语类的工具书，首先就要将词语与非词语划分开来，要对词语的范围有个清醒的认识，才能为之收条立目；进一步，要对词语的雅俗了然于胸，对实词性单位与虚词性单位有清楚的分辨，对词语的义项等有深刻的认识，要为词语作出正确的注音，等等。这些工作清儒或多或少、或深或浅的做了，他们的工作卓有成效，足以垂范后昆，如翟灏的《通俗编》收条五千多，史无前例，易本烺的《常谈搜》首次将词语分别为雅、俗两类，前无古人。明清时期，也正是西方传教士来华传教的重要时期。传教士的著作（包括双语词典和学术著作），也是我们今天研究中国词语观形成的一个重要视角，可惜这个视角长期以来我们未曾给予应有的关注。我尝想，词语观在中国士大夫的心中成形和发展，与西方来华传教士有无关系，有哪些关系，有多大程度的关系，或许也是未来值得探讨的问题。

小波聪慧而勤奋，她循前人开辟的道路，认真研究了词语观的诸多问题，短时间内即颇有心得和创获。她的《从俗语辞书的编纂看清人的词语观》一文，站在一定理论制高点上驾驭古今中外的大量资料，在比较中归纳出清代学人的词语观。这一工作此前鲜少有人系统做过，她的论文某种意义上可说是填补学术空白之作。论文不仅关注国内的材料，也关注域外的材料；不仅关注清代汉语材料，也将其与清代之前和之后的材料进行对照；不仅关注语言文字，也将语言文字与文化融合起来进行研究。这样的成果是复合型的，厚重而扎实。论文方法多有创新，新见迭现，成果处处具有较强的创新意识，深具新意。当年答辩时，答辩委员会一致认为这是一篇颇具理论价值和创新性的好论文。

小波是 2014 年 9 月入学南开开始读博的。当年 4 月，我惊闻张志毅先生不幸罹患绝症的消息后，迅即飞赴烟台看望他。先生见我专程到来，眼里闪现出泪光，枯瘦的手从被子中伸出，紧抓住我的手不放。当时的我，强忍住泪水，只语无伦次地对先生絮絮叨叨说着宽慰的话，但先生目不转睛地看着我，好久才从嘴里挤出那次见面他对我说的唯一的话，也是我一生中听到的他无数话语中的最后一句，竟是："小波，你见到了吗？"闻听先生此言，我不禁浑身为之一震——多好的一位先生！一位心中只有学生的老师！其时，我已对小波进行过复试，并且初定录取她了，只是尚不能告诉先生而已。先生推荐跟我到南开读书的烟台师院（鲁东大学）的学生，绝大多数都人品、学品俱佳，如重回鲁东服务桑梓的海霞、任职于教育部语用所的陈茜、供职于中共天津市委的于林都莫不如此，小波自不必说。教学相长，我也从学生们那里学到很多。本文搁笔已是举灯时分。困意突然袭来，不觉伏案睡去，灯火摇曳中，恍见张先生向我走来，夹在他食指、中指间的香烟，一明一灭，烟雾袅袅；先生微笑着招呼我与他一起去小酌，略带神秘地小声告诉我说他那里有好酒。我刚要问：五年了，先生别来无恙？一阵风吹来，灯熄人不见。我悚然惊醒，揉揉眼睛，知再过一个月零六天即是先生五周年忌日，是先生托梦与我。差可告慰先生的是：您推荐给我的四位高足都已成材，我完成了您的嘱托，他们也都没有辜负您的厚望。小波尤其是如此，她厚重的、散发着学术清新气息的新著，就是最好的说明。

周荐

2019 年 3 月 29 日深夜，灯下

目 录

第一章　绪　论

第一节　研究对象、研究缘起及目的

1.1.1　研究对象

本文的研究对象是清人的词语观。一般来说，所谓词语观是指对词、语及其相关知识的自觉认识或论述，是一种系统的认识和理念。科学的词语观是在一定的科学观念指导下进行有目的的分析、研究，从而得出对词语的根本看法，这种科学的词语观是在近代语言学传入我国以后才真正建立起来的。

本文所说的词语观是指通过清人编纂的大量俗语（词语类）工具书，所反映出来的清代学者对词语以及词语雅俗关系的一种蒙眬的认识。一方面清代学者的词语意识在逐渐加强，他们突破传统字本位观念，对字的组合体——词和语予以了特别的关注；另一方面，清代学者突破传统研究以雅言词为重的观念，对于俗词语给予了应有的重视。清人的词语观在清代俗语工具书中有学者们自觉地表述，在他们所编纂的工具书的序、跋当中，清代学者就对上述一些观点进行了非常明确的阐述。比如对于词语雅俗问题的看法，钱大昭《迩言》前有作者的自序，其中有“乃谚为无逸之所戒。然齐人有言，孟子以证乘势，南人有言，孔子以警无恒。夏谚周谚引于经传，齐鄙语引于吕览，邹鲁谚引于汉书，则浅近之言，亦圣贤所不废乎。”明确表达了钱大昭认为不能忽视俗语的观点。另外，这种词语观也可以通过清代学者对工具书的编纂实践、辞书的收目以及释义等不自觉地表现出来，清人对词语的各个方面产生的不自觉的、零散的认识需要我们通过对具体例证的分析去进行总结。清代学者的词语观在文中具体可以表现为三个方面。一是清人的词语意识：中国古代的语文学家所关注的主要对象是字，所以在汉语史上，字典一直占据着统治地位。而从明代开始，词语类辞书大量出现，清代达到高峰。清人将字的组合体作为工具书的条目予以收录，不仅有大量的双音节词语，而且有众多的多音节词语或熟语。表明清代学者的关注重心，由原来的聚焦于字而扩展到词和语。二是清人的熟语观：清代俗语工具书的一个重要特点就是对熟语的广泛关注。清人对熟语的收集更加自觉，不但所收熟语的数量剧增，而且熟语类型更加全面，对熟语的考证和诠释也更加深入，另外，清代学者还对歇后语、成语、俗谚等熟语的性质和特点有了一定的认识。三是清代学者的雅俗观：对雅俗词语的认识也是清代学者词语观的一个重要内容，俗词语向来不被文人雅士所重视，但在清代却成为学者们编纂辞书所收录和阐释的主要对象。清代学者对俗语的重视、对词语的雅俗辩证关系的认识等都表明了他们在这个问题上观念的进步。

"词语观作为一种系统的认识和理念，是随着语言学的发展、随着人们认识的不断提高而逐步完善的。"（周荐，2004）清代学者对词语相关问题的朴素认识，虽然与现代语言学意义上的科学词语观还存在一定的距离，但是和清代之前相比显然已经有了很大的进步和发展。

需要说明的是，我们主要以明清时期的俗语工具书为分析对象，当然在研究过程中也会涉及到前代的一些俗语著作。

1.1.2 研究缘起及目的

到了明清时期，在俗语的收集、考释方面进入了一个新的阶段，涌现出众多具有辞书性质的俗语类工具书。日本已故汉学家长泽规矩也将其中比较著名的、当时又不容易看到的二十部俗语类工具书汇集成《明清俗语辞书集成》。其中明代五部：陈士元的《俚言解》、陆嘘云的《（新刻征郡原板诸书直音）世事通考》、赵南星的《目前集》、张存绅的《（增订）雅俗稽言》和周梦阳的《常谈考误》。清代共十二部：顾张思的《土风录》、易本烺的《常语搜》、梁同书的《直语补正》、梁章钜的《称谓录》、史梦兰的《异号类编》、西厓先生的《谈徵》、唐训方《里语徵实》、高静亭《正音撮要》、蔡奭《（新刻）官话汇解便览》、北洋陆军督练处《军语》、郑志鸿《常语寻源》、郝懿行《证俗文》；另外还有三部成书于民国时期：孙锦标《通俗常言疏证》、李鉴堂《俗语考原》和周起予《新名词训纂》。1974 年，日本汲古书院将该《集成》影印出版，上海古籍出版社于 1989 年将此书重新影印出版。

清代出现的俗语辞书并不仅限于上述几种，其他比较著名的如商务印书馆 1958 年出版的《恒言录恒言广证》、《通俗编（附直言补证）》；1959 年出版的《〈迩言〉等五种》，即钱大昭的《迩言》、平步青的《释谚》、郑志鸿的《常语寻源》、胡式钰的《语窦》和罗振玉的《俗说》。

这些著述严格意义上来说有的并不属于“辞书”，长泽规矩也在《集成》的“自序”里解释：“尽管题为‘辞书’，但也包括了从书籍体制而言应当称之为随笔的著作。这是因为它们虽不属辞书，然而内容却实贵有用之故。”从内容来看这些俗语著作“大都属于明清以来的俗言俚语、方言民谚、成语典故、名物制度以及官场、亲族的称谓，京都官话等；有的是原书撰者长期积累成帙的活跃于民间的里巷鄙谈、风土人情。”① 所以我们文中也一并以“辞书”或“工具书”来称呼这些明清时期的俗语类专著。

这些辞书如果从所收录条目的性质来看，是以词和语（包括固定词组以及各类熟语）为主要的收录单位，而不是以字为主，所以如果从这个角度来讲，可以称之为词语类工具书。这些词语如果从雅俗的角度来看，绝大部分属于俗言俚语，方俗口语，而不再是以先秦文献典籍中的雅词语为主，而且清代学者对这些俗词俗语考证源流，并加以解释，所以从雅俗角度来说，可以称之为俗语类工具书。在封建文化的价值观里，语言是有雅俗贵贱之分的。中国传统语言学的主要研究对象是围绕先秦典籍展开的，这些古籍以儒家著作为代表向来被奉为经典。在尊儒崇经风气的影响下，作为经学附庸的传统训诂学主要致力于古代经传及诸子材料为代表的雅言词的考释。与“雅言”或“雅语”相对的“俗语”，在相当长的一个历史时期里，被视为村言野语，不能登大雅之堂，不被文人学士所重视，早期的大部分辞书也因此对各类俗

① （日）长泽规矩也《明清俗语辞书集成》“出版说明”，上海：上海古籍出版社，1989。

词语收录甚少或者置之不顾。而随着俗语在民间的传播以及人们认识的发展，俗语也引起了一些有识之士的重视，他们开始对各类俗语进行收集整理。明清以前收集俗语的著作比较零散，不成系统。比如东汉服虔的《通俗文》、崔寔的《农家谚》、唐代李义山的《杂纂》及其后主要收录歇后语的“杂纂系列”，宋代无名氏的《释常谈》等，都收录有一定的俗词语，但是所收俗语数量比较少，而且这样的俗语类专著明清以前也并不多见。

如此众多的俗语类或者说词语类工具书在清代涌现出来，我们认为除了语言本身发展和社会发展的客观事实以外，也一定和清代学者的主观认识有关，这些工具书在编纂、立目以及收条等方面体现了清代学者的词语观。本文的主要研究目的就是通过明清时期这些俗语类工具书的编纂以及收目等来阐明清人的词语观，阐释清代文人学士词语意识的发展，对熟语的重视以及对词语雅俗关系的理解。另外，在词语观的统领下，全面考查收录在清代俗语工具书中的各类俗词俗语，对这些俗语材料进行研究分析，对其表现出来的语言现象进行描写解释，使人们对清代俗语工具书中的词汇面貌以及发展变化等情况能有比较具体的认识，这也是本文的写作目的之一。

第二节　研究现状

1.2.1　明清俗语辞书的整体介绍和评价

20世纪八十年代，明清俗语辞书进入一些学者的研究视野。此时对明清时期特别是清代涌现出的诸多俗语辞书，学界只是开始注意到这种新的现象，以介绍和评价为主，并未就其内容做十分深入的研究。我们根据所搜集的资料，将八十年代涉及明清俗语辞书的有关著作和文章按时间顺序做简要论述。刘叶秋《中国字典史略》（中华书局，1983）是对明清俗语辞书关注较早的专著。刘先生把明时期看作“字书的进化与兴盛期”，明清时期的俗语辞书是“《方言》派方言俗语词典的进化”，把明清两代编辑的方言俗语词典分为两种：一种是考证一般的常言俗语的，明清时期的大部分俗语辞书都属于这一类；另一种是考证某一地区的方言的，但为数寥寥，影响不大，如史梦兰的

《异号类编》、梁章钜的《称谓录》。并对第一种所包含的明清俗语辞书从词目分类、辞书体例、印证范围等方面进行了相对详细的介绍。曲彦斌《日本出版的〈明清俗语辞书集成〉》（《辞书研究》1984 年第 3 期）也是较早提醒学界关注这些当时在国内鲜见的关于俗语、民俗的工具书。董晓萍《俗语辞书〈土风录〉》（《浙江学刊》1985 年第 2 期）通过对《土风录》与《通俗编》和《恒言录》的比较，总结了《土风录》在词语释义、词目分类方面的特点。钱剑夫《中国古代字典辞典概论》（商务印书馆，1986）认为在《通俗文》以后专门搜集解释或辨正方言俗语的著作，大体来说可以分为四类，其中第二类是“在《方言》、《通俗文》等书以后，专事搜集整理或辨正俗语方言的专著。”其中较有名的提到了焦竑的《俗书刊误》、翟灏的《通俗编》、钱大昕的《恒言录》、钱大昭的《迩言》、平步青的《释谚》、胡式钰的《语窦》、郑志洪的《常语寻源》、罗振玉《俗说》、孙锦标《通俗常言疏证》以及杜文澜的《古谣谚》等。胡奇光《中国小学史》（上海人民出版社，1987））认为“俗语研究在明代开花，到清代结果”，指出“清代俗语著作很多……其中，以内容繁富的《通俗编》、体力严谨的《恒言录》与考证详尽的《证俗文》鼎足而三，成了清代俗语学的奠基之作。”并重点对这三部俗语辞书作了举例性质的说明。

其后，一些词汇史或辞书史类著作，在谈到明清时期的词汇或辞书研究时，都对明清俗语辞书进行了介绍，并对其成绩与不足做出一定的评价。温端政、周荐《二十世纪的汉语俗语研究》（书海出版社，1999）“绪论”部分对明清时代的俗语辞书做了比较详细的介绍，并概括总结了我国古代在俗语研究方面存在的主要问题：“重资料辑录而轻理论探讨；重考源轻释义；重典籍而轻口语。”温朔彬、温端政《汉语语汇研究史》（商务印书馆，2009）第一章“我国古代语汇研究概况”指出“清代在语汇的收集和考释上进入了一个新的阶段，出现了一批带有辞书性的语汇著作。”并对《通俗编》《恒言录》《迩言》《谈徵》《里语徵实》《越谚》等十三部较有代表性的俗语辞书的作者、收目以及释义等进行了简单的举例介绍，也同样总结了我国古代语汇研究的成就和不足。符淮青《汉语词汇学史》（外语教学与研究出版社，2012）在“俗语专书和汉语词汇学”部分扼要说明了从宋代到明清时期几部重要的俗语专书对汉语俗语词的收录和考释，指出“这些俗语专书一般列词目，释义或无释义，引述用例或指明出处，间有意义辨析。”而在“俗语专书对熟语的辑录和研究”部分，则对明清俗语辞书所收俗语情况进行了介绍，并通过举例的形式谈到了明清俗语辞书在俗语的释义、俗语的引证等方面的成绩和缺点。符先生认为“可以说，近代词语的研究是从俗语的搜集研究开始的。”但是由于认识、时代的局限性，这类俗语专书也存在不少缺点：一是未知语言是发展的，认为俗语都可以从古代典籍中找到来源；二是重视典籍中的俗语，而忽视口语和古白话中的俗语。何九盈《中国古代语言学史》（商务印书馆，2013）承认清代方言俗语辞书的编撰是有成绩的，也将其分为四类：“研究某一方言的辞书；续补扬雄《方言》的辞书；专释诗词中所用之方言俗语；研究俗语、谚语、成语的辞书”，并在第四类下提到翟灏的《通俗编》，钱大昕的《恒言录》，钱大昭的《迩言》，梁同书的《直语补正》，郝懿行的《证俗文》，王有光的《吴下谚联》，平步青的《释谚》等九部辞书，指出这些俗语辞书“都比较重视口语词汇的探源”。

另外，某些熟语专著在谈到明清学者对熟语的研究时，也不可避免地会涉及到明清俗语类辞书，因为熟语是明清俗语辞书的重要收录内容之一。王勤《汉语熟语论》（山东教育出版社，2006）指出清代学者的熟语研究，无论是在著述的体例，还是取材、考释、书证等方面均已经超越前人，清代汉语熟语的研究水平已经达到了一定的高度，上了一个更高的台阶。并从作者、版本、收录词目特点、编纂特点等方面对清代俗语辞书作了较为详细的介绍。武占坤《汉语熟语研究通论》（修订版）（河北大学出版社，2007）把明清时期称为熟语研究的“壮盛期”，认为熟语研究“初荣期的‘荣’和繁荣期的‘繁’，就是通过明、清两代提供的‘金桥’走过来的。”并对明代杨慎的《古今谚》，王象晋的《群芳谱》，郭子章的《六语》以及清代钱大昕的《恒言录》，翟灏的《通俗编》，梁同书的《直语补正》，钱大昭的《迩言》，郑志鸿的《常语寻源》，胡式钰的《语窦》等十几种俗语辞书进行了介绍，重点评述了这些工具书对熟语的收录情况。姚锡远《熟语学纲要》（大象出版社，2013）也提到了明清时期的部分俗语辞书，指出这些专著的性质都是俗语考源注释性质的图书。但这时的研究还“‘俗’、‘谚’不分，‘俗’、‘惯’不分。许多熟语的研究课题还没提上研究日程。”

除此以外，有一些学术论文也对明清俗语辞书的作者、版本、词目、编纂特点、价值和意义等进行了总体的介绍和评论，以下几篇均属此类：曾昭聪《明清俗语辞书研究的现状与展望》（《中国俗文化研究》，2008年第五辑），《论明清俗语辞书的编纂目的》（《合肥师范学院学报》2011年第5期），张子才《郝懿行的〈证俗文〉》（《辞书研究》1990年第5期）；曲彦斌《郝懿行与〈证俗文〉》（《寻根》2013年第4期）；王双《史梦兰〈异号类编〉综论》（《唐山师范学院学报》2014年第1期）；孙阳《〈迩言〉刍议》（《文化学刊》2006年第2期）等。这些文章让我们从总体上对明清俗语辞书有了基本的认识。

1.2.2　明清俗语辞书的民俗文化研究

明清俗语辞书收录了数量众多的俗词语，其中一部分是普通常用词，如，唐突、料理、消息、快乐、吉祥等，还有很大一部分则是具有某种社会民俗文化特点的民俗语汇，诸多学者就从民俗文化角度对其进行了研究。

从民俗文化角度进行的研究总括起来主要从两个方面进行，一是根据民俗语汇所反映的民俗社会现象对这些词语进行分类。如曲彦斌《语言民俗学概要》（大象出版社，2015）专设一章“历代民俗语言珍稀典籍专书民俗语汇研究例选”，汇集了诸多学者的文章，研究范围包括从东汉的《通俗文》到明代的《目前集》《（增订）雅俗稽言》再到清代的《谈征》《通俗编》《释谚》等共十本俗语专书中的民俗语汇。比如周丹《〈谈征〉所辑民俗语汇刍议》将《谈征》中的民俗语汇分了九类进行介绍：反映生产、生活的（青苗钱），反映岁时习俗的（打灰堆），反映婚丧嫁娶的（纸钱），反映生育、寿诞的（试儿），反映宗族关系的（泰山），反映交际礼仪的（谒见、煖房），反映迷信禁忌的（三尸神），反映衣食住行的（鞋、板舆），反映民间游艺的（竞渡）。李明佳《〈增订雅俗稽言〉及其所辑释的民俗语汇和俗语词》指出《增订雅俗稽言》中包含了大量的民俗语汇、谚语、俗语，这些俗语对古代民俗风情的研究有重要价值。并对《增订雅俗稽言》中的民俗语汇分为日常活动类民俗语汇、民俗信仰类民俗语汇、语言类民俗语汇以及社会生活类民俗语汇四大类。

另外有的研究者通过明清俗语辞书中的语汇内容，对其所反映出的当时的社会民俗现象进行了分析。如：雷俊霞《〈释谚〉平议兼其民俗语汇探析》（文化学刊，2008年第1期）指出“《释谚》以民俗语汇的方式展现了一幅越地民俗生活画卷”，其中包括越地饮食民俗、越地经济与交通习俗、越地特色的民间称谓习俗、越地的服饰习俗等。华芳芳《〈恒言录〉研究》（沈阳师范大学，2007）就从《恒言录》所录的词语来窥探清代的社会民俗，从消费生活民俗、精神生活民俗、人际关系民俗三方面着手，系统描述了民俗语汇背后的清代社会民俗。董丽娟《〈通俗编〉民俗语汇探微》（文化学刊，2008年第6期）对《通俗编》所收录的民俗语汇分为两类，一类是直接源自某种民俗形态或民俗事象的民俗语汇，如：名帖、望子、陀罗等，另一类是间接地反映某种民俗形态或民俗事象的民俗语汇，如米行、丝行、拆字等。孙阳《〈迩言〉及其民俗语汇研究》（辽宁师范大学，2007）除了对《迩言》的收词特点、训释特点进行了分析外，其主体部分用民俗语言学的视角对《迩言》进行了研究，分析了其中民俗语汇的发展和流变，民俗语汇所反映出的当时的民俗事物与民俗行为。陈颖《〈常语寻源〉及其所辑释民俗语汇和俗语词研究》（辽宁师范大学，2010）其中重要的一部分也是将《常语寻源》中的民俗语汇置于民俗文化这个大背景中，建构出《常语寻源》中民俗语汇的框架，展现民俗语汇的特定风貌。

从民俗社会文化角度对明清俗语辞书进行研究的文章非常多，以下均属此类：李扬《〈谈徵〉与民俗》（民俗研究，1985年第1期），通过具体词目的举例分析，考察了《谈徵》所反映的民俗现象；张殿典《〈里语徵实〉的民俗语汇研究》（《文化学刊》2008年第5期）运用民俗语言学的研究方法，研究本书语汇与民俗文化之间的辩证统一关系；刘玉红《〈俚言解〉中的民俗》（文史杂志，2010年第3期）、孙阳《〈迩言〉民俗语言部分点校整理》（《文化学刊》2007年第3期）等也属此类。

1.2.3　明清俗语辞书的语言学角度研究

除了民俗文化角度，学界也从语言学角度对明清俗语辞书所录词语进行了研究，主要涉及到以下几个方面。

一是对词语类型及结构的分析。王亚琼《〈通俗编〉二字格语汇结构研究》（河北师范大学，2007）总体上将《通俗编》中的二字格语汇结构分为派生词和复合词，并对其下位分类进行了详细的统计和描写，使人们对《通俗编》二字格词汇的总体结构情况有了一定的认识。李旭的《〈通俗编〉熟语研究》（内蒙古大学，2011）以《通俗编》所收录的熟语为研究对象，对熟语的数量、类型、特点等进行分析；王琳《〈通俗编〉四字格俗语研究》（华中科技大学，2008）以《通俗编》收集的四字格俗语为研究对象，对四字格俗语的性质、结构和演变规律等进行讨论。

二是对明清俗语辞书所录词汇根据不同来源进行研究。明清俗语辞书收录的俗词语如果按照来源分类，则包括了数量众多的方言词汇、口语词汇甚至外来词语等。李登桥《〈明清俗语辞书集成〉方言词语补证》（铜仁学院学报，2013 年第 6 期）认为明清俗语辞书对方言词语的考释“重考源而轻释义”，并对“藏获”、“老伧”、“撻水”等方言词进行补证。孙笑天《〈恒言录〉的恒言词研究》（中南民族大学，2015）从汉语词汇学的角度对《恒言录》中“恒言词”的词汇结构、古语今证词汇和书中收录的明清时期吴方言词汇进行了研究。再比如外来词汇的研究。曾昭聪《明清俗语辞书中的外来词研究——以〈证俗文〉为例》（《绵阳师范学院学报》2012 年第 6 期）专门针对《证俗文》中外来词研究的成绩和特点进行了分析。

三是对词语的雅俗研究。明清学者编纂的俗语辞书以收录俗词语为主，但是也收录了部分“雅词语”，而且清人在词语雅俗分类上具有前瞻性。周荐《词语雅俗论——兼谈易本烺〈常谭搜〉的收条、分类等问题》（《词汇学与词典学研究》，商务印书馆，2004）首次从雅俗的角度对《常谭搜》的收词特点以及雅俗分类标准进行了研究。王开文《〈常谭搜〉收词及雅俗论阐微》（荆楚学刊，2018 年第 2 期）对《常谈搜》的雅俗划分标准进行了探讨，指出“其雅俗分类的标准是易氏所处历史时期使用的典雅和通俗之别，具体则由词语来源典籍及使用特色、词语的词义所属的语义场、词语用字的古奥与浅显、历代辞书的收录及解释等因素决定，其中也包含易氏本人的主观判断。雅俗分类反应了易氏的词语动态雅俗观点与实践。”

四是对明清俗语辞书所收录词语的语音研究。语音研究主要涉及到清代蔡奭《（新刻）官话汇解便览》和高静亭《正音撮要》两部俗语著作。丁媛《〈（新刻）官话汇解便览〉正音研究》（浙江财经学院，2013）采取音位学和描写语音学的方法、统计法等对正音音系、正音对象材料进行了分析。黄薇《〈正音撮要〉研究》（福建师范大学，2014），探寻《正音撮要》声韵调系统的特点，构拟其各音类的音值，同时本论文第八章以《正音撮要》第二、三卷中的官话词语为研究对象，考察了《撮要》词语系统的特点及性质。

1.2.4 明清俗语辞书的辞书编纂角度研究

一是对明清俗语辞书收目特点的研究。曾昭聪先生曾发表专文《论明清俗语辞书的收词特点——兼论辞书编纂中的“语词分立”观与“语词兼收”观》（暨南学报（哲学社会科学版）2012 年第 6 期）指出明清俗语辞书的收词特点是字、词、语兼收，词、语为主，词占重头。并由此对现代辞书编纂的启示是“词语兼收”和“词语分立”是完全可以并存的。

二是编排方式及编纂体例研究。李登桥《明清俗语辞书编纂体例探微——以〈明清俗语辞书集成〉所收诸书为例》（《西华师范大学学报（哲学社会科学版）》2017 年 03 期）将《明清俗语辞书集成》中收录的二十种广义俗语辞书分为求义类辞书、释义类辞书、溯源类辞书和教读类辞书四类，并对每一类辞书的编排模式、释义模式、书证来源等进行了研究；曾昭聪《论明清俗语辞书的编排方式》（伊犁师范学院学报（社会科学版）2012 年第 2 期）对明清俗语辞书的编纂凡例、词目分类和词目排序进行了研究。刘家佶《关于〈目前集〉的民俗语言学研究》对明代赵南星《目前集》的收录对象及编纂体例进行了分析。

三是释义研究。对明清俗语辞书的考源和释义也是诸多相关著述研究的重要内容。曾昭聪《论明清俗语辞书的释词特点》（《湛江师范学院学报》2011 年第 5 期）将明清俗语辞书的释词特点归纳为两个方面：“以书证为主，或无释义，体现‘原则中心论’”和“结合民俗文化、文化史进行释词”。华芳芳《〈恒言录〉研究》（沈阳师范大学，2007）指出《恒言录》在释词方式上“别具一格，它引经据典，追本溯源，对研究词汇产生的源头有重要的参考价值。”陈颖《〈常语寻源〉及其所辑释民俗语汇和俗语词研究》（辽宁师范大学，2010）把《常语寻源》的训释特点归结为：积累式的编纂手法，旨在溯源的收词原则，“引典探源”的释词思路，音训义训相结合的训释手法。

以上是我们根据研究内容对现有研究的大致分类，随着明清俗语辞书越来越多地进入学界的研究视野，大部分的著述都是融合以上几个方面的多角度研究，特别是将某一部俗语专著作为研究对象的一些学位论文，研究内容当然都是兼顾的。如李莹莹（暨南大学，2011）和廖宏艳（上海师范大学，2011）的硕士论文都选择了清代郝懿行的《证俗文》为研究对象，李文对《证俗文》的编纂体例、词汇概貌、释词特点等进行了分析，并对《证俗文》所蕴含的民俗风貌从民俗语言学的角度进行了探讨；而廖文则立足《证俗文》的立目与分类、注音方法、释义分析等。钟芸《〈土风录〉研究》（上海师范大学，2012）和刘慧《〈土风录〉研究》（暨南大学，2010），前者从《土风录》作者家世及生平、版本、编纂价值、文化价值以及编纂不足六个角度进行研究；后者研究了《土风录》的成书背景、作者、编纂特色、价值、不足及民俗语汇等。对于明清俗语辞书的整体研究，成果最突出的是暨南大学曾昭聪。曾先生对明清俗语辞书进行了多角度的研究，专著《明清俗语辞书及其所录俗语词研究》于2015年9月由上海辞书出版社出版。正如王锳先生在该书“序”中所说：“针对明清俗语辞书及其所录俗语词进行全面而系统研究的，此书恐怕要算第一部。”在大量词语考释基础上，该书对明清俗语辞书进行了全面的梳理，对明清俗语辞书的作者、编纂体例、编排方式、收词特点、释词特征等都作了详尽的探讨。

1.2.5 现有研究基础上新课题的提出

到目前为止，越来越多的学者开始关注明清俗语辞书的研究价值，但研究重心在于对这些工具书的介绍以及对文本具体材料的分析描写。材料的分析是研究的基础，学者们的研究使我们对各种语料的把握更加清楚。我们要在此基础上从另一个角度出发，通过对清代俗语辞书所录词语进行详细地分析以及清代学者对相关问题的具体阐释，来阐释这些材料所展现出来的清人的词语观。

另外，从综述可以看出，明清俗语工具书研究的现有成果多是从民俗、文化、语言等角度的举例性质的研究。而真正对所收录的词语进行系统、详细地进行封闭式研究的著作几乎没有。人们对清代俗语辞书的研究成绩与其地位是极不相符的。正如曾昭聪（2009）指出："从研究现状看，已有的研究成果主要是对明清俗语辞书进行介绍和整体评价，到目前为止仅有少数几篇论文对其中的俗语词有过举例性质的研究，更多的论文只有零星的引用。"所以，明清俗语类辞书的价值还没有被充分地认识到，特别是这些俗语辞书所辑录的俗词语更是需要进一步系统的研究。本文将在对这些俗词俗语进行详细地描写和分析的基础上，总结清人的词语观，并进一步探讨清代学者词语观产生的原因。

第三节 研究价值和意义

第一，清人词语观的提出，具有一定的理论价值。

俗语类（或词语类）工具书在清代如雨后春笋般大量出现，这些工具书在立目、编纂等方面都显示出与之前的汉语研究不同的特点。这种现象的出现一定有着深层的原因，我们认为这些俗语工具书的收目以及编纂，反映出清代学者的某些词语观。通过具体实例的分析，我们将这种词语观总结为三个方面：即清人的词语意识、清人的熟语观、清人的雅俗观。虽然有的学者已经注意到了明清时期俗语工具书的材料，也进行了一定的研究，但是对这些材料所反映出来的清代学者的词语观却鲜有人注意。我们不是就材料而研究材料，而是透过大量语料的分析归纳出清代学者对相关问题的看法，从而阐释一种尚未为被我国学者普遍关注的语言现象，所以清人词语观的提出，本身就具有一定的理论价值。另外，我们不止于清人词语观的归纳、描述，而是从语言本身的发展、社会思潮的发展以及前代学者的研究积累等方面，比较深入地挖掘了清人词语观产生的原因。

第二，深化对明清俗语辞书的进一步研究。

明清时期众多俗语工具书的出现，"表示学者开始重视俗语词的存在，把它们作为收集考释的对象。明清时期，这类专书越来越多，冲破了传统训诂学主要以先秦文献语言为研究对象的束缚，开了后代学者收集研究俗语的先河。他们收集的材料，考释的成果，又成为后人继续研究的一个基础。”（符淮青，2012：42）所以它们的研究价值是不言而喻的。清代俗语辞书以收录当时的通俗常言为主要任务，包含了丰富而又珍贵的语料，而且很多词语至今仍活跃在现代汉语词汇中。我们对清人词语观的阐释是建立在大量的语料分析基础上，而最主要的语料便是明清时期特别是清代俗语工具书里收录的各类俗词语。对这些俗词语进行研究可以拓宽近代汉语词汇研究的领域，并给近代汉语词汇研究提供丰富的语料。

对于汉语史的分期，王力先生认为清代汉语处在近代汉语向现代汉语的过渡阶段。这一时期语言的词汇中，既有上古、中古及近代汉语词汇成分的历史积淀，又有现代汉语词汇的萌芽。明清俗语辞书在中国辞书史上也占有重要地位，清代又是俗语辞书集大成的时代，因此，以清代俗语类工具书为研究对象，其重要性无须赘言。但是到目前为止，从总体上来说这些材料受重视的程度与其语言价值而言是不成正比的。郭在贻（1986：144）指出：“在整个汉语史的研究中，关于词汇史的研究是最薄弱的环节，而在词汇史的研究中，关于俗语词的研究几乎等于零。”当前的俗语词研究已与郭先生所处的时代相比有了很大的进步，出现了很多有价值的俗语研究方面的专著或文章，但是与整个词汇其他方面的研究相比，却还有待于进一步提高。另一方面，对于清代俗语辞书的现有研究是不均衡的，少数比较有名的材料受到了比较大的关注，比如翟灏的《通俗编》，研究者众多，而对大多数俗语辞书关注度并不高，其中的材料还有待进一步发掘整理。

第三，在对清代学者的词语观进行阐述时，没有局限于清朝这一个时代，而是对清朝之前的学者对词语的认识、对熟语的研究以及对雅俗关系的理解都进行了历时的梳理，由此可以展示清人词语观的由来。另外，清人词语观对后世的影响我们在第二、第三以及第四章的最后也都进行了阐述，从一定程度上展示了清人词语观的发展。这样，通过与前代、与后世的对比，能够更加全面、多角度地揭示清代学者的词语观。

第四节 研究方法和语料来源

1.4.1 研究方法

（1）定量和定性相结合的方法

定量统计一直是语言研究中的常用方法，定量分析能使人们更直观、更科学地认清语言事实，增强研究结果的可信度，而且现代电子技术的发展和统计分析方法的完善，为定量研究提供了更多的方便。“定量方法在汉语词汇研究中已显示出极强的生命力。近20年以来，以数据库为手段，以语料库为载体的汉语词汇计量研究已经在诸多领域得到了广泛应用。”（苏新春，2010：26）详细占有材料并作出量化统计，是进一步展开研究的基础。本文中我们基本在每一章都用到了定量统计的方法，如第二章对明清俗语辞书所收双字组合数量的统计、对双字组合在各部工具书中出现频率的统计、对双字组合产生时代的统计，第三章对宋明清三代俗语辞书所录熟语数量的统计、对清代俗语辞书所录成语数量的统计，第四章对雅俗词语的统计，第五章对各朝代代表性专书复音词比例的统计等，我们都是以封闭语料库为基础进行量化统计，得出一定的比例数值，使研究结果更加准确、可信。

但是定量统计不是最终的目的，重要的是通过精确的定量研究来揭示研究对象的本质。“定量分析，当然是在理论指导下的。而更重要的是在定量分析之后的理论升华，这是创新的核心内容。这就是定性—定量—定性的升华循环法。”（张志毅，张庆云，2007：22）在本研究中我们把定量分析和定性分析相结合，把定量研究作为手段，把定性分析作为目的。本文对这些词语进行封闭式的定量统计的最终目的是为其“定性”，即通过数据统计，并对统计结果进行描写分析，来揭示清人的词语意识、熟语观和雅俗观。

（2）比较的方法

比较法也是语言研究中惯常使用的基本方法之一。在语言研究中，有共时的比较，也有历时的比较；可以是在同一种语言内部进行的比较，也可以是在不同的语言之间展开的比较。本文中我们也多处运用了比较的方法：将清代的词语观与前代学者的研究情况进行比较，可以看出清代词语观之所来；另外，清代学者的词语观对其后辞书的编纂以及俗语的收录等都具有一定的影响。

（3）描写和解释相结合的方法

描写是解释的基础，本文中我们一方面对明清俗语工具书里的词汇概貌作了符合语言实际的描写，比如对俗语辞书收词情况的描写，对所录俗语特点的描写，对收录熟语情况的描写等。另一方面也注重在描写的基础上进行解释，对已经发现的语言现象或规律作出合理的解释，使人不仅知其然，还要知其所以然。本文“就是通过对清代俗语辞书所录词语的详细描写，用语言学的相关理论对其进行解释，以揭示出清代学者的词语观。”

1.4.2 语料来源

（1）明清以前的俗语类工具书及其他

（北魏）贾思勰《齐民要术》，缪启愉，缪桂龙注，上海古籍出版社，2009.

（唐）李商隐《义山杂纂》，岳麓书社，2004.（根据《丛书集成》本标点整理）

（宋）无名氏《释常谈》，见于明陶宗仪《说郛》卷六十八，中国书店出版，1986.（据涵芬楼1927年11月版影印）

（宋）龚颐正《续释常谈》，见于明陶宗仪《说郛》卷三十五，北京中国书店出版，1986.（据涵芬楼1927年11月版影印）

（宋）吴曾《能改斋漫录》（全二册），上海古籍出版社，1979.

（宋）王楙《野客丛书》郑明、王义耀校点，上海古籍出版社，1991.

（宋）赵书向《肯綮录》丛书集成初编，商务印书馆，1939.

（2）明清时期的俗语类工具书及其他

（明）陈士元《俚言解》二卷（归云外集本），明万历刊本二册。

（明）陆嘘云《（新刻徽郡原板诸书直音）世事通考》，明万历中谭城余云坡刊本，二册。

（明）张存绅《（增订）雅俗稽言》四〇卷，明天启三年序刊本。

（明）赵南星《目前集》，二卷，明刊本.

（明）周梦暘《常谈考误》（《青黔山人文集》本）四卷，明万历刊本.

（明）郎瑛《七修类稿》，上海书店出版社，2001.

（明）杨慎《古今谚》（丛书集成初编，王云五主编），商务印书馆，民国二十五年。

（明）郭子章《六语》，北京图书馆出版社，1997.（北京图书馆古籍珍本丛刊影印本）

（清）顾张思《土风录》十八卷，清嘉庆三年（一九七八年）序刊本。

（清）梁同书《直语补正》（《频罗庵遗集》卷十四），清嘉庆二十二年（一八一七年）仁和陆氏刊本。

（清）易本烺《常语搜》四卷，清同治三年（一八六四年）京山易氏刊本。

（清）孙锦标《通俗常言疏证》四卷，民国十四年（一九二五年）南通孙氏石印本。

（清）西厓《谈征》四卷，清嘉庆二十年（一八一五年）柯古堂刊本。

（清）唐训方《里语征实》三卷，清光绪十七年（一八九一年）常宁唐氏归吾庐刊本。

（清）李鉴堂《俗语考原》民国二十六年序刊铅印本一册

（清）钱大昕、陈鳣《恒言录》、《恒言广证》，商务印书馆，1958.

（清）范寅《越谚》，侯友兰等点注，人民出版社，2006.（以清光绪八年仲夏刊的谷应山房藏板《越谚》为底本）

（清）孙锦标《通俗常言疏证》，四十卷。据民国十四年翰墨林石印本排印。

第二章　清人的词语意识

在我国传统语言学解经注疏以及辞书编纂中，中国古代的语文学家们所关注的主要对象是字，“古人治小学，不是以语言为对象，而是以文字为对象的。”（王力，2006：2）这种以文字为中心的训释模式也是符合当时的语言实际的。但是随着汉语词汇逐渐向复音化方向发展，随着人们认识的逐渐提高，这种字本位的传统观念已经不合时宜。人们的词语意识开始萌芽并随时代的发展而日渐深化，所以在工具书编纂过程中也逐渐从以字作为主要收录单位而转移到以词语为主。明清时期便涌现出大量以词和语为收录和训释对象的俗语类工具书，特别是清代达到高峰。清代学者已经具有了一定的词语意识，具体表现在以下几个方面：一是从诸多俗语辞书的收目来看，清代学者将双音节和多音节的词语视为重要的词汇单位。对单字关注甚少，而且从辞书的解释来看，大部分单字是作为词汇单位而非纯文字单位收录的。二是通过对清代学者所共同关注的双字组合的性质分析，以及考察这些双字组合产生的时代，我们认为清代学者词的意识已经萌芽。三是清代学者对词语的一些特殊结构类型也予以了关注和阐释。

第一节　从辞书收目看清代学者对词汇单位的认识

2.1.1　中国传统工具书编纂的字本位意识

根据刘叶秋（2015：6）的研究，中国传统的字书大体上可以分为三类：第一种是讲究文字形义的字典，以《说文解字》为首；第二种是以讲究音韵为主兼释字义的韵书，以《广韵》为首；第三种是讲求训诂名物的，以《尔雅》为首。中国传统工具书的编纂一直是在字本位总体架构内进行的。

自东汉许慎把“六书”引入《说文解字》开始，根据字形对汉字进行分部归类，重点解说字形，也兼顾音、义说明，“建构字为本、形为先，音为辅、义为核心的形音义训释体系”（邹酆，2006：25）。虽然《说文解字》以后各朝代的字书，比如梁顾野王的《玉篇》、宋司马光的《类篇》改用楷体为本字，以音义为主，不再像《说文解字》一样用六书条例分析形体。或者如《字汇》《正字通》《康熙字典》一样简化部首，革新编排体例，增加收字数量，但是从本质上说，这些字书都是继承《说文解字》的系统而编撰的，其编纂的指导思想依旧是从字本位出发的。

各类韵书，如《切韵》《广韵》《集韵》等根据字音（主要是韵母）进行分类和编排，重点标示语音，“以‘检韵’为目的，但检韵实际上也是检字，依韵查字并得其音读和意义，与字书的功用又无二致。所以一切韵书从广义上来说也就是字典。”（钱剑夫，1986：108）

《尔雅》是我国最早的一部语义分类的辞典，其后继的“雅书系列”：魏·张揖的《广雅》，宋代的《埤雅》、《尔雅翼》等，虽然内容上都是解释古词古义及各种名物的，但是释语词部分仍然是以单字为主要的训释对象，附带解释某些相关词语，复词在辞书中始终处于从属位置。这与词本位观念指导下，将双音节词与多音节词当作一个个独立的单位分别进行解释是不同的。

中国传统工具书的条目以字为单位，把字作为训释的主要对象，是符合当时的语言实际的，具有其合理性。因为我国传统语言学，是以古文献语言为对象，以汉字为中心进行研究的，“字”成了中国古代语文学家关注的重点，字书训释的内容也自然是字所承载的单音节词的音、形、义及用法，由此出发逐渐形成字本位辞书训释观念，这是汉语言文字历史演进的必经阶段。王宁（2014）曾指出，中国传统训诂学采用字本位的原则，那是基于三方面的事实，其中之一是“在文言文里，汉字与汉语词汇的单位基本切合。”邹酆（2006：18）也认为：“汉语打一开始就是音义结合的词语通过一个个形状殊异的方块汉字展示出来”；“汉语一开始就是以单音节词形式出现的，而方块汉字最宜于展现单音节词义”。

但是随着汉语词汇逐渐向复音化方向发展，双音节以及多音节词语越来越多。人们的认识也随之日渐深化，在这一过程中学者们势必会逐渐将关注重心由“字”转移到字的组合体——“词”或“语”。而当双音节及多音节词语占据了汉语词汇的主流位置时，这种以字为主要训释对象的工具书便不能适应语言的发展和人们的实际需要，辞书编纂的字本位意识必将逐渐弱化。“中国辞书学与辞书学史，实质上就是由‘字本位’逐渐向‘词本位’的辞书编纂体例的进化与转型的研究史。”（邹酆，2006：7）。这种转化我们认为在明清时期有了突破，特别是清代，这种突破不是一下子完成的，而是随着人们对词和语认识的逐渐成熟而渐变式发展的。

明清时期是“字书的进化与兴盛期”“清人的字典和词典，品种益多，空前兴旺，蔚为一代之盛。”（刘叶秋，2015：163）各种类型的字典和辞典的编纂，都可见双音化趋势下，人们编纂观念的变化。比如“雅书系列”，明代的《骈雅》《通雅》，清代的《别雅》《比雅》《叠雅》等都以收录双音节词语及多音节词语为主。明代朱谋㙔《骈雅》共收词目4000多个，“绝大部分都是双音节词”（刘海云，2015）。而史梦兰《叠雅》自序云：“形容之妙，每用重言；名物之称，尤多复字。”① 因此，该书是将经、史、子、集与各家注疏中的“重言复字”搜集起来，加以解说。再比如清代出现了专门汇辑古代典籍中词藻、偶句的《佩文韵府》，收列两个字、三个字、四个字的多音节词及语；《骈字类编》收词仅限于“骈字”，即两个字相连的词语。

除此以外，明清时期特别是清代出现了大量的以词语为阐释对象的俗语类工具书，收目以双音节词语和各类熟语为主，突出了词语在辞书中的重要位置，这是清代学者对词语认识的进步，体现了清人词语意识的发展。

2.1.2　清代学者将字的组合体视为重要的词汇单位

2.1.2.1　清代学者对双字组合的关注

如前所述，明清以前的一些学者对双字组合也有一定的关注，对双字组

① 续修四库全书编纂委员会编．《续修四库全书．经部．小学类．叠雅》［M］．上海：上海古籍出版社，2002：209.

合的收录大多散见于各个时代各种类型的字书里，而到了明清时期，时人纂辑成的俗语类工具书中双字组合则已经成为收录的主体，说明它们在纂辑者眼里已经具有了词汇单位的身份，反映了清代学者对词语的关注。

长泽规矩也辑集的《明清俗语辞书集成》共收录明代俗语工具书五部，每一部都收录了众多的双字组合，我们对其中双字组合的数量进行了统计。

表 2.1　明代俗语工具书所收双字组合数量统计表

	《俚言解》	《雅俗稽言》	《目前集》	《常谈考误》	《世事通考》
条目总数	285	1047	254	280	4657
双字组合	231	767	160	242	3679
所占比例	81.05%	73.26%	63%	86.43%	79%

从上述统计可以看出，在明代的五部俗语工具书中，双字组合已经占有绝对的比例，而且有的工具书在条目安排上还特意突出了双字组合的地位。比如陆嘘云的《世事通考》共分卷上 19 类，卷下 43 类，每一类在进行条目安排时，都将双字组合放在本类的最前边，而将三字组合和单字列在其后①。比如：

素食类：

随食　鸳鸯　捲蒸　馄饨　春饼　寿桃　包子　馒头　米馇　角黍　饺饵　扁食　汤圆　兔耳　茶馓　茶食　蒸酥　巧饼　麻饼　粉皮　雪糕　粉糕

酥油饼　摘枝饼　千层饼　骆驼蹄

馇　糗　饭　饫　餲

军器类：

干戈　甲胄　弧矢　弓弹　弩箭　刀枪　钢叉　钺斧　倭刀　刺刀　稍爬　拿钩　瓜鎚　闷棍　傍牌　火礮　金鼓　刀斗　凉伞　銮驾　藤棍

锡烙牌　虎头牌　五花头　飞虎旗　偃月刀　发朗机　方天戟　鸟嘴铳　苦竹枪

旌　旃　旄　钐　铗　镝

① 有少部分的类目安排是先列双字组合，其后的三字组合和单字里又混杂了部分双字组合，但无论怎样排列，一定是突出双字组合的优先地位。

宝贝类：

珊瑚　玛瑙　珍珠　水晶　玻璃　珷玞　琬琰　琅玕　圭璧　白玉　莱玉　玉玺　宝钞　象牙　火珠

云母石　羊肚石　茅山石　羊脂玉　夜明珠　紫霞杯

璞　珏　珉　玦　琮　瑗　珩

明代俗语辞书虽然收录了不少的双字组合，但是从数量上来说，真正对双字组合进行大规模辑录还是在清代。首先，清代俗语工具书单从数量上来看就要比明代多得多；其次，虽然从双字组合所占某部辞书词语总量的比例来看，明代和清代相差不大，但是清代俗语工具书所收词语的总量要大大地超越明代，因此与之相应的双字组合的实际数量也会增加很多，我们也对清代几部主要的俗语类工具书所收双字组合的情况作了统计。

表 2.2　清代俗语工具书所收双字组合数量统计表

	《释　谚》	《迩　言》	《俗　说》	《恒言录》	《土风录》	《直语补正》
条目总数	199	591	346	733①	1045	416
双字组合	150	438	300	566	776	258
所占比例	75.38%	74.11%	86.71%	77.22%	74.26%	62.02%
	《常语搜》	《谈征》	《通俗编》②	《里语征实》	《语窦》	《俗语考原》
条目总数	1355	1058	5353	1135	329	971
双字组合	571	692	2147	407	180	495
所占比例	42.14%	65.41%	40.11%	35.86%	54.71%	50.98%

部分工具书中的双字组合举例如下：

《迩言》：

斟酌　笔砚　云泥　才具　荣华　儒雅　光鲜　长进　威风　情趣

快活　勤紧　勤谨　妥帖　安慰　太平　富足　宝贝　聪察　部署

比校　缪巧　蕴藉　郑重　料理　担负　比方　抬举　衾影　刻苦

团团　明白　堪舆　生活　绰约　荐举　风俗　荤辛　射覆　利市

筹算　风流　性命　奉承　分付　习惯　枝芽　元由　含胡　机关

① 这儿的统计数字仅指正文词条部分，另外像《恒言录》在词条“俗语”“俗谚有出”“闾巷常谚”下也列举了众多的俗谚，此处未计算在内。

② 《通俗编》的统计数字来自王亚琼.《通俗编》二字格语汇结构研究［D］.石家庄：河北师范大学，2007：12.

支持　停当　矍铄　黄昏《直语补正》：

正经　竹子　编笄　买卖　手段　小便　恬酒　上头　归天　破钞

纣棍　管家　周年　月尽　妹夫　舅父　匡当　灌酒　包子　阿舅

前辈　后辈　事情　小衣　被头　奴才　大虫　玄堂　腐乳　滑汰

月牙　平白　花钱　放债　狼藉　下官　笨人　学生　院子　偏枯

人力　谣言　方物

《谈征》：

阁下　治中　太史　方面　稗官　老子　太公　泰山　丈母　西席

刘海　瓜子　枝梧　狼狈　酒媒　金铺　醋大　犹豫　仓皇　土著

若干　寻常　璧谢　雷同　要害　杜撰　五更　东西　不宜　阿堵

渴睡　坐草　串字　量雅　赁屋　左右　风流　员外　行李　丁差

各各　唐突

《通俗编》：

坦率　探花　同门　同年　暴富　爆竹　茶商　茶食　别字　出名

出气　出手　打败　打扮　得罪　登时　等子　大汉　大吉　大家

孩儿　孩子　汉子　令弟　令兄　面孔　面筋　苗条　娘子　娘娘

怎么　细致　细作　戏弄　行香　云梯　允当　熨斗　中意　忠厚

报名　左右　作家

《里语征实》：

不凡　登时　月半　致意　产业　香火　请教　伸冤　器重　雅量

学堂　军功　阴德　地狱　祠堂　偏听　重听　晌午　杜撰　虚张

对手　点心　村气　客气　条约　章程　前世　另日　日子　如今

子细　无恙　中计　回煞　古怪　东西　书信　告白　枝梧　莽苍

盘查　跑路　作怪　瞎摸　日头　雷公　当家　恍惚　冷淡　瓜葛

若干　丫头　拜年　行李　俗话

《常语搜》：

子细　八秩　公车　郑重　权舆　起复　致意　黄卷　尺牍　重出

矜持　藏拙　城府　惭愧　忏悔　同年　关节　发轫　跨灶　若干

县官　腐儒　放生　即日　地方　饱学　目前　迁就　名士　老手

好手　妙手　发蒙　铁汉　招摇　糊涂　打败　官人　寂寞　怀抱
流传　怠慢　生事　祖师　塞责　相公　黄昏　寄居　报复　奉送
奴才　日子　回避　情愿　正当

清人的俗语类工具书虽然从严格意义上来说还不能全都称之为真正的辞书，但是任何一部辞书或类辞书收录什么样的单位作条目，却反映了编纂者对词汇单位的认识，在他们看来只有此条目具有词汇单位的性质，才能收录其中。从上述统计可以看出清代俗语辞书中双字组合所占比例最多，它们显然是被编纂者作为最重要的词汇单位予以考虑的，说明双字组合在清代学者的眼里已经是语言运用中的一种现成的单位了，同时也可以证明，明清时期的双字组合已成为当时汉语词汇的绝对主流。

2.1.2.2　清代学者对多字组合的关注

清代学者不仅将大量的双音节词语收录进编纂的辞书中，而且把众多的三音节、四音节词语或其他固定短语也列为重要的收录对象。

三字组合的类型包括“词”　“惯用语”及其他固定短语。向熹先生（2010：631）指出近代产生的多音节词“一部分是为反映近代物质文化和科学技术方面的新概念而创造的。一部分其实是方言、口语词汇”。清代俗语辞书里收录的三音节词大部分就是属于这两类。一是具有民族及时代特点的各类表示物质文化的词汇。比如反映清人衣食住行用的：汤婆子、竹夫人、太师椅、八仙桌、茶托子、苏合油、龙涎香、千里镜、奇楠香、安息香、自鸣钟、五时衣、百家衣、云头鞋、平天冠、重阳糕、天花版、太师窗等；有关岁时节令的：牙盘日、三元节、浴佛日、外后日、龙虎日、黄道日等；表示某种称谓、职业或其他与人物相关的各类词：太夫人、表兄弟、家生子、官媒婆、家生奴、姜太公、贼王八、主人翁、致书邮、田舍翁、堂兄弟、小娘子、私窠子、女子子、车轴汉等；表示动植物名称的词：通草花、白蒲枣、海红花、子孙果、有火虫、赤兔马、琵琶虫、叩头虫等。另一部分三音节词就是一些俚俗口语词：二百五、娇滴滴、好童童、可怜见、不二价、老革革、光缴缴、硬绷绷、穷措大等。

三音节惯用语：敲门砖、家常饭、眼中钉、耳边风、东道主、卖野眼、献芹子、打秋丰、破天慌、泄天机、杀风景、装风景、养瘦马、翻烧饼、拏讹头、抱佛脚、眼孔小、吃墨水等。

其他相对比较固定的短语：贴宜春、唱山歌、送穷鬼、面皮厚、没功夫、不敢当、不耐烦、不中用、不知情、有心机等。

四字组合是异质复杂的一类，“数量大”“跨越词与语两大类”（马国凡，1987），具体到清代俗语工具书中的四字组合其类型更是复杂多样，主要包括以下几种类型：“词”：纥梯纥榻、倾菱空笼、劈栗扑簏、披离剥落、太师椅子、梁顶帽子、狗蝇腊梅、汉寿亭侯、玉皇大帝、金龙大王等；“惯用语”：骑两头马、吃西北风等；“俗语”：磕头捣蒜、翻牙嚓嘴、靠天吃饭、外甥像舅、走南跳北、多男多虑、嫁鸡随鸡等；“自由词组”：少吃口饭、当面错过、不忘旧交、天下异人、何处得来、高声大骂、天气荫凉、天气热殺、石头路滑、心胸开拓、等；大部分四字组合是“成语”：一路福星、扬眉吐气、傍人门户、狐假虎威、朝三暮四、天长地久、兵强马壮、数见不鲜、惊天动地、幕天席地、开心见诚、老生常谈、脚踏实地、丁一确二、咬姜呷醋、夺胎换骨、花言巧语等。

四字组合以上的词汇单位基本可以划归“俗语、谚语”的范围，比如：狗尾续金貂、画虎不成反为犬、城门失火殃及池鱼、千里姻缘使线牵、夺天地造化、天不夺人愿、人初生，日初出、迅雷不及掩耳、莫言闲话是闲话，往往事从闲话生、君子赢得做君子，小人枉了做小人、依样画葫芦、量柴头数米粒、今朝有酒今朝醉、路上行人口似碑、一言既出驷马难追、天下本无事庸人自扰之、远水不救近火、悬羊头卖狗肉、不能使船嫌溪曲、名下无虚士等。

对于以上词汇单位需要说明的是，三音节惯用语所代表的词汇单位的性质一直以来仁者见仁。对于这些具有超字面意义的三字固定组合到底是划归词还是语，大概有三种观点：一是将上述三字组合一部分看成是“词”，一部分看成“语”，以温端政为代表，“语是叙述性的语言单位，惯用语既然是语汇的组成部分，语义的叙述性是其根本属性”（温端政，2006：194）像“笑面虎、大锅饭、乌纱帽、耳边风”等三字组合更具有指称性，一般表示某种事物或现象，更易看作一个词。而惯用语属于描述语，只有运用多种手法描述人或事物的形象、状态，或描述行为动作的性状的才算惯用语，比如“碰钉子、拍马屁、杀风景”等。《现代汉语词典》在对这些单位解释时，也是区分为两类的，比如：

敲门砖：qiāoménzhuān（名）比喻借以求得名利的初步手段。①

眼中钉 yǎnzhōngdīng（名）比喻心目中最痛恨、最厌恶的人。

大锅饭 dàguōfàn（名）①供多数人吃的普通伙食。②见【吃大锅饭】

打秋风 dǎ qiūfēng 旧时指假借某种名义向别人索取财物。也说打抽丰。

煞风景 shāfēngjǐng 损坏美好的景色，比喻使人扫兴。也作杀风景。

敲边鼓：qiāobiāngǔ 比喻从旁帮腔；从旁助势。

《现代汉语词典》在“凡例”的词类标注中明确指出“本词典在区分词与非词的基础上给单字条目、多字条目标注词类。”“多字条目中词组、成语和其他熟语等不做标注，其他标注词类。”所以，“打秋风、煞风景、敲边鼓”没有标注词类，在《现代汉语词典》中自然是被当做熟语来看的。

第二种观点是都划归为词，周荐把“笑面虎”、“打秋风”等三字组合都划归词的范围，因为“在语言研究中似乎很难单单凭靠意义的标准而为语言单位分类，那样分出的类别也不大能靠得住。”（周荐，2004b：329）而且在三音节词里也有非字面意义的单位。

第三种观点是将这些三字组合全都归为惯用语，比如马国凡（1982）、王勤（2006）等。

具体到清代俗语工具书中的三字组合，我们将具有超字面意义、结构上以动宾结构为主、结构比较灵活、具有口语语体色彩、大多具有贬义感情色彩的三字组合都称为惯用语。理由有二：一是从意义上来说，三字惯用语的意义和三音节合成词的意义是有区别的。惯用语所使用的意义只是转义，绝大部分其字面意义没有实际的交际功能，如“闭门羹、眼中钉、杀风景”等。或者如果按照字面意义理解，那么该结构就会成为自由短语而非固定短语，如“穿小鞋、戴高帽”等。而且一旦成为惯用语后，其字面意义便不会再起作用。而绝大部分三音节合成词没有转义，“即使极少数的三音节合成词是多义的，有本义和转义，但每个意义在实际交际活动中都有表义功能。”（王勤，

① 此处释义均来自中国社会科学院语言研究所词典编辑室编．现代汉语词典（第6版）[Z]．北京：商务印书馆，2012.

2006：389）如“定盘星、试金石”等，它们的表面义和比喻意义在现实交际活动中都有使用价值，而且这个转义是由本义引申出来的，这是惯用语与三音节合成词在表义功能上的重要区别。

第二，我们要考察的是清代学者的词语观，而在清代“惯用语”这个术语还未出现，清代学者只是注意到了诸如“耳边风、眼中钉、杀风景”等这样的一类特殊的词汇单位。而且在词目安排时，将其和一些短语或有特殊表现意义的的三字词语放在一起，而不是和普通的三字词收录在一起。比如在伊秉绶①的《谈徵》中，“卖野眼、打秋丰、大手笔、不爽快、不耐烦、清慎勤、大方家、百家姓、风马牛、跳龙门、老革子、献芹子”等三字组合被安排在“言部”，和其他卷部的普通三音节词是分开收录的，而且“言部”还收录了成语、谚语等词汇单位，这反映出编纂者是将这些三字组合当作和“成语、谚语”等一类词汇单位来看的。再如《恒言录》“成语类”收录的三字组合：石敢当、先下手、平白地、家常饭、耳边风、护身符、打秋风、鬼画符、千里眼、一脚指、好童童、似我能、不帖律、抱佛脚，也是将“打秋风、抱佛脚、千里眼”等当做“语”来看待；《常语寻源》收录的三字组合：孔方兄、守钱虏、独眼龙、破天荒、碍眼睛、钱树子、安乐窝、莫逆交、修边幅、鬼门关、不二价、千里眼、驸骥尾、眼中钉、虎而冠、胭脂虎、大手笔、眼孔大、掌中珠，也是以“语”为主。清代学者虽然未明确地给这些三字组合命名，但是已经注意到这样一类与普通的三音节词不同的特殊的词汇单位。

上述单位其性质无论是词还是语，无论是仅有两个字的组合还是长达十几个字的组合，清代俗语类工具书都将其纳入收条范围，说明在收录它们的清代学者看来，这些组合无疑都是具有词汇性的。在清代学者心目中，它们是语言运用中一种现成的词汇单位了，这是清人词语意识的反映，他们把语言研究的关注点由字开始转向词语。而且众多词语类工具书的编纂表明这绝不是某一位学者的个体认识，而是一种集体共识。但是需要说明的是除了词和各类熟语以外，在双字组合特别是多字组合中，清代学者还将一些临时词

① 据曾昭聪考察，《谈征》作者是清代的伊秉绶，其号为西厓先生、外方山人。见曾昭聪，李进敏.《谈征》的作者［J］. 辞书研究，2011（3）.

组收录到其编纂的俗语工具书中。比如：

【说话】《石林燕语》：“厅上不说话，而庑下说话。”（《恒言录》卷二）

【不好】《史记·滑稽列传》：“是女子不好，烦大巫妪为入报河伯，得更求好女。”（《恒言录》卷二）

【脚汗】方回诗云：“脚汗眠慵洗，头风坐畏梳。”（《迩言》卷二）

【改名】《南齐·张敬儿传》云：“敬儿本名苟儿，宋明帝以其名鄙，改焉。近有四川人敬华南，乾隆辛未进士榜，姓苟，自以姓鄙改为敬……”（《迩言》卷二）

【少吃口】《古乐府》云：“晚饭少吃口，活到九十九。”（《迩言》卷五）

【似我能】东坡赠通师诗云：“若教俯首随缰锁，料得如今似我能。”盖用柳子玉语也。今吴人语亦有云似我能者。（《恒言录》卷六）

【剥百姓】《北齐史》：“尉景为冀州刺史，大纳贿，神武令优者石董桶戏之。董桶剥景衣曰：‘公剥百姓，我何为不剥公衣？’”（《常语寻源》乙册）

【见少自多】《庄子·秋水篇》：“北海若曰：‘吾在于天地之间，犹小石小木之在大山也，方存乎见少，尤奚以自多！’”（《常语寻源》丁册）

【无故擅入】《周礼·士师》：“掌国五禁之法，书而悬于门闾。”注云：“古之禁书亡矣。”今官门有符籍，官府有无故擅入，其犄可言者。（《通俗编》卷六）

清代时，现代语言学还未诞生，清代学者对于“词语”并没有实质性的概念，清人并不成熟的词语观与现代学者相比还不可同日而语，他们还没有严格区分词和语的意识，故其所收条目更加关注的是使用的经常性、通俗性。我们不能用现代语言学眼光挑剔清代俗语工具书在收目方面的问题，要求其收录的条目个个都具有严格意义上的词汇单位的身份。另外，这些被清代学者收录到词语类工具书中的非固定短语，虽然其凝固度没有固定短语高，不具有意义的整体性，但是相对一些临时组合的自由短语来讲，又是人们在口语或篇章中经常结合在一起使用的，具有相对的固定性，比如：“不长进、不耐烦、不中用、有心机”等。所以清代学者在收录词语时还是选择相对固定结合在一起的词汇单位。

2.1.3 清代学者将部分单字作为词汇单位收录

清人俗语辞书所收条目是以双字和多字组合的词语为主，但并非不收录单字。甚至有的工具书明确设有“字”类，比如《恒言录》专设“单字类”，《证俗文》从卷十三到卷十六分别是关于古字、奇字、别字、误字的考释，《通俗编》卷三十六是“杂字”。但是一方面清代俗语工具书所收单字数量非常之少，我们统计的结果如下表。

表 2.3 清代俗语工具书所收单字数量统计表

	《常语搜》	《迩　言》	《俗　说》	《恒言录》	《常语寻源》
词目总数	1355	591	346	733①	1068
单　字	7	41	6	79	0
所占比例	0.52%	6.94%	1.73%	10.78%	0
	《释　谚》	《谈　征》	《里语征实》	《土风录》	《直语补正》
词目总数	199	1058	1135	1045	416
单　字	6	78	234	121	64
所占比例	3.02%	7.37%	20.62%	11.58%	15.38%

从统计表可以很直观地看出单字在清代俗语工具书中所占的比例之少，有的只收录几个单字，甚至《常语寻源》直接将单字排除在外。

另一方面，由于古代汉语的词以单音节为主，所以单音节词与负载它的汉字在形式上是重合的。从清代学者在工具书里对单字的解释来看，有的确是纯属文字性的字，以解释字形或字音为主。比如：

【魏】《说文解字》作巍。徐铉曰：“今人省山，以为魏国之魏。”案：谶言“当塗高”，则魏国当亦作巍，然《庄子·天下篇》：“魏然而已”《注》：“独立貌”。则已作魏矣。疑此字起于晋代，故注《庄》者据以改焉。亦如平仲準之改为准也。说见前簿书文字。（《证俗文》卷十五 别字）

【耐】《礼运》注：“耐，古能字。传书世异，古字时有存者，则亦有今误矣。”《乐记》注：“耐，古书能字也，后世变之，此独存焉，古以能为三合字。”

① 这儿的统计数字仅指正文词条部分，另外像《恒言录》在词条“俗语”“俗谚有出”“闾巷常谚”下也列举了众多的俗谚，此处未计算在内。

《说文解字》耐耏同。案，古以耐为能，亦以能为耐。《汉书·食货志》：“能风与旱。”

《晁错传》：“其性能寒，其性能暑。”师古曰：“能读曰耐。”则此二字古通用矣。其以为忍耐字始于《荀子·仲尼篇》“能耐任之”。注云“忍也”。案今俗云能耐本此。（《证俗文》卷十三古字）

而大部分的单字则是被清代学者作为语言词汇单位而非纯粹的文字性单位来进行阐释的，和双字词语、多字词语一样，以解释词义或列举其在文献中的具体使用为主。“字成为词汇性的单位被收入词典类的工具书自然与其作为文字性的单位收入字典类的工具书有所不同。这不同，主要表现为在该字是否能够作为语言建筑材料单位而运用于语句中。”（周荐，2004a：41）比如：

【烦】《汉书·周昌传》云：“召昌谓曰：‘吾顾欲烦公，公强为我相赵’”。

《后汉书·马援传》援曰：“此丞椽之事，何足相烦。”（《迩言》卷五）

【乖】本乖戾字。今人却以当巧诈之义。《朱子语录》：“张子房闲时不做声气，莫教他说一话，更不可当少年也。任侠杀人。后来因黄石公教得来较细，只是都使人不疑它，此其所以乖也。”（《恒言录》卷二）

【不认曰赖】不认前言曰赖。见老苏《謚法辨论》有曰：“赖者注：不悔前过曰赖”。今借贷不还亦曰赖。《国语》庆郑云：“已赖其地，而又爱其实。”盖谓许赂秦河外五城而不与为赖也。韦注：“赖，赢也，则为赖籍之义。”（《土风录》卷十四）

【敲】《左传·定二年》：“邾庄公与夷射姑饮酒，私出，阍乞肉焉，夺之杖以敲之。”杜注：“敲阍头也。”按：俚语以打为“敲”，本此。（《通俗编》卷六）

【够】今人谓多曰够，少也不够。《广雅》曰：“够，多也”。《魏都赋》：“繁富夥够，不可单究。”（《谈征》言部）

【大】今以年长于人为大，年少于人为小。《南史·范云传》：“云本大武帝十三岁，尝侍宴，帝谓临川王宏、潘阳王恢曰：‘我与范尚书少亲善，申四海之敬。今为天下主，此礼既革，汝宜代我呼范为兄。’”《后汉书·逸民传》

"庞公"注："《襄阳记》曰：'德操年小德公十岁，兄事之，呼作庞公。'"（《直语补正》）

上述辞书对"烦"、"乖"、"赖"、"敲"、"够"、"大"的阐释，并没有在字形及其字音问题上作过多的分析，而重点是解释它们的常用意义，并举例说明这个字在具体语句中的运用。除了上述几例以外，清代俗语辞书所收录的其他单字词也基本是清代常用的俗语词，比如：烦、觅、念、件、弄、绺、帐、拐、蜡、荤、椅、圈、伏、腊、贺、馋、你、尼、断、个、恬、等、影、准、志、劲、交、材、睡、批、店等。

另外，清人对这些单字词在释义时，主要凸显它们在当时的常用口语义，而对它们在其他古代典籍中曾出现的用法则较少涉及，这与之前以解经为目的、罗列各种书面义的辞书也不相同。我们以"等"、"念"为例，对比一下《说文解字》、《类篇》、《康熙字典》以及清代俗语工具书释义的不同。

【等】多肯切齐简也。从竹，从寺。寺，官曹之等平也。（《说文解字》）

【等】打亥切齐也。又得肯切。《说文解字》齐简也。从竹，从寺。寺，官曹之等平也。文一，重音一（《类篇》）

【等】《广韵》《正韵》多肯切。《集韵》《韵会》得肯切。《海篇》：

登上声。类也，比也，辈也。《易经·系辞》：爻有等，故曰物。《礼·曲礼》：见同等，不起。又齐也。《左传》疏：春秋分而昼夜等，谓之日中。又等级也。《礼·乐记》：则贵贱等矣。《周礼·春官》：以玉作六瑞，以等邦国。《左传·隐五年》：明贵贱，辨等列。又称量轻重也。《孟子》：等百世之王。

《史记·夏本纪》：四岳曰：等之未有贤于鲧者。又《篇海》等：候待也。又

《说文解字》：齐简也。从竹，从寺。寺，官曹之等平也。又《字汇补》：发等，沐树也。王褒《僮约》：焚槎发等。又佛书有《方等经》。（《康熙字典》）

【守候曰等】守候曰等。案唐·路德延《孩儿诗五十韵》有云："等鹊潜篱畔，听蛰伏砌边。"是唐时已有此语。吴梅村《圆圆曲》："等取将军油壁车。"

《桑民怿嘲富翁》诗："粮长解头专等待"用此字。《戒庵漫笔》明太祖赐江阴指挥吴国典礼，亦有"等大军来与他厮杀"之语。(《土风录》卷十四)

再比如对单字"念"的解释：

【念】常思也。从心今聲。奴店切。(《说文解字》)

【念】奴店切。《说文解字》常思也。又姓。古作。文二。(《类篇》)

【念】《唐韵》奴店切《集韵》《韵会》《正韵》奴玷切，音。《尔雅·释诂》思也。《疏》常思也。《释名》念，黏也。意相亲爱，心黏着不能忘也。《书·大禹谟》念兹在兹。又《小尔雅》无念，念也。《诗·大雅》无念尔祖。又姓。西魏太守念贤。又《转注古音》叶人九切，音狃。《书·洪范》汝则念之。叶下咎受。(《康熙字典》)

【念】今人谓读书为念书。案《汉书·王莽传》云："念铜人铭，有'皇帝初兼天下'之文。"(《迩言》卷五)

上述几部辞书对同一个单字"等"和"念"的分析侧重点明显不同，《说文解字》、《类篇》重在通过分析"等"、"念"的形体，从而阐明本义；《康熙字典》重在搜罗"等"、"念"在古代典籍中的各种意义；而《土风录》则将"等"作为一个常用俗语词，解释了其在清代口语中的常用意义"守候"，并列举作为"守候"义的"等"在具体例句中的使用。《迩言》也同样只列出了"念"在当时的常用意义"读"，并举例印证。

第二节　从双音词的收录看清人词的意识的萌芽

2.2.1　从双字组合在辞书中的共现看清人对词的认识

清代学者编纂的俗语类工具书中，虽然收录了大量的双字组合，但是就这些双字组合的性质而言有的是词，有的是词组。如果这些工具书中所收录的双字组合绝大部分是词组，那说明清人在收辑词目时是具有随意性的，而如果双音词的数量在这些双字组合中占绝大多数，则说明清人某种程度上已经对词有了一定的认识。因为客观存在的双字组合有词也有词组，而清代学者在辞书中的选择则表明了其对这种单位性质的认识。不同的工具书所收录的双字组合有同有异，我们以清代十二部①主要俗语工具书为主要分析材料，对其中的双字词语进行对比分析，通过考察同时出现在几部工具书中的双字组合的特点和只出现在某一部工具书中的双字组合的特点，来阐明清代学者对词的认识。

2.2.1.1 同时共现在几部辞书中的双字组合的性质

统计结果显示，同时出现在两部及以上的俗语工具书中的双字组合共有1164个。其中出现次数最高的一个词是“杂种”，在考察的十二部工具书中，有九部都收录了这个词；同时出现在八部俗语类辞书中的双字组合有2个，分别是“奴才（奴材）”②和“糊涂”；同时出现在七部工具书中的双字词语有如下9个：上头、行李、道士、杜撰、相公、日子、丫头、古董（骨董）、龍鍾（儱俥、儱侗、龍穜）。为了更加清楚地显示统计结果，我们以表格的形式依次将共现在几部工具书中的双字词语按照出现次数的高低依次列出。

表2.4 共现次数③为6及以上的双字组合列表

书名 词条	土风录	直语补正	常语搜	称谓录	谈徵	正音撮要	里语徵实	（新刻）官话汇解便览	常语寻源	证俗文	通俗常言疏证	俗语考原	共现次数
杂种	√		√	√		√	√	√		√	√	√	9
奴才 奴材	√	√	√	√		√		√			√	√	8
糊涂	√		√			√	√	√	√	√		√	8

① 这十二部工具书是：《土风录》、《直语补正》、《常语搜》、《称谓录》、《谈征》、《正音撮要》、《里语征实》、《（新刻）官话汇解便览》、《常语寻源》、《证俗文》、《通俗常言疏证》、《俗语考原》。其中《通俗常言疏证》和《俗语考原》虽然都初版于民国初，但是作者孙锦标和李鉴堂都是清末民初人，跨越两个时代，而且《明清俗语辞书集成》中也收录这两部书，所以一并作为考察范围。

② 有的词语在不同的工具书中有不同的异体形式，我们都将其列出。

③ 共现次数指的是同时出现在几部俗语工具书中，比如共现次数为9，表明该词语同时被九部俗语工具书收录，共现次数为8，则表明该词语同时被八部俗语工具书收录，以此类推。

续　表

书名 词条	土风录	直语补正	常语搜	称谓录	谈征	正音撮要	里语征实	（新刻）官话汇解便览	常语寻源	证俗文	通俗常言疏证	俗语考原	共现次数
上头	√	√			√			√		√	√	√	7
行李	√				√		√		√	√	√	√	7
道士	√		√	√	√	√		√			√		7
杜撰			√		√		√		√	√	√	√	7
日子	√		√		√	√	√				√	√	7
丫头	√			√	√	√	√			√		√	7
古董 骨董	√			√	√			√		√	√	√	7
龙钟①	√	√	√		√					√		√	7
相公	√	√	√	√						√	√		6
亲家	√		√	√				√			√	√	6
衙门	√	√			√	√		√			√		6
和尚				√	√	√	√	√			√		6
书信	√		√				√		√		√	√	6
跨灶	√		√	√					√	√	√		6
门生		√		√	√		√	√			√		6
马头②	√		√			√	√			√	√		6

共现次数为2～5次的双字组合比较多，我们不一一列出，仅举例如下。

表2.5　共现次数为2～5次的双字组合列表

共现次数	共现的双字组合数量	共现的双字组合举例
5	36	调停、端午（端五）、孟浪、子细、行香、先辈、先生、多谢、安排、客气、褦襶、汉子、潦草、连襟、通家、狼藉、老娘、老爷、枝梧、妯娌、媳妇、好汉、起复、丈人、本分、打扮、点心、别字、风闻、公道、公馆、当家、快活、王八（忘八）、婊子（表子）、抽替（抽屉）
4	78	高兴、唐突、护短、放债、下官、天井、发作、致意、毛病、处士、拜堂、经纪、掣肘、出恭、纸钱、外甥、告示、生日等

① 该词在几部工具书中出现的不同词形还有“龙钟”、“儱偅”、“儱侗”、“陇种”。
② 即“码头”。

续 表

共现次数	共现的双字组合数量	共现的双字组合举例
3	243	姐夫、方面、方丈、商量、府君、废物、享福、交代、交易、证左、计偕、小的（小底）、谢孝、请安、请教、课马、亲戚、认真、放肆、谈天、一遭、正月、豆腐等
2	769	主张、主子、主考、立夏、立冬、立秋、立春、痱子、痴福、粗笨、鏖糟、高手、高足、高照、市井、庙祝、应酬、麝香、底事、夜壶、磨牙、凭据、文书等

这1164个双字组合被不止一部清人的俗语工具书作为词目收录在内，通过上述表格可以看出，随着共现次数的降低，双字组合的数量是明显增多的。一般来说，一条双字组合被收录的频次越高，说明不同工具书的编者对其作为词汇单位身份的认同度越高，其常用性和典型性在当时也应该越突出。从上表可以看出，出现频率为6次及以上的的双字组合，就词汇单位的性质来说毫无疑问都是词，而非词组，而且大部分的双音节词不仅在清代，即使在现代汉语中也仍然是经常使用的。

双音节词与双音节词组的区别一直是汉语研究中的一个难题，随着研究的深入，许多学者在词和非词的界定标准上都提出了自己的理论观点，也曾尝试从多种角度进行区分。比如赵元任（1992）从语音的角度，主要强调从重音模式和声调来区分词和短语；从语法角度对词和词组进行区分，最有代表性的是王力提出的“插入法”和陆志韦提出的“扩展法”。王洪君、冯胜利等几位学者试图从“韵律”的新视角来区分汉语中的词和词组，也具有一定的启发性。这是就现代汉语而言，如果考虑到古代汉语双音节词和双音节词组的区分，就更加错综复杂。程湘清（1981）指出上古汉语词和词组的区分与现代汉语相比更是增加了两层困难：一是上古汉语的词和词组的区分因为其文献的有限性，不能和现代汉语一样可以比较容易地使用“扩展法”、“变换法”之类；二是上古口语中不能借助语音变化来判别词和词组。

无论在理论上解释得多么清楚，在实际应用中，词和词组的区分仍然是存在许多困难。为了避免在理论上纠缠不清，使考察对象的区分更具有操作性，我们对这1164个词语的判别方法如下：以《现代汉语词典》（第6版）和《汉语大词典》为标准对这些词语进行考察，《现代汉语词典》是现代公认的权威性、规范性的词典。如果某个双字组合被《现代汉语词典》收录，我们基本可以确定其“词”的性质。但是我们辨析的是清代俗语工具书中出现的词语，而《现代汉语词典》所录词汇以记录普通话语汇为主，所以又同时以《汉语大词典》为标准进行了判别。《汉语大词典》广泛收集了古今汉语中的各类词、熟语、成语、典故和较常见的百科词，是集古今汉语词汇之大成的著作。两部词典都没有收录的双字组合，我们再根据学者们提出的词和词组的区分标准进行判断。

根据我们的统计，在这1164个双字组合中，有940个仍旧存在于《现代汉语词典》中，也就是说这些双字组合即使从现代词汇学的视角来看，绝大部分也是非常典型的词。比如：年纪、眼镜、姑娘、燕窝、姐姐、生日、高兴、唐突、公道、打扮、本分、客气、本钱、耽搁、收拾、牢固、妈妈、婚姻、菠菜、老师、如意、中用、灯笼、火伴、商量、交代、交易、认真、豆腐、天平、西瓜、哥哥、发财、寻常、受用等。在剩下的未被《现代汉语词典》收录的224个双字组合中，又有196个被《汉语大词典》收录，如：书办、显考、长随、麤糟、谢土、郡马、重亲、参将、先妾、混堂、襕衫、土炕、南宫、喜信、寿器、走作、都统、撞席、挨磨、昆玉、明府等。既没有被《现代汉语词典》又没有被《汉语大词典》收录的双字组合只有以下28个：舍弟、搭船、阉猪、望斗、水舱、酥饼、手灯、偏韁、泼水、净猫、还早、润肺、冷澤、有偏、木桶、煮饭、茶酽、加一、想好、四喜、风櫃、问军、监商、令坦、善狗、铁锁、箭翎。

未被《现代汉语词典》和《汉语大词典》收录的不一定不是词，我们需要根据一定的标准对其进行判断。词和词组的区分本来就不容易，而在古代汉语中这个问题就更加困难。许多在今天看似是一个双音节词的语言单位，在古代汉语中往往不是一个词，而是两个单音节词的连用，反之亦然。比如“不通”在现代汉语里无疑是一个自由词组，所以《现代汉语词典》自然没有作为词条收录，而清代俗语工具书对其释义如下：

【不通】《论衡·别通篇》：“通人犹富人，不通者犹贫人也。通人胸中怀百家之言，不通者空腹无一牒之诵。”（《通俗常言疏证》三册文事卷）

【不通】《论衡·别通篇》：“通人犹富人，不通者犹贫人也。”《通典》：

“魏立太学，学者满一岁，试通一经，为弟子，不通，遣罢。”（《常语搜》卷四）

上述两部辞书都引用《论衡》中的话指出：“不通者犹贫人也”。在《汉语大词典》中“不通”有6个义项，其中义项⑤谓学识浅陋，所举例子和上述一致：“汉·王充《论衡·别通》：‘夫通人犹富人，不通者犹贫人也。俱以七尺为形，通人胸中怀百家之言，不通者空腹无一牒之诵。’”所以“不通”在清代时作为“学识浅陋”的意思应该作为一个词来看。这与“不通”作为词组在现代汉语里的意思完全不同。

当然有的词语虽然古今意义不同，但在对于是否成词的判断上却无影响，比如：“老娘”在《现代汉语词典》中的义项有两个，一是指“老母亲”，二是方言词，指“已婚中年或老年妇女的自称”。但是在清代的四部俗语工具书中，“老娘”均为“稳婆（即接生婆）”的意思。但是无论“老娘”的意思是什么，在清代和现代，“老娘”都是作为词而非词组出现的。

具体到未被《现代汉语词典》和《汉语大词典》收录的28个双字组合词汇单位性质的分析，我们主要以意义标准为主，其他标准为辅。王力先生说“就汉语来说，规定词儿的主要标准在于汉语的特征。”（程湘清，1981）缺乏形态变化，更加注重逻辑意义便是汉语的重要特征。所以，在确定这些双字组合的性质时，绝不能忽略它们的词汇意义。比如：

“阉猪”，只看形式我们不能确定这是一个动宾短语还是一个名词。经考察在我们所研究的清代俗语工具书中，该双字组合共出现三次，其中《正音撮要》和《官话汇解便览》只列词目没有释义，但是在《正音撮要》中和“阉猪”列在一起的词目是“善狗、宦牛、羯羊、镦鸡、净猫”；在《官话汇解便览》中和“阉猪”列在一起的是“猪母、猪哥、猪仔、狗仔、山狗”等词。由此可以判断“阉猪”在清代俗语工具书里是一个名词，而不是动宾词组，而且“阉猪”在另一部俗语辞书《证俗文》中是有明确释义的，这个释义更加印证了我们的判断。

【阉猪】凡牡而去势者曰净猫、善狗、镦鸡、阉猪、羯羊、宦牛、骟马。（《证俗文》卷十七）

从《证俗文》的阐释明显也可以看出“阉猪”是一个名词。再比如双字组合“冷澤”在清代俗语辞书中的解释为：

【冷澤】吴人谓冰曰冷澤。（《证俗文》卷十七）

【冷澤】屋木悬冰如箸曰冷澤。案《五音集韵》“冷”字注：“又音零，吴人谓结冰曰冷澤。”亦见《黄氏韵会》（《土风录》卷五）

通过释义，我们可以判断“冷澤”是一个吴地的方言词。虽然该词没有被《汉语大词典》收录，但是查《康熙字典》“冷”字下有“冷澤”的义项，解释同样为“吴人谓冰曰冷澤”。另外，《土风录》的作者顾张思就是江苏太仓人，《证俗文》的作者郝懿行虽是山东人，但也曾官任户部江南司主事，所以在书中收录吴地方言词也是不足为奇的。

再如未被《现代汉语词典》和《汉语大词典》收录的双字组合“令坦”，同时出现在《通俗常言疏证》和《常语寻源》两部俗语工具书中，这两部辞书在对其进行解释时都记载了《晋书·王羲之传》中关于王羲之“坦腹东床”的故事。《通俗常言疏证》的作者孙锦标在故事后作了解释：“按今称人壻曰令坦，本此。”据此可知“令坦”的意思为“称呼他人的女婿”，所以根据意义，“令坦”是一个词。虽然《汉语大词典》没有收录这个词，但是却收录了与“令坦”意义相关，结构相似的“令郎”、“令尊”、“令妹”、“令妻”等词。

经过我们的考察判断，未被《现代汉语词典》和《汉语大词典》收录的28个双字组合中，属于词组的只有11个：搭船、酥饼、泼水、还早、润肺、木桶、煮饭、加一、想好、四喜、铁锁。

当然被《汉语大词典》收录的双字组合绝大部分都具有词的属性，但是也有极个别的例外，比如：

【不倸】不理人曰不倸（《土风录》卷十一）

意所忽过曰不倸，又云不僁倸，俚谚也。……案，倸当作睬字。（《证俗文》卷十七）

根据解释“不倸”就是“不睬”，也就是“不理睬”的意思，很明显是一个词组。另外虽被《汉语大词典》收录，但是仍然可以判定为词组的还有“一遭、一顿、写字、踢球”四个双字组合。经过分析，在十二部俗语工具书同时收录的1164个双字组合中，仅有17个可以判定为词组，而其他1147个双字组合都具有词的资格，“词”的比例高达98.63%，而且有940个词在《现代汉语词典》中依然存在，可见其流传性和常用性。

双音节词和双音节词组都在语言中客观存在着，但是在清人共同认知的可以收录到俗语工具书中的双字组合中却有高达98.63%的都是词，可见随着复音化的发展，清人词的意识萌芽。此外，通过统计可以看出，同现次数越多的双字组合，是词的比率就越大，根据统计结果，同时出现在3部及以上工具书中的375个双字组合，只有“舍弟、搭船、阉猪”未被《现代汉语词典》和《汉语大词典》收录，而只有“搭船”不具有词的性质。清人编纂的俗语工具书在收录条目时，貌似具有随意性和主观性，但是被清代学者们共同作为词汇单位收录的双字组合，绝大部分都具有词的性质，这也从另一个方面反映了清人对词的认识的进步，而且这种认识具有普遍性。

2.2.1.2 只出现在某一部辞书中的双字组合的特点

上述1164个双字组合多次出现于几部俗语工具书中，而有的双字组合只被某一部俗语辞书收录，我们通过《明清俗语辞书集成索引》，每隔20页，抽取只出现在某一本俗语工具书中的双字组合，这次的考察对象我们将《称谓录》排除，因为《称谓录》收集编纂的对象仅限于各种称谓词语，可以称之为一部专科性的类义词典。除了《称谓录》以外，其他十一部俗语工具书与2.4所用相同。

用抽页考察的方式，共发现有393个只出现在一部俗语工具书中的双字组合，反观这些没有被其他俗语工具书所收录的双字组合，具有如下特点：

第一，不具有词的资格。

这393个双字组合中有97个词组，而其中又有70个词组是来自《正音撮要》或者《（新刻）官话汇解便览》，这两部都属于正音性质的工具书，是以官话音与某地方音来对照，用以指导该地说方言的人学习官话的著作。所以不同于其他几部俗语工具书，所收词语会更为随意一些，更加注重口头常用性，由此收录了很多口语中常用的双音节短语，比如：行紧、行慢、不迟、天暗、天晴、天早、添些、添草、来了、大锯、好俊、好了、好茶、星多、星少、吓鬼、月落、月斜、月缺等等。而这些短语在其他学者的眼中不具有词汇单位的性质，所以未被收录到他们编纂的词语类工具书中。这也反映了大多数清代学者对词汇单位的认识，临时组合的自由词组不会成为大多数工具书的收录对象。

第二，个别的方言词。

在这393个双字组合中，另有296个虽然具有词的性质，但是也只出现在了一部俗语工具书中，我们发现也有一定的原因。有的双字组合是方言词，不具有普遍性，所以也未被其他辞书收录。比如："惯惯"一词只出现在孙锦标的《通俗常言疏证》中，在释义中注明："惯惯"见"痛痛"。即"惯惯"的意义和"痛痛"相同。而"痛痛"在该书中的释义如下：

【痛痛】《新方言》："《尔雅》恫，痛也，瘝，痛也。瘝亦作矜，方言。悛、怃、矜、悼、怜，哀也。今凡谓爱怜小儿者，通言曰疼。江南运河而东曰肉痛，扬州、安庆曰瘝，读如贯。"（按"贯"音"惯"，今人凡爱怜小儿者或曰"痛痛"或曰"惯惯"是也）①（《通俗常言疏证》二册·年齿）

从解释可以看出，"惯惯"是扬州、安庆等地的方言词。再比如：

【肩举物曰掮】赵氏《说文长笺》"掮"字注云：吴言以身肩物曰掮。借相吁告亦曰掮。方氏《通雅》谓："因掀字重其声也。"（《里语徵实》卷上）

【儒输】迂缓不晓事曰儒输。《方言》："儒输，愚也。"《说文》："孺，一曰输，输尚小也。"其义同。《左氏·哀公二十一年》："惟其儒书以为二国忧。"意亦如此。杜氏以《周礼》释之非也。儒与孺，输与书，字异音同，凡叠韵之字取声不取字也。杜氏坐不晓方言耳。（《证俗文》卷十七）

"掮"意为"以肩举物"，属于吴语方言词，只在《里语征实》里出现。"儒输"是"愚笨，傻"的意思，也是古方言词。

第三，有的双字组合只出现在了某一本工具书中，其他俗语辞书没有收录，并不是因为这个双字组合不具有词汇单位的性质，而是因为相同的事物，在其他书中使用了不同的词语来表示，比如：同样是"厕所"，《谈征》中收录的是"厕"，《军语》里收录的是"厕所"一词，《里语征实》是"厕屋"，

① 括号内注释为原书所加。

而《正音撮要》则是“茅厕”一词。再比如表示“科举制度中生员名目之一”的“廪膳生员”，《正音撮要》收录的是“廪生”，《称谓录》收录的是“廪膳生”，而《通俗常言疏证》则收录的是“廪膳生员”。

有的是在不同俗语工具书中所用词形不同，比如，“注夏”只被《土风录》收录，解释如下：

【注夏】卢熊《府志》：“夏至食李以解注夏之疾。”张寅《州志》：“立夏日煮麦豆和糖食之，曰‘不注夏’。”《南郭志》则云：“夏至用蚕豆、小麦煮饭，名‘夏至饭’。”今俗则谓夏至粥①。……（《土风录》卷八）

而在《通俗常言疏证》中收录的词条是“疰夏”：

【疰夏】《博雅》：“疰，病也。音注。”《通俗编》：“按，今谓小儿逢夏多病曰疰夏。”（《通俗常言疏证》四册·医病）

第四，某些词在清代已经不使用或不常用。

有的词不被大多数工具书所收录是因为某些事物随着时代的发展至清代时已经消失了，自然反映这个事物的词也不再使用。比如：

【鱼袋】唐百官佩金鱼谓之鱼袋。武后朝佩金龟后乃佩鱼。《朝野佥载》：“唐初为银兔符，以兔为瑞，后为银鱼符，以鲤为瑞。武后以元武为瑞，乃以铜为龟符或以鲤为李也。龟，武也，重国姓也。”《炙毂子》云：“古者有算袋，魏文帝易以龟袋。”唐改鱼袋本算袋之遗，而龟袋又何取于国姓耶？（《谈征·名部》）

鱼袋是唐、宋时官员佩戴的证明身份之物，所以在唐宋时是一个常用词，而发展到明代时表明官员身份之物已经改用牙牌，清代则是以帽子上的顶子来证明各阶层的身份。所以绝大多数清代的俗语工具书并没有收录这个在日常生活中已经不再使用的词。

有的是因为某些古代产生的词，发展到清代时在口语中已经基本不再使用。比如：

【兹其】鉏也。《周礼·柞氏》注云：“萌之者，以兹其砍其生者。”《释文》：“兹其音基，兹其鉏也。”疏云：“汉时兹其，即今之锄也。”案，或书

① 小字体的文字解释也为原书所有，下同。

作镃其，非也。《说文解字》镃乃薡字重文。(《证俗文》卷三)

【缓颊】徐言引喻谓之缓颊。《高祖纪》："缓颊往说魏豹。"(《谈征·言部》)

"兹其"、"缓颊"都是产生时代比较早的词，具有古雅的性质，在清代已经不属于常用词，所以未被大多数俗语工具书收录。比如"兹其"一词，从贾公彦给《经典释文》作的注疏可以看出"汉时兹其，即今之锄也。"唐代时已经称"兹其"为"锄"。

根据我们上述统计，共现于几部俗语工具书中的1164个双字组合，词的比例高达98.63%，而只出现在一部俗语工具书中的393个双字组合，词的比例为75.89%。通过统计结果可以看出，一些双字组合是否具有词汇资格在不同的工具书编纂者看来观点不同。但是被绝大多数清代学者共同认定的双字组合，其性质却大部分是典型的词，而且在俗语工具书中出现的次数越多，其性质为词的比例就越高，相反，如果是只被某一部俗语工具书收录进去的双字组合，可能会因为个人对其认识的不同，而属于词组的比例就会相对大一些。这也说明了清代学者对词的一种共识。

2.2.2　从双字组合的产生时代看清人对词的认识

明清俗语辞书中出现的众多双字组合、多字组合并不都是在明清时期才产生的，而恰恰相反，大部分词语都产生在明清以前，有的甚至在先秦时期即已出现。仍以双字组合为例，《常语寻源》中的双字组合共有142个，我们根据书中出现的最早用例，并对照《汉语大词典》的解释考察其来源，发现这些双字组合产生的年代非常之早，比如：

【风闻】《汉书》："南粤王赵佗曰：'又风闻老夫父母墓已坏削。'"(《常语寻源》甲册)

《汉书·南粤传》："又风闻老夫父母坟墓已坏削，兄弟宗族已诛论。"(《汉语大词典》)

【通家】《后汉书》："孔融十岁，随父之洛。往见李膺，门下人不与通，融曰：'我是李公通家子弟。'"膺问何谓。融曰："先人仲尼与老君有师资之道。因此与君累世通家。"(《常语寻源》甲册)

犹世交。《后汉书·孔融传》:“语门者曰:‘我是李君通家子弟。’”(《汉语大词典》)

【藏拙】《南史》:“梁遣徐陵聘齐魏,收录其文集遗之,令传江左。陵还,过江悉沈之,曰:‘吾为魏公藏拙。’”(《常语寻源》卷上)

唐·罗隐《自贻》诗:“纵无显效亦藏拙,若有所成甘守株。”(《汉语大词典》)

我们可以看出“风闻”、“通家”两词在《常语寻源》和《汉语大词典》中给出的最早用例是相同的,说明这两个词分别至少在东汉和南北朝时期就出现了。“藏拙”虽然在《常语寻源》和《汉语大词典》中出现的最早用例不同,但两例均为唐代作品,说明该词在唐代即已出现。

再比如钱大昭的《迩言》:

【把持】《白虎通》云:“霸,迫也,把也。迫胁诸侯,把持其政。”(《迩言》卷一)

①握,拿。汉·王充《论衡·效力》:“诸有锋刃之器,所以能断斩割削者,手能把持之也,力能推引之也。”

②专揽;控制。汉·班固《白虎通·号》:“霸,犹迫也,把也。迫胁诸侯,把持王政。”(《汉语大词典》)

【软弱】《潜夫论》云:“将军皆怯劣软弱。”刘琨答卢谌诗曰:“咨余软弱。弗克负何。”(《迩言》卷一)

缺乏力气;不坚强。《战国策·楚策四》:“李园,软弱人也。”

(《汉语大词典》)卷一)

【撺掇】《朱子语类》云:“四面八方,撺掇他去这路上行。”(《迩言》

怂恿。《朱子语类》卷一二五:“子房为韩报秦,撺掇高祖入关。”(《汉语大词典》)

“把持”、软弱”至迟在东汉已经出现,而“撺掇”一词也已在宋代的《朱子语类》中使用,也就是说这些双字组合都是早在明清以前就产生了。

我们随意抽取了四部清代的俗语辞书,考察了书中双字组合产生的时代①，具体如下表。

表 2.6　四部清代俗语辞书中双字组合产生时代统计表

	先秦两汉	三国两晋南北朝	隋唐五代	宋　元	明　清
《常语寻源》	63	22	33	19	3
《迩言》	207	107	77	45	2
《恒言录》	226	117	116	92	15
《通俗编》②	296	71	112	111	39

需要说明的是，我们统计的双字组合的出现年代以两字同现为准，比如：

【习惯】《左传》："习射御贯，则能获禽。"贾谊《新书》："习惯如自然。"（《迩言》卷一）

【福将】《孙子》："将必择其福厚者"。《东轩集录》："宋真宗次澶渊，虏骑未退，议守天雄军，魏公曰：'智将不如福将。'乃命王钦若，危坐七日而虏退。"（《通俗编》卷八）

这两个词条如果追溯源头的话，最早应该是《左传》和《孙子》，但是在这两部作品中，"习惯"和"福将"都并未作为一个固定组合出现，所以我们统计出现时代时都以第二个例句为准。从统计结果可以看出，真正在明清时期产生的双字组合特别少，而很多的词语早在先秦两汉（大部分是在两汉）时期就产生了。其实从汉语词汇复音化的过程也能很好地证明这个事实。汉语词汇从单音词向复音词发展，不是一蹴而就的，"而是经历了一个漫长的历史过程。如果说汉语至少有一万年以上的历史，那么事实表明，在距今两千多年的先秦两周时代，这一变化就已经开始了。"（程湘清，2008：24）。伍宗文（2001）考察结果显示"西周时期汉语的复音词已经超过三百"，"先秦汉语的复音词总数为五千左右，随着时间推移至战国末期，复音词已经占到全部汉语词汇的三分之一。"向熹先生（2010：478）指出："复音词的大量产生，成为中古词汇发展的重要特点"，"上古词汇以单音为主，到了中古，就口语而论，复音词变得逐渐占有优势了。"曹炜（2010：52）对现代汉语

① 无论是清代的俗语辞书还是《汉语大词典》，编纂者列出的词目最早出现的文献可能有的存在书证滞后的问题，这只能说明这个双字组合出现的年代可能会更早。

② 《通俗编》所收词语非常之多，双字组合有 2147 个，我们此处只考察了前十卷中的双字词语。

3000常用词中的1011个甲级词首见年代作了统计，发现“这1011个现代汉语最常用词在秦汉时代就出现的占43%强，在隋唐以前就出现的占一半多，在宋代以前出现的占近60%，在清代以前出现的占近75%。”

从学者们的研究以及我们的统计可以看出，双音词在汉代以后已经得到很大发展，但是中国古代的小学家们始终未把双音词纳入他们研究的中心。大规模产生这些词语的时代却没有产生相应的集中收录这些词语的工具书，而这个工作是由明清学者，特别是清代学者来完成的，他们有意识地将这些双音节或多音节词语搜罗到自己编纂成的工具书中，反映了清代学者词语意识的发展，以及清代学者日渐成熟的词语观。

第三节　清人对词语结构的认识

清人词语意识增强的另一个表现是他们对词语的结构也有了一定的认识。虽然真正对词语结构进行有意识的分析是现代语言学诞生之后的事情，但是通过对清代俗语工具书的考察，我们发现清代学者确实关注到了词语的一些特殊的结构类型，比如派生式和重叠式，而且对一些“词缀”的用法和意义进行了比较深入的阐述。

2.3.1　清代学者对词语派生式的探讨

据蒋宗许（2008）对汉语词缀的研究，汉代以后人们在解经释义时，就已经对我们今天所说的词缀有了一定程度的涉及，比如汉代学者对《诗经》中“有”、“其”字的注释，唐代孔颖达对“有”、“若”等的阐释，宋代洪适对“阿”的解说，洪迈对词缀“老”的解释，欧阳修对“打”的阐释等，都已经接触到了词缀问题，虽然这些对词缀的认识都比较零散，缺乏深入的理论分析。

到了清代，对词缀的理性认识进一步深化，在清人的注疏、笔记杂著中有大量涉及到讨论虚词的内容，其中包括对某些词缀的认知。比如顾炎武在《日知录》进一步补充和解释了关于词缀“阿”的各种用法，钱大昕的《十驾斋养新录》里也对“阿”和“老”作为语助的意义和用法进行了解释。而在清人编纂的俗语工具书里，清代学者们也都对于词缀①问题予以普遍的关注，对一些常用词缀的语法意义进行了分析，并收录了大量的派生词。

2.3.1.1　清代学者在俗语辞书中对常用词缀的分析

我们以清代俗语辞书中最为常见的词缀“阿、子、老、头、儿”为例来分析清代学者对“词缀”以及“派生词语”的认识。

（1）——“子”翟灏在《通俗编》中对“子”的解释：

【子】俗呼服器之属多以“子”字为助，其来已久。《旧唐书》：“裴冕自创巾子，其状新奇。”《中华古今注》：“始皇元年，诏近侍宫人皆服衫子，三妃九嫔当暑戴芙蓉冠子，手把云母扇子；宫人戴蝉冠子，手把五色罗扇子。”又举到了钗子、帽子、鞋子、艇子、笠子、亭子、手帕子、帖子、船子、拂子等，并指出“多未辨其物之大小，而概呼之也。”另举《湘山野录》“别是一番滋味子”指出“虽非呼物而亦以“子”为助。（卷三十三·语辞）

【妻子】《诗》：“妻子好合。”《韩非子》：“郑人使其妻为袴，曰：“象吾故袴”妻子因毁新令如故。”杜甫诗：“结发为妻子，席不煖君床。”按：此本仅言“妻”而兼助以“子”字，今语犹有然。（卷四·伦常）

【刀子】俗呼器物，多以“子”为助。惟“刀子”与“刀”，似有大小之别。……观诸说则“刀子”之为小刀显然。（卷二十六·器用）

【礓礤子】……此当是阶磴之称，而杭俗惟以呼楼梯之简小者。（卷二十四·居处）

翟灏认为“子”作为语助“由来已久”，并不是清代新产生的，而且注意到“子”多用于“服器之属”，但又不限于此，比如“滋味子”，“虽非呼物而亦以‘子’为助”。翟灏还对加上词缀“子”前后的意义变化进行了分析。翟氏认为加“子”以后词的基本意义没有发生变化，比如“妻子”，“此本仅言‘妻’而兼助以‘子’字，今语犹有然。”但是有时也会有一定的区别：“惟‘刀子’与‘刀’，似有大小之别”；再比如“礓礤子”也是“惟以呼楼梯之简小者”。也就是说某些词加上语助“子”以后，会增加“小”的

① 清代俗语工具书里并未出现“词缀”一词，而是将其称为“语助”，但实际阐释了现代意义上的常用词缀的用法。

意味。这些阐释已经很接近现代学者对词缀“子”的用法的总结。

清代的其他学者也同样认识到“子”作为语助的性质与用法，如《土风录》中顾张思对“日子”、“娘子”的解释：

【日子】时日曰日子。见陈琳《檄吴将校部曲》首云：“年月朔日子。”《六臣注》：“日子，发檄时也。”盖“子”为语助，如桌子、椅子之类。《南史·刘之遴传》参校古本《汉书》，今本无上书年月日子。（卷十一）

【娘子】妻曰娘子，“子”字当是语助，如称日为日子之类。《韩非子》：“郑县卜子，令妻为袴，曰：‘象吾故袴。’妻子因毁新如旧。杜诗“结发为妻子”是也。若平阳公主及柴绍妻之娘子军。退之《祭周氏二十娘子》。《花蕊宫词》：“诸院各分娘子位。”皆泛指女人言。又司马温公《书仪》云：“古人谓父为阿郎，母为娘子。故刘岳叔仪上父母称阿郎娘子。后奴婢尊其主如父母，故亦谓之阿郎娘子。”此又一例，今无之。阿郎今以称人之子。（卷十六）

（2）“阿”——

“阿”作为前缀，起于汉代，六朝时使用较多，“汉魏六朝，‘阿’用于人的姓、名、字、小名以及称谓词、代词前，也用于排行，近代汉语里，用法上有不少扩展变化”（陈云龙，2011：161），清代学者们在所编纂的工具书里对前缀“阿”的用法进行了总结描述，特别是伊秉绶的《谈征》，引用各类文献，使用较长的篇幅对“阿”进行了详细的阐释，概括了语助“阿”的各种用法。

【阿】《殽阬君神祠碑阴》云：“其间四十人，皆字其名，而系以阿字，如刘兴阿兴、潘京阿京之类，必编户民未尝表其德，书石者欲其整齐而强加之，犹今闾巷之妇以阿挈其姓也。”《成阳灵台碑》碑阴有：“主吏仲东阿东。”又云：“惟仲阿东年在元寃，幼有中质。”又可见其年少而未有字。《抱朴子》：“弥衡游许下，自公卿国士以下，衡初不称其官，皆名之云阿某，或以姓呼之为某儿。”《三国志·吕蒙传》注“鲁肃拊蒙背曰：‘非复吴下阿蒙’。”《世说》注：“阮籍谓王浑曰：“与卿语不如与阿戎（浑子戎）语。”皆是小时之称也。亦有以阿挈其字者。《世说》：“桓公谓殷渊源为阿源；谢太傅谓王修龄为阿龄，谓王子敬谓阿敬。妇人以阿挈其姓者，则隋独孤后谓云昭训为阿云，唐萧淑妃请武后为阿武，韦后降为庶人为阿韦，刘从妻裴氏称阿裴，吴湘娶颜悦女，其母焦氏称阿颜阿焦是也。”亦可以自称其亲。《焦仲卿妻诗》：“堂上启阿母。”母谓阿女是也。亦可为不定何人之辞，《古诗》：“道逢乡里人，家中有阿谁。”

《三国志·庞统传》先主谓曰：“向者之论，阿谁为失？”是也。阿者助语之词，古人以为慢应声。《老子》：“唯之与阿相去几何。”今南人以阿挈其名者甚多，但读作入声，非。(《谈征·言部》)

此条共总结了“阿”作为“语助”的四种用法：（1）可以用在人名前：阿京、阿蒙等；（2）用在古人的字前：阿源、阿龄等；（3）“可以自称其亲”，用在亲属称谓词前：阿母、阿女；（4）“也可以不定何人”，用在代词前：阿谁。另外，根据学者们的研究，作为名字、称谓、排行前的词缀“阿”在清代使用逐渐减少，像《红楼梦》、《儿女英雄传》等北方方言作品中已经不用或很少用前缀“阿”，但是在一些南方方言里还保持着这种用法。《谈征》的作者也注意到了这种变化，指出“今南人以阿挈其名者甚多，但读作入声，非。”

翟灏的《通俗编》也指出了“阿”作为语助的用法：

【阿大、阿三、阿五、阿六、阿八】……《北史·蛮獠传》：“獠无氏族之别，又无名字，所生男女，惟以长幼次第呼之。其丈夫称阿謩、阿段，妇人称阿夷、阿等之类，皆语之次第称谓也。”今中华男子，幼呼行次，长则有名，妇人亦终身以行第呼。曾三异《同话录》：“婚礼有所谓问名，《公羊传》言：‘妇人许嫁，字而笄之。’不知名与字之义如男子乎？亦只类今世大小一二之别乎？”据此，则宋时妇人固无名字，只以“大”、“小”、“一”、“二”为名字矣。(《通俗编》卷十八)

翟灏首先对表示“排行”意的“阿大”、“阿三”、“阿五”、“阿六”、“阿八”所出现的文献典籍进行了说明。又举《北史》以及《同话录》中的例子，来说明“阿”常常用在“次第称谓”之前。而且男人“幼呼行次，长则有名”，妇人则“终身以行第呼。”实际上是指出了“阿”作为前缀用于次第排行前的用法。

(3)“老”——

【老】今世友朋相狎，呼其姓加以“老”字，亦有本。白乐天诗“每被老兄偷格律”，谓微之；“试觅老刘看”，谓梦得。《北史》：“石跃持绢一匹，谓斛律武都曰：“此是老石机杼，聊以奉赠。”是北齐人聊以“老石”自称矣。（《谈徵·名部》）

钱大昕《十驾斋养新录》卷十九“老”字条同样有此解释，说明清代学者也认识到“老”缀可以在友朋相狎称时用于姓氏之前。另外，此条下又继续对“老”进行解释：

若“老杜”、“老苏”是别于“小杜”、“大苏”言之，非当时相称。又有称人之一者，苏东坡诗：“老可谓竹写真”，谓文与可也。今人多称其上一字，僧称下一字。东坡诗：“不知老装几时归”，谓元装。

这段解释又指出了“老”作为词缀的另一种用法：可附加在人名前，对人进行称呼，比如“文与可”称为“老可”，“元装”称为“老装”。

【老酒】黄酒曰老酒，按，范石湖诗“扶头老酒中”，自注：“老酒，数年陈酒也，南人珍之。”是“老”即“陈”字之意。苏子由《求黄家紫竹杖》诗云：“老酒仍烦为开甏”。今不论新陈，黄酒通呼老酒矣。（《土风录》卷六）

从《土风录》的解释可以看出“老酒”原是“陈酒”之意，“老”是有实际意义的，但是“今不论新陈，黄酒通呼老酒矣。”不论新酒、陈酒都称为“老酒”，说明了“老”字的意义由实到虚的变化，而这也是成为词缀的必要条件。

【老】《容斋三笔》：“东坡诗用人名，每以老字为助语，非真谓其老也。如‘老濞宫粧传父祖’、‘便腹从人笑老韶’、‘老可能为竹写真’、‘不知老奘几时归’、‘会使老谦名不朽’之类，皆随语势而然。白乐天尝云‘每被老元偷格律’，盖亦有自来矣。”按：今朋友晤谈，庄称曰某兄，狎称曰老某，昉自此与？但“可”、“装”等皆其名之下字，今则举系上字，又不相同。（《通俗编》卷十八）

首先引用南宋洪迈《容斋三笔》中的解释，指出“老”字用在人名前是助语，不是真的“谓其老”，比如“老濞”、“老韶”、“老可”、“老奘”、“老谦”、“老元”等。翟灏进一步指出在清代，朋友之间会互相狎称“老某”，可能是仿自上述用法，但同时指出《容斋三笔》中“老”缀是附加在人的名字前，而“老某”则是用在姓氏前，又不相同。翟灏不但能够总结前人的观点，而且细致地观察到了“老”字作为词缀在清代产生的不同于前代的用法。

（4）——“头”

【外头】清梁章钜《浪迹续谈》：“又头字为用亦不一。俗以在内为里头，在外为外头，在前为前头，在后为后头，在上为上头，在下为下头。或疑外头、下头二字少用，不知‘娇声出外头’，李白诗也，‘下头应有茯苓神’，曹松诗也，皆语助辞耳。”（《通俗常言疏证》一册·宫室）

孙锦标引用了清代梁章钜《浪迹续谈》第八卷“通用字”部分对“头”的解释，认为在“里头”、“外头”、“前头”、“后头”、“上头”、“下头”等词中，“头”都是语助词。除此之外，孙锦标在书中又补充了“东头”、“西头”、“屋山头”、“壁角落头”等由“头”作为后缀的词语。

另外，顾张思的《土风录》中同样有对“上头”、“外头”、“横头”、“边头”等词的阐释。《通俗编》也专门对语助“头”作了详细的诠释：

【头】世言“里头”、“外头”之属，如李白诗：“素面倚阑垢，娇声出外头。”项斯诗：“愿随仙女董双成，王母前头作伴行。”曹松诗：“传是昔朝僧种著，下头应有茯苓神。”“头”亦语助辞也。即人体言，眉亦曰“眉头”，骆宾王有“眉头画月新”句；鼻亦曰“鼻头”，白居易有“聚作鼻头辛”句；舌亦曰“舌头”，杜荀鹤有“唤客舌头犹未稳”句；指亦曰“指头”，薛涛有“言语殷勤一指头”句。器用之属，则如“钵头”，见张祜诗；“杷头”，见苏轼诗。至“江头”、“渡头”、“田头”、“市头”、“桥头”、“步头”，用之尤甚多也。（《通俗编》卷三十三）

翟灏也认为“头”是语助，列举了由“头”构成的若干词：眉头、鼻头、舌头、指头、钵头、杷头、江头、渡头、田头、市头、桥头、步头，指出唐代已广泛运用，并举李白、曹松、骆宾王诗为证。另外通过翟氏的分析：“‘眉’亦曰‘眉头’，鼻亦曰‘鼻头’等”，可知“头”作为词缀是没有实际意义的。唐以前“头”常作方位名词的后缀，唐五代时，“头”作为词缀可以参与到普通名词、时间名词、身体名词、事物名词等多类词语的构词。从翟灏在《通俗编》里的分析举例，也可以看出词缀“头”的这种使用范围的变化。

(5)——“儿”

《通俗编》里也有诸多对词缀“儿”的用法的描写：

【儿】犹云“子”也。《升菴集》举古诗用“儿”字者：“卢仝诗：‘新年何事最堪悲，病客还听百舌儿。’李群玉云：‘一双裙带同心结，早寄黄莺孤雁儿。’孙光宪云：‘晚来弄水船头湿，更脱红裙裹鸭儿。’”余如邵尧夫诗“小车儿上看青天”、梅尧臣诗“船儿傍舷回”、苏轼诗“深注唇儿浅画眉”、陈起诗“点易余硃抹卤儿”，如此类甚多。《梦梁录》载小儿戏耍家事，鼓儿、板儿、锣儿、刀儿、枪儿、旗儿、马儿、闹竿儿、棒槌儿，盖杭州小儿口中无一物不助以“儿”者，故仿其言云尔。(《通俗编》卷三十三)

【搭罗儿】《武林旧事》载诸小经纪，有“发垛儿、搭罗儿、香袋儿、符袋儿、襻膊儿。”按：搭罗，乃新凉时孩子所戴小帽。(《通俗编》卷二十五)

翟灏指出作为语助“儿”和“子”的用法是相同的，并且在前人研究基础上看到了词语加语助“儿”以后，表示“小”的意味。

此外，黄侃曾在《通俗编》书眉作评论数百条，其中也提到了作为语助的“子”和“儿”，黄侃指出：

子与儿始皆系人名，迁被于物。①

吾乡语物名下加“子”加“儿”，至无一定：有称“子”亦称“儿”者，如“褂子、褂儿”、“裙子、裙儿”是也；有同类而或称“子”或称“儿”者，如箸曰“筷子”、杯曰“匏儿”，鼻曰“鼻子”、眦曰“眦儿”是也；有单名加“子”加“儿”者，如前所举；有双名而亦加“子”加“儿”者，如挂壁灯檠曰“灯灶儿”，牙刷曰“牙刷儿”是也；有加“子”加“儿”意义全别者，如称父曰“老子”，泛称老人曰“老儿”是也；有单名不加“子”字“儿”字，加之则可笑者，如表不称“表子”，姐不称“姐儿”，姑不称“姑儿”，皆加字而意义全乖者也。②

黄侃对后缀“子”和“儿”的分析较之其他学者更为全面。首先指出“子”和“儿”最初只用于人名，后“迁被于物”。而物名下可以加“儿”，

① 黄侃对《通俗编》卷三十三“子”字的评论。
② 黄侃对《通俗编》卷三十三“儿”字的评论。

也可以加“子”，“至无一定”。并通过举例说明“子”和“儿”可以用在单名后，也可以用在双名后。并对加“儿”和“子”后的意义进行了分析：有的意义不变，如“褂子、褂儿；裙子、裙儿”；有的意义全别，如“称父曰老子，泛称老人曰老儿”。另外，有的词加上“儿或子”之后前后意义也会发生很大的变化，如“表不称表子，姐不称姐儿，姑不称姑儿。”黄侃对后缀“儿”和“子”的分析即使现在看来也已经非常精到。

2.3.1.2　清代俗语辞书对派生词的收录

正因为正确的认识到“子、阿、老、头、儿”等的语助性质，所以清代每部俗语辞书里都收录了不少以此作为词缀的派生词语。比如：

《通俗编》：老娘、妮子、婊子、老鸨、板儿、礓磜子、椀子、幞头：古代男子用的头巾、背子、搭罗儿、苏头、关戾子、承热销子、兜子、弹子、笼头、望子、等子、刀子、叫子、子、茶托子、快儿、马子、馒头、团子、咸圆子、老鼠、消夜果儿、花儿、夫娘子、嘉庆子、梨头、泥孩儿、沙戏儿、毽子、投子、叶子、些子儿、小鬼头、疏头、行头、火头、户头、老草、马头（码头）、上头、土馒头、串子、门子、月子、孩子、崽子、儿子、妻子、日子、兔园册子、行头、都头、欢喜头、后生子、游闲公子、宕子、轻薄子、方头、艮头、糟头、风子、赖子、老子、老骨头、话头、阿大、阿三、阿五、阿六、阿八、阿爹、阿奶、阿姆、阿八（阿爸）、汉子、骨孝儿、娘子、小娘子、阿姨、孩子、鸦儿、下场头、着道儿、作面子、在手头、眼珠子

《直语补正》：竹子、肉臊子、胰子、油头、包子、婆儿、阿舅、被头、拏讹头、院子、阿谁、良家子、老臊胡、嗓子、枕头、骰子、馒头、阿斗太子、八八儿

《里语征实》：太子、马子、阿翁、孩子、老子、阿妈、阿姐、丫头、汉子、门子、女子子、劢老表子、老鸨、繇子、私科子、梁上君子、日子、老革子、丫头、黑鳳子、小妮子、献芹子、爪子、阿堵、骰子、叶子、踢毽子、唤头、马杌子、袄子、襚子、兜子、老鼠、叫子、凉帽顶子、狮子、馒头、太师椅子

《土风录》：毡笠子、虎脸子、手帕子、注子、鷂子、汤婆子、樋子、轿子、花铃子、蛘子、嘉庆子、等子、镟子、叶子、骰子、痱子、汉子、日子、

老子、娘子、表子、门子、猴子、埠头、马头（码头）、被头、肩头、鼻头、拳头、串头、丫头、老酒、老婆、老包

当然同现代汉语词汇一样，并不是所有加“子、儿、头、阿、老”的词都是派生词，判断是不是派生词，我们主要根据俗语辞书里的释义，比如：

【被头】被曰被头。见韩偓诗：“被头不暖空沾泪。”（《土风录》卷五）

【串头】钱数曰串头。按《文字指归》“支取货契曰赗。”《正字通》云：“今官司仓库收贴曰串子。”（《土风录》卷十）

【老包】阿庇纵容曰老包。按《吕氏家塾记》：“包拯为京尹，令行禁止，人呼为包家。市井小民及田野之人见徇私者皆指笑之曰：‘尔一个包家’，见贪污者曰：‘尔一个司马家’”。盖反言以笑之也。后遂以阿庇者曰老包矣。（《土风录》卷十七）

从“被头”、“串头”、“老包”的释义来看，“头”、“老”在这几个词中都是没有实际意义的，所以应该看做词缀。再比如在《通俗编》中有两个“上头”，为方便叙述，分别记为“上头1”和“上头2”：

【上头1】《元史·泰定帝纪》：“遵守正道行来的上头，数年之间，百姓安业。”《元典章》：“至元二十八年旨，官人每一路过去上头，百姓每生受。”又：“延祐四年奏，百姓为饥荒上头，流移江南等路。”按：“上头”，乃指谓其时之称。（卷三·时序）

【上头2】晋乐府《欢好曲》：“窈窕上头欢，那得及破瓜。”花蕊夫人《宫词》：“年初十五最风流，新赐云鬟使上头。”韩偓《香奁集》有《新上头》诗。按：世但以女子始笄曰“上头”，其实不专主女子也。《南史·孝义传》：“华实年八岁，父戍长安，临别曰：‘须我还，当为汝上头。’长安陷，宝年至七十不冠。”《铁围山丛谈》：“国初，诸王冠，止于宫中行世俗之礼，谓之上头。”二条皆主男子说。（卷九·仪节）

“上头1”指的是“那时，当时”的意思，“头”为词缀，是派生词，而“上头2”指的是女子束发插笄或男子束发加冠，为成年的象征，这儿的“头”是有实际意义的。再如《通俗编》里的“老古锥”、“假头”、“平头”、“老苍”等根据意义判断也不是派生词。

虽然清人对词缀的用法以及一些派生词并未有深入的分析，而且有时不

免会有以排列材料为主的弊病，但是在现代语言学还不那么发达的清代，学者们能敏锐地意识到这些“语助”在构词、用法、意义上与其他词的不同，并能够进行超越前人的更为合理、全面的分析，展示了清人对词语结构的初步认识，这也是清代学者现代词语意识萌芽的反映。

2.3.2　清代学者对词语重叠式的关注

汉语的重叠现象在上古汉语中就已经存在，古代学者把这种两个汉字重叠使用的语言现象称之为“重言”、“重语”、“叠字”等。在先秦古籍如《诗经》《楚辞》里就有大量重言，据马真（1981）统计，我国最早的一部诗歌总集《诗经》用重言词346个，几乎占《诗经》中全部复音词的50%。后来随着重言词的逐渐增多，一些著作开始对重言词进行收辑解释，比如《尔雅》的《释训》篇所收叠词就比较多，郭璞在给《尔雅》作注解时把此类重言词称之为“重文”，或者“重语”。三国魏张揖《广雅》的《释训》篇，因为是仿照《尔雅》体裁编纂的，所以也同样收录有很多叠词。明方以智《通雅·释话》卷九、卷十专列“重言”篇，收集了大量音义相通的重言词，如：泜泜犹蚩蚩；威威一作畏畏；緍緍通作泯泯；逮逮与棣棣通等。

“至清代，学者们开始对叠音词的性质、特点、分类等问题进行研究，作出了较为精辟的论述，为叠音词的研究奠定了坚实的基础。”（郭珑，2000）。清代很多的小学家对“重言”现象给予了关注。比如清代说文四大家之一的王筠在《毛诗重言》中把这种语言叠音现象也称为“重言”或“重字”。王念孙（1983：698）在《广雅疏证·释训》中也同样称之为“重言”，比如：

“坦坦、漫漫、荡荡，平也”：《疏证》云“……曼与漫同，重言之则曰漫漫……”

“区区、稍稍，小也”：《疏证》云“区，小也，重言之则曰区区……”；郑注云：“稍事，有小事而饮酒，重言之则曰稍稍……”

王念孙不但注意单个字的重叠，还注意到双音词的重叠现象，比如：

“呕呕、喻喻、嗚嗚、怷怷、款款、言言、语语，喜也”：《文选·圣主得贤臣颂》：“是以呕喻受之。”李善引应劭注云：“呕喻，和悦貌。重言之则曰呕呕喻喻……”

清代朱骏声在《说文通训定声》自叙后论述“假借”时将这种现象称之为“重言形况字”，他说：“如重言形况字，如朱朱状夫鸡声，关关用为鸟语；有叠韵连语，如窈窕无与必容，蒙戎非关草寇”（朱骏声，1984：12）。清代邵晋涵对重言词还进行了分类，他在《尔雅正义·卷四》对“释训”正义时解释“重语”：

“古者重语皆为形容之词，有单举其文与重语同义者，如肃肃，敬也；丕丕，大也，只言‘肃’，只言‘丕’，亦为敬也，大也。有单举其文即与重语异义者，如坎坎，喜也；居居，恶也，只言‘坎’言‘居’，则非喜与恶矣。”①

邵晋涵根据重叠前后的意义相同与否将“重语”分为两类，一类是重叠前后意义相同，即“单举其文与重语同义者”，另一类是重叠前后意义不同，即“单举其文与重语异义者”，这种认识较之前代已经有了很大的进步，其实已接近于我们现代汉语里的“重叠式合成词”和“单纯叠音词”的区分。除此之外，清代史梦兰著有《叠雅》一书，专收经典古籍中的叠音词。根据单纪珍（2015）的研究，《叠雅》全书13卷，共立词条554个，入选词目3243个，完成了对历史上重言叠字全面整理与研究的工作。

从上述综述可以看出，较之以前的研究，清代小学家们对“重言”的认识是逐渐深化的，但这种对“重言”的研究，形式比较简单，主要限于“同一音节重叠起来构成的双音词”（朱广祁，1985：1）。而在清代的俗语工具书里，我们发现清代学者已经认识到词语的各类重叠形式，并将其有意识地辑录到所编纂的辞书中，从清代俗语辞书的收目我们可以进一步探讨清代学者对词语重叠式的认识。

2.3.2.1　清代俗语辞书对重叠式词语的收录和安排

清代学者不但认识到词语的各类重叠形式，而且有的学者还在书中开辟了专类对词语的重叠形式进行集中收录和解释，甚至还试图对这种语言现象进行一定的分析。

---

① 引自（清）邵晋涵·尔雅正义［M］．续修四库全书·经部（影印本）［G］．上海：上海古籍出版社，1995：103.

《正音撮要》专列“叠字”部分，共收录ABB式重叠式39个：

热腾腾、汗流流、冷清清、颤巍巍、静悄悄、嘴吧吧、乱嘈嘈、心挂挂、口念念、意孳孳、眼巴巴、笑嘻嘻、哭啼啼、气稠稠、喘吁吁、睡呼呼、高条条、矮墩墩、肥胖胖、瘦凌凌、红通通、红艳艳、白蓬蓬、黑麻麻、黑洞洞、绿阴阴、甜思思、滑溜溜、酸溜溜、辣酥酥、淡别别、稀幌幌、硬邦邦、干燥燥、直挺挺、曲湾湾、圆辘辘、短缩缩、平坦坦

AABB式重叠式词语24个：

明明白白、清清楚楚、麻麻糊糊、唧唧咕咕、支支离离、颠颠倒倒、花花绿绿、絮絮叨叨、喇喇喇喇、哝哝嘟嘟、吟吟沉沉、唧唧哝哝、拉拉扯扯、从从容容、忙忙碌碌、昏昏顿顿、闹闹热热、冷冷淡淡、曲曲湾湾、摩摩挲挲、馥馥郁郁、翻翻覆覆、茂茂盛盛、鬼鬼祟祟

“言语”类对词语叠音形式的收录也比较多，只是有部分叠音形式与“叠字”部分重复，比如：

忙忙切切、慌慌张张、老老实实、唧唧呱呱、吟吟沉沉、明明白白、清清楚楚、忐忐忑忑、支支离离、谈谈说说、颠颠倒倒、花花哨哨、唧唧哝哝、絮絮叨叨、唠唠叨叨、唧唧咕咕

另外，还有其他形式的重叠式词语分散在《正音撮要》的各个类目中，比如：猬猬猬（叫猫声）、思思思（叫狗声）、坑坑洼洼的、曲曲湾湾的、宽宽绰绰的、窝窝囊囊的、黑洞洞的、黑胧胧的、滑溜溜的等。

《（新刻）官话汇解便览》同样在上卷的“口头套语”部分专门收录了重叠式词语99个，而且重叠形式更加多样化，主要有以下几类：

“A一A”式：等一等、望一望、数一数、试一试、瞧一瞧、摩一摩、坐一坐、想一想、讲一讲、晾一晾、查一查

“AA的”式：麻麻的、胖胖的、瘦瘦的、高高的、矮矮的、老老的、嫩嫩的、硬硬的、软软的、尖尖的、松松的、虚虚的、辣辣的、苦苦的、咸咸的、淡淡的、酸酸的、甜甜的、脆脆的、滑滑的、粗粗的、碎碎的、圆圆的、扁扁的、薄薄的、长长的、大大的

AABB式：慌慌獐獐、罗罗唆唆、唠唠叨叨、潦潦草草、喜喜欢欢、唠唠寔寔、腌腌臜臜、龌龌龊龊、干干净净、齐齐整整、糊糊涂涂、明明白白、

清清楚楚、混混障障、热热闹闹、冷冷淡淡、标标緻緻、伶伶俐俐、大大小小、零零碎碎、颠颠倒倒、摇摇摆摆、公公道道、端端正正、花花绿绿、体体面面、好好歹歹、东东西西、来来往往、计计较较、放放刀刀、双双对对、娇娇滴滴、奇奇怪怪、叽叽呱呱、吱吱喳喳、乒乒乓乓、咿咿呵呵、古古董董、老老实实等。

ABB 式：红适适、黑吗吗、硬邦邦、烂支支、娇滴滴、光溜溜、闹抄抄、羞答答、笑呵呵、泪汪汪、恨匆匆等。

《通俗编》基本每卷都有收录重叠式词语，但较为集中的是卷三十三语辞（13 个）、卷三十四状貌（65 个）和卷三十五声音（91 个），而且也涵盖了重叠词语的各种结构类型，比如：

吡吡、庶庶、卢卢、汁汁、朙朙、薮薮、索索、聒聒、啯啯、哨哨、闪闪、冬冬、丁丁、珰珰、漉漉、毂毂、呵罗罗、谷呱呱、活泼泼、死搭搭、冷湫湫、热汤汤、煖炯炯、寒痒痒、湿蘸蘸、焦巴巴、浮泅泅、虚飘飘、漫悠悠、醉醺醺、饱蓬蓬、红丢丢、直挺挺、圆衮衮、铁铮铮、矸矸剌剌、零零碎碎、条条直直、稀稀踈踈、橛橛梗梗、婆婆娑娑、劫劫波波、媒媒晦晦、眇眇忽忽、郁郁勃勃、蓬蓬孛孛、唏唏欨欨等。

其他俗语辞书虽然没有专列“叠字”类，但也都收集了各种类型的词语重叠形式，我们不再一一列出，只将统计结果用表格形式列出。

表 2.7　清代俗语辞书所收重叠式词语统计表

书名	数量 形式	AA	ABB/ AAB	A—A	AABB	ABAB	AABC/ BCAA
土风录	19	9	5		4		1
通俗常言疏证	147	21	21	1	62	14	28
通俗编	227	116	54		42	2	13
常语搜		3		1	6	2	
直语补正	9	2	1		5		1
谈征	16	10	4		1		1
里语征实	18	2	4		5		7
俗语考原	36	16	8		6		6
常语寻源				1	4		

2.3.2.2　清代学者对重叠式的认识

按照现代语言学家们的研究，从语言的不同层面看，重叠式大致可以分为两大类，一是属于词法范畴内的构词重叠，比如：匆匆、常常、纷纷、猩猩、往往、缓缓、悄悄、渐渐、宝宝等，重叠前是一个音节或一个语素，重叠后构成一个新词；当然构词重叠也包括像洋洋得意、蒸蒸日上、大大咧咧、卿卿我我、婆婆妈妈、三三两两、坑坑洼洼等四字形式，以及重叠式后缀派生构词的三字形式，如：绿油油、胖乎乎、干巴巴、黑洞洞、红彤彤、亮晶晶、甜滋滋、酸溜溜、脏乎乎、紧巴巴、娇滴滴、慢悠悠等；另一种是属于句法范畴内的构形重叠，比如：家家、人人、个个、明明白白、时时刻刻、打扫打扫、通红通红等，重叠前是一个词或一个短语，重叠后词汇意义不变，只是增加了某种语法意义。

清代学者虽然已经认识到汉语词汇中形式多样的重叠式，并进行了有意识的收集，但是他们还不能够以现代词汇学、语法学的知识来区分构词重叠和构形重叠，对所收录词语的重叠式没有进行合理的分类。比如《正音撮要》"叠字"部分所列重叠形式既有属于词汇单位的叠字词：热腾腾、红通通、花花绿绿、鬼鬼祟祟，又有语法重叠：明明白白、清清楚楚、颠颠倒倒、拉拉扯扯、从从容容、忙忙碌碌等。另外，在该书的"好意相与"类也同样收录有：多谢多谢、帮顾帮顾、惊动惊动、感激感激、托赖托赖、指点指点等重叠形式，把属于词汇单位的叠字词和词的语法变体混在一起。再比如《通俗常言疏证》里除了收录很多叠音词以外，也同样有很多词语的构形重叠：千万千万、多承多承、久仰久仰、作成作成、帮衬帮衬、惶恐惶恐、霹拍霹拍、如此如此、不敢不敢、不通不通、吉利吉利、时哉时哉、浆洗浆洗等。

此外，由于古代的小学家看待某一语言现象往往会有较多的个人的感性认识，还缺乏科学统一的理解，所以会出现同一语言现象"同名"而"异质"的情况。比如钱大昕的《恒言录》卷二有"叠字类"，但其收录的并不是现代意义上的重叠词语，而是包括部分叠韵词（郑重、殷勤、商量、支持、叮咛、落度、懵懂、笼统、骨碌、朦胧①等）、部分双声词（分付、新鲜、斟酌、调度、料理、翻覆、妥帖、奔波等），以及57个非双声叠韵的普通双音节词。叠韵词和双声词也有学者将其看作是"部分重叠词"，即声纽重叠（双声词）和韵部重叠（叠韵词）。而57个非双声叠韵词被钱大昕放在"叠字类"却令人费解。我们考察这些词发现，从词的结构来说这57个词都是并列

① "骨碌、朦胧"两词钱大昕未标注叠韵，但实际属于叠韵词。

式的合成词，而且除了“凹凸”、“打扮”、“薄相”、“云泥”、“皂白”五个词，其他都是同义并列式的双音节词：分明、方便、稳便、因缘、通行、缘由、来由、底里、完全、曲折、近便、补贴、整顿、齐整、鲜明、勾当、比方、算计、公共、对换、布施、收拾、零碎、包括、重叠、交互、唯独、排遣、修行、拣择、矜持、责成、希冀、空闲、平常、竭蹶、撺掇、凹凸、带累、松快、杜绝、禁忌、忌讳、避讳、皂白、云泥、模样、式样、薄相、摆弄、打扮、安排、抬举、留难、罢休、调戏、的真、骨碌、朦胧。而钱大昕明确标明的双声叠韵里，也有一部分是同义并列式的合成词，比如商量、支持、殷勤、懵懂、分付、新鲜、斟酌、翻覆、妥帖等。所以我们认为钱大昕此处所说的“叠字”除了双声词和叠韵词以外，还包括“同义复词”。我们这样猜测不是没有根据的，因为将“同义复词”称作“重言”的学者古已有之，比如：刘淇的《助字辨略》① 在“自序”中把虚词列为三十类：“曰重言、曰省文、曰助语、曰断词、曰疑词、曰咏叹词、曰急词、曰缓词……曰借训、曰互训、曰转训”。而刘淇对“重言”的解释是：指同义字复用，即同义复词。并且在“序”中举例说明什么是“重言”时，举例为“重言，如‘庸何、滋益’是也”。“庸何、滋益”皆为同义词连用。另据朱诚（1990）的研究，孔颖达、顾炎武等都将古同义连用现象称为“重言”。所以钱大昕的“叠字类”指的应该是双声词、叠韵词以及同义复词。

除了大量收录叠字词语以外，有的学者还对重叠形式的意义、形成原因等进行了探讨。比如翟灏《通俗编》在卷三十八对“叠文”的阐释：

> 《齐侯鎛钟铭》以“都俞”作“都都俞俞”，《关尹子》以“裴回”作“裴裴回回”，《韩诗外传》以“冯翊”作“冯冯翊翊”，皆以成语硬叠。唐宋人犹或仿之，如樊绍述《绛守园池记》用“文文章章”，《朱子语录》谓“吴才老说《梓材》是《洛诰》中书，真恰恰好好”是也。按：此盖由小儿起。今小儿学语，多为叠辞，如“爹爹”、“妳妳”、“哥哥”、“姊姊”之类，其实无当叠之义也。卢仝诗：“添丁郎小小，别吾来久久。脯脯不得吃，兄兄莫撚搜。”对小儿为言，因遂作小儿口吻。

翟灏认为这种词语的重叠是从小孩儿学话开始的，“今小儿学语，多为叠

---

① （清）刘淇．助字辨略（万有文库版）［M］．上海：商务印书馆，1937 年（民国二十六年十二月初版）

辞”，而且像“爹爹”、“妳妳”等词语，重叠后意义没有什么变化，其实“无当叠之义”。此外，翟灏还将“叠文”与“重文”进行了区分：

【重文】《韩诗外传》：“孔子闻皋鱼之哭曰‘驱驱’，郑玄梦孔子告之曰：‘起起’。”《世说》：“王丞相以尘尾指座，呼何充曰‘来来’；姬儿赍牛酒诣刘道真，道真曰‘去去’。”此皆因决切而重也。《晋书·佛图澄传》：“与石季龙升中台，惊幽州火灾，取酒之曰：‘变变’。”《南史·宋前废帝纪》：“寿寂之怀刀直入，帝走，大呼：‘寂寂’。”《北史·宋繇传》：“宋士逊诬奏李構，梦父责之，惊跪曰：‘不敢不敢’。”此皆因急遽而重也。又有郑重而重之者，如《巴志》“汉桓帝时，郡守贪，国人刺之曰：‘钱钱何难得，令我独憔悴？’”之类。有接口而重之者，如《北史》“魏静孝帝曰：‘朕亦何用此活？’高澄怒曰：‘朕、朕，狗脚朕！’”之类。

翟灏说的“重文”，其实只是一种重复现象，是在言谈交际中出于某种原因而出现的一些语用性的重复，引起语用重复的原因多种多样，就像翟灏分析的一样：“因决切而重也；因急遽而重也；有郑重而重之者；有接口而重之者。”根据现代语言学对重叠式词语性质的研究，这种在口语交际中由于各种原因而引起的临时性的“重复”，或者是具有一定修辞性的“反复”，都不属于真正的“重叠”。而翟灏早在清代就认识到了这种语用“重复”和“重叠”的区别，显示出翟灏在当时比较进步的词语观。

清代学者对词语的认识和重视，对现代词语观的形成以及后来的辞书的编纂、收目等也会产生一定的影响。清代以后，词作为语言的一级单位逐渐被人们认识得越来越清楚，普通辞书编纂基本都遵循了词语兼收，以词为主的收录原则。比如从民国到现代几部有代表性的辞书，“商务印书馆编撰的《辞源》，是近代出书最早的一部以语词为主、兼包百科常识的大词典”（刘叶秋，2015：295），广泛地收录了单字、复词、以及各类熟语；《国语词典》是记录民国语言的第一本词典，同样是收录字、词、词组、熟语、成语等。而且主编黎锦熙在序言中曾指出《国语词典》的编纂目的除了“正音”以外还有“定词”，“定词”的编纂目的也说明了这个阶段人们对于“词”的认识；《现代汉语词典》在立目上的词语本位观更加成熟，同样是以词为主的同时，兼收了很多现代常用的各类熟语。邹酆（2006：17）认为“直至西学东渐后，近代语言学观念传入我国，以文字为本位的训释模式，受到震撼而开始松动。但‘词本位’上升到主导位置，训释重心由文字转向语言，是新中国成立后，特别是改革开放后才逐步实现的。”西方近代语言学观念传入我国，对于现代词语观的形成无疑具有重要影响，但是清代学者在当时所萌生的词语意识以及众多词语类辞书的编纂对现代词汇学、词典学产生的作用也不应该忽视。

第三章　清人的熟语观

“熟语是从俄语中 фразеологня 翻译过来的。”（云生，1959）虽然“熟语”作为语言学的一个术语得到了学者们的认可，但是对这个术语在认识和理解上却并不一致。有的学者将“熟语”看成与“成语”并列的语言单位，宁榘（1981）指出：“我们认为熟语和成语是两个并列范畴，所包括的内容各有特点。”《汉语成语大词典》（朱祖延主编，1985）“前言”也将“熟语”看成和“成语”、“谚语”并列的单位，指出书中收录的成语“除常见形式的成语及其变体外，也包括少数古今常用的熟语和谚语”。当然大多数学者认同的一种观点是把“熟语”作为种概念，是汉语固定词组的总称。比如胡裕树（1963：270）的《现代汉语》，黄伯荣、廖序东（1988：287）主编的《现代汉语》都将“熟语”看作是包括成语、惯用语、歇后语、谚语、格言等的一个上位概念。马国凡（1978：80）也是较早对熟语的概念进行讨论的学者，他也持有相同的观点，认为“熟语是固定词组的总和”。王勤（2006：15）也指出：“‘熟语’充当汉语固定词组的总的名称完全是符合条件的。”持此种观点的学者还有很多，不再一一赘述。本章中所说的“熟语”指的就是惯用语、成语、俗谚、歇后语等固定词组的总称。

第一节　清代以前的熟语研究

3.1.1　先秦时期成语、谚语的文献记载

在各类熟语类型中，产生最早的是谚语和成语。先秦时期，一些文献对谚语、成语已经多有记载，但是专门收录或关注熟语的著作并没有出现。谚

语是广泛流传在人民口头中的现成的语句，在先秦文献中并没有统一的称呼，有时称作“谚”，有时称作“语”，或者在“语”或“谚”前面冠以不同的称谓。如：

谚曰：“从善如登，从恶如崩”（《国语·周语下》）

语曰：“流丸止于瓯臾，流言止于知者。”（《荀子·大略》）里谚曰：“千人所指，无病而死。”（《汉书·王嘉传》）

里语曰：“腐木不可以为柱，庸人不可以为主。”（《汉书·刘辅传》）鄙语曰：“见兔而顾犬，未为晚也；亡羊而补牢，未为迟也。”（《战国策·楚策四》）

谚所谓“辅车相依，唇亡齿寒”者，其虞、虢之谓也。（《左传·僖公五年》）

鄙谚曰：“长袖善舞，多钱善贾。”（《韩非子·五蠹》）

野谚曰：“前事之不忘，后事之师也。”（《史记·秦始皇本纪》）里谚曰：“欲投鼠而忌器。”（《汉书·贾谊传》）

除了在文献中记载各类谚语以外，古人也开始尝试对谚语的性质进行界说，对谚语已经有了朦胧的认识。

《尚书·无逸》：“俚语曰谚。”①

《礼记·大学》：“谚，俗语也。”

《左传·隐公十一年》：“谚，俗言也。”

《国语·越记》：“谚，俗之善谣也。”

古人的上述界定现在看来过于简单朴素，但实际上他们已经指出了谚语俚俗的本质。

成语所指的熟语类别在先秦也已出现，“到了春秋战国以及两汉，成语逐渐多起来。”（向熹，2010：445）只是当时并没有产生“成语”这一术语。比如出现在先秦时期的成语：

冠盖相望《战国策·魏策四》：“齐、楚约而欲攻魏，魏使人求救于秦，冠盖相望，秦救不出。”《韩非子·十过》：“宜阳益急，韩君令使趣卒于楚，

① 此四例参考自武占坤．汉语熟语通论［M］．保定：河北大学出版社，2007：53.

冠盖相望，而卒无至者。”

百战百胜《孙子·谋攻》：“百战百胜，非善之善者也；不战而屈人之兵，善之善者也。”《史记·魏世家》：“臣有百战百胜之术……此臣百战百胜之术。”

不远千里《孟子·梁惠王上》“王曰：‘叟，不远千里而来，亦将有以利吾国乎？’”

在先秦即有雏形而后世定型的成语更是不胜枚举。

这一时期古人只是运用某些熟语来阐述观念，表达某种思想，还谈不上对熟语的认识和研究。

3.1.2　两汉、南北朝时期的谚语专书

收集整理谚语的著作在两汉、南北朝时期开始产生。东汉崔寔的《农家谚》被认为是我国最早的收集谚语的著作，书中收录了一些农谚和气象谚，该书今已散失。清代杜文澜的《古谣谚》在卷八十五收录有《农家谚》中的“冬青谚”一则：

冬青花，不落湿沙。

杜文澜对其解释曰：“《农家谚》仅见于《说郛》。其中谚语，大半皆出于汉以后。”明代陶宗仪的《说郛》里保存了《农家谚》的一些谚语如下：

舶棹风云起，旱魃深欢喜①

二月昏，参星夕，杏花盛，桑叶白

云往东，车马通；云行西，马溅泥；云行南，水涨潭；云行北，好晒麦

麻黄种麦，麦黄种麻。

“我国是个农业古国，也是个农业大国，农本思想非常严重，出于农业生产实践的需要，积累了大量反映农业生产经验的谚语，因此，最早出现的熟语集子是农谚集子，也是顺利成章的事。”（姚锡远，2013：49）。北魏贾思勰的《齐民要术》是南北朝时非常重要的一部农学书籍，书中引用了许多谚语对农业生产经验进行总结。我们统计全书，明确注明“谚”的就有29条，

① 此四条均来自温端政，周荐．二十世纪汉语俗语研究［M］．太原：书海出版社，1999：5.

比如：

谚曰："一年之计，莫如树谷；十年之计，莫如树木。"（齐民要术·序）

谚曰："湿耕泽锄，不如归去。"（卷一·耕田）

谚曰："欲得谷，马耳镞。"（卷一·种谷）谚曰："顷不比亩善。"（卷一·种谷）

谚曰："桃李不言，下自成蹊。"（卷一·种谷）谚曰："椹厘厘，种黍时。"（卷二·黍穄）谚曰："五月及泽，父子不相借。"（卷二·种麻）谚曰："夏至后，不没狗。"（卷二·种麻）

谚曰："种瓜黄台头。"（卷二·种瓜茄子附）

谚曰："左右通锄，一万余株。"（卷三·种蒜）

谚曰："不剶不沐，十年成谷。"（卷五·种榆、白杨）

谚曰："鲁桑百，丰绵帛。"（卷五种桑、柘养蚕附）谚曰："萎蕤葵，日干酱。"（卷八·作酱等法）

另外，梁刘霁写的《释俗语》也是一部研究谚语的著作，但是也未流传下来。

对各类谚语特别是农业谚语的关注成为这段时期熟语"研究"的重心。不过也有学者对谚语的性质和作用进行了一定的理论阐述，比如刘勰在《文心雕龙·书记》中指出：

谚者，直语也……廛路浅言，有实无华。邹穆公云，"囊漏储中"，皆其类也。《太誓》曰："古人有言，'牝鸡无晨'"。《大雅》云："人亦有言，'惟忧用老'"。并上古遗谚，《诗》《书》可引者也。至于陈琳谏辞，称"掩目捕雀"，潘岳哀辞，称"掌珠伉俪"，并引俗说而为文辞者也。夫文辞鄙俚，莫过于谚。而圣贤《诗》《书》，采以为谈，况逾于此，岂可忽哉。①

刘勰通过叙述古代作品引用谚语的例子，论述了文辞写作中谚语的重要性，虽然"文辞鄙俚，莫过于谚"，但是"圣贤诗书，采以为谈"。

① 转引自符淮青．汉语词汇学史［M］．北京：外语教学与研究出版社，2012：296.

3.1.3 唐宋时期对熟语的收集整理

唐宋时期，随着社会的全面发展，平民意识的增强以及俗文学地位的提高，人们更加重视各类熟语的收集和整理，成果也相应增多。唐代李义山的《杂纂》是“我国第一部保存比较完整的收集整理语汇的集子”。（温朔彬，温端政，2009：3）其中有许多相当于我们现在所说的歇后语，祝注先（1986）认为这是“我国最早的一本歇后语辞典”。《义山杂纂》所收的歇后语，前面的纲目正是后面行为事情的概括说明。《义山杂纂》共列纲目42个，比如：

虚度：花时多病、好时节褊迫、阉官娶美妇、贫家节日、好家业不和、贫家好花树、好景不吟、好厅馆不作会、富家不会使用。

不想称：穷波斯、病医人、不解饮弟子、瘦人相扑、肥大新妇、先生不识字、屠家念经、社长乘凉轿、老翁入娼家。

不嫌：饥得粗粮、徒行得劣马、行人得坐次、渴饮冷浆、行急得小船、遇雨得小屋、久贫得薄酒。

杀风景：花间喝道、苔上铺席、花下晒裈、石笋系马、妓筵说俗事、背山起楼、看花泪下、斫却垂杨、游春重载、月下把火、果园种菜、花架下养鸡鸭、步行将军。

上述例子只需变换顺序，便与我们今天所说的歇后语极为相似：花时多病——虚度、先生不识字——不相称、徒行得劣马——不嫌、花间喝道——杀风景……只是那时没有把它们叫作“歇后语”。

唐代之后出现了一系列和《义山杂纂》体例相同的著述：宋代有王君玉的《杂纂续》和苏轼的《杂纂二续》，明代出现了黄允交的《杂纂三续》，清代有韦光黻的《杂纂新续》、顾铁卿的《广杂纂》以及石成金的《纂得确》。这些著述都是仿照《义山杂纂》而作，被称为“杂纂系列”。比如：宋·王君玉《杂纂续》共列纲目39个，例如：

奴婢相：扱桌高、添水满、挑灯长、剪烛短、吃干饭、疾睡著、放物当路、翻著衣裳。

自做得：木匠带枷、铁匠被锁、师姑袈裟、冶人锅釜、服内怀孕、僧道犯戒律、馆殿书启、看棋头撞。

苏轼《杂纂二续》共列纲目25条：

忘不得：父母教育、好交友、受恩处、得意文字、少年记诵书。

佯不会：对尊官饶棋、问新到仆妾手艺、初到官旧来事体、新佥民兵问力气、假耳聋。

“杂纂系列”不仅为后世研究歇后语提供了丰富可靠的材料，而且如果将纲目和内容分别来看，其实有些条目可以称之为“惯用语”或者是“成语”，例如：

杀风景、使暗箭、奴婢相、没意头、说鬼话、爱便宜、搬弄是非、临渴掘井、不达时宜、积少成多、江心补漏、将虾钓鳖。

除了“杂纂系列”以外，宋代还出现了收集俗词俗语的“常谈系列”：吴箕的《常谈》、无名氏的《释常谈》和龚颐正的《续释常谈》。

无名氏的《释常谈》共收语词126条，其中大部分是词，据我们统计共有熟语40条，熟语中数量最多的是成语：风马牛、杨朱泣、开东阁、不速之客、鸿鹄之志、败于垂成、胶柱鼓瑟、狐假虎威、塞翁失马、不速之客、鹬蚌相持、文过饰非、归遗细君、隐恶扬善、自掇其咎、圆规方矩、靡恶不为、七步之才、八斗之才、义方之训、步履蹒跚、擢发之罪、跃马肉食、尺布斗粟、王济之癖、鬒发皓齿、鲜粧帕服、姜维之胆、投杼之疑、握发吐餐、落帽之辰、丧明之感、挂剑之义、以己方人、俯拾地芥。

《释常谈》对所录词语开始解释意义，考证来源，改变了之前此类著述录而不究的特点，初步具有了辞书的性质，比如：

【开东阁】接待宾客谓之开东阁。汉公孙弘起客舍谓之东阁，招迎宾士。后为丞相，封平津侯。

【风马牛】人事不相干不相接谓之风马牛。

【文过饰非】有过不改但说词理谓之文过饰非。《语》曰：“小人之过也必文。”又鲁哀公问孔子：“弟子孰为好学？”孔子对曰：“有颜回者好学，不迁怒，不贰过。”即是不文过饰非也。

【归遗细君】从外将物归于妻曰归遗细君。细君，即妻也。汉武帝因伏日赐东方朔肉，大官不在，朔乃自抽所佩剑割肉将归。大官遂録奏帝，帝令朔自责。朔曰："拔剑割肉自何壮也，割之不多又何廉也，归遗细君又何义也。"帝笑曰："卿自责乃自奖也。"

龚颐正的《续释常谈》共收各类语词79条，同样以收词为主，其中共有成语、谚语、惯用语等各类熟语11条：活地狱、相门有相、将门有将、风流罪过、穷相骨头、打草惊蛇、悬鼓待槌、前程万里、今朝有酒今朝醉、张公吃酒李公醉、三十六策走是上策。

宋代还有一部称得上俗语专集的是周守忠的《古今谚》。《四库全书总目提要》对该书的介绍："略以所披之编，采摘古今俗语，又得近时常语，虽鄙俚之词，亦有激谕之理，漫录成集，名《古今谚》，古谚多本史传，今谚则鄙俚者多矣。"（孙立涛，2013）由此可以推知，《古今谚》是收录宋代及以前俗语、谚语的著作，但是此书也没有完整版留存下来。

3.1.4　明代俗语专书的熟语研究

明代时真正出现了一些具有辞书性质的俗语专著，广泛收集俗语词的同时，也收录了各种类型的熟语，并对这些熟语进行考证和阐释。代表性的俗语专书有赵南星的《目前集》、周梦旸的《常谈考误》、陈士元的《俚言解》、陆嘘云的《世事通考》以及张存绅的《（增订）雅俗稽言》。

《目前集》共分19部，收录词语670个，其中在"常言部"除了收录"亲家、工夫、市井、方寸"等俗语词外，主要收录了一些惯用语、成语、俗语、谚语等，我们统计共有17个：鬼门关、杀风景、骑虎势、七尺之躯、海屋添筹、三姑六婆、打草惊蛇、覆水难收、千里鹅毛、酒囊饭袋、得钱梦粪、无立锥地、红叶题诗、不识纥字、狗不相食、好物不在多、爱狗不欲诃（打狗看主人面、尊客之前不叱狗）。另外，在对某些俗词进行解释时，在释文里还提到了与被释词目相关的熟语，比如：

【毡中针】愍怀太子患杜锡屡谏，置针于锡常坐毡中，刺之流血。俗云"如坐针毡"。（常言部）

【三生】唐末有一省郎游华山，梦至碧岩下一老僧前，烟穗极微，僧云："此是檀越结愿香烟穗存而檀越已三生矣。"问之，僧云："第一生时玄宗时为剑南安抚巡官，第二生宪皇时西蜀书记，第三生即今生也。"省郎洒然而悟。

俗云“三生有幸”。(常言部)

【半面】后应奉字世叔诣袁贺，贺时出，闭门造车，匠于内开扇出半面视奉。后数十年，于路见车匠，识而呼之。俗云“半面之识”。(常言部)

【横财】《独异志》：“卢怀慎无疾暴卒，及复生日，冥司有三十炉，日夜为张说铸横财。”俗云“人不著横财不富”。(常言部)

《常谈考误》四卷，共收词语280个，对所录词语并没有进行系统分类，所录熟语比较少，据我们考察可以划归熟语范围的只有“风马牛、貌不飏、三不知、(有)喙三尺、朝四暮三、雁塔题名”几个。《常谈考误》的主要编纂目的正如书名所言，是为了考证、修订常谈俗语中的谬误，熟语也不例外，比如：

【三不知】《左传·哀公二十七年》：“文子曰：‘吾乃今知所以亡。君子之谋也，始、衷、终皆举之，而后入焉。今我三不知而入之，不亦难乎!”味此语关系事体甚大，世俗以人忽然至曰三不知而入，是割鸡而用牛刀矣。(第二卷)

我们今天经常使用“一问三不知”，但是“三不知”具体指什么却很少有人知道。根据周梦暘的解释，“三不知”出自《左传·哀公二十七年》，文子对陈成子说的“始、衷、终”三事就是“三不知”，即指“君子之谋”的开始、发展和结果。并且周梦暘对此语进行考证时认为“三不知”关系事体甚大，而世俗以“人忽至”这么小的事情也说“三不知”而入，这是割鸡用牛刀。其实随着时代的发展，词语的意义是发展的，并不限于最初产生时的应用范围，而周梦暘并没有意识到这一点。

《俚言解》分为卷一、卷二两卷，不分门类，共收录岁时、饮食、衣饰、器物、人事等方面的有关俗词语283条。据我们考察《俚言解》共收录熟语32个，而且对所收条目也进行了比较详尽的考证，尽量指明其最早出处，有的还对意义进行了解释，比如：

【耳边风】闻言不入耳曰耳边风。杜荀鹤诗：“百岁有涯头上雪，万般无染耳边风。”(卷一)

【痴人说梦】宋人《就月录》陶渊明云：“痴人前不可说梦，达人前不可说命。”俗语本此。(卷一)

【聪明反被聪明误】人不善用其才者曰聪明反被聪明误。东坡《洗儿诗》："人人养儿望聪明，我被聪明误一生。惟愿孩儿愚且鲁，无灾无难到公卿。"余谓此诗伤时乏温厚体。（卷一）

【远水不救近火】事不济急曰远水不救近火。《后周书》："赫连达曰：'远水不救近火，何足道哉。'"俗语本此。（卷一）

【无梁斗】俗笑人言无定准，曰口似无梁斗。此语亦有本。《纪异》云："高骈命酒佐薛涛改一字令。骈曰：'口有似无梁斗。'盖讥之也。涛曰：'川有似三条椽。'公曰：'奈何一条曲？'涛曰：'穷酒佐三条椽，一条曲，又何足怪？'"（卷二）

【井底蛙】识见不远大曰井底蛙。《后汉书·马援传》："于阳，井底蛙耳。注：蛙坐井中，所见者小也。"《庄子》："井蛙不可语于海。"（卷二）

【一字值千金】吕不韦作《吕氏春秋》，布咸阳市，悬千金其上，延诸侯游士宾客有能增损一字者予千金。俗语本此。（卷二）

【残杯冷炙】俗谓残杯冷炙、残茶冷酒皆古语。杜甫诗："残杯与冷炙，到处潜悲辛。"李白诗："暮宿五侯门，残茶冷酒愁杀人。"晏同叔词："残杯冷炙漫消魂。"（卷二）

除上述熟语外，该书还收录有如下一些熟语：一人有福、眉头不伸、向火乞儿、海水不可斗量、乡里夫妻步步相随、一窍不通、有卒客无卒主、老顽皮、没巴鼻、下梢头、饮酒大户、莫饮卯时酒，昏昏直到酉、酒令如军令、鹅黄鸭绿、壁有耳（墙有风，壁有耳）、作舍道旁，三年不成、打双六吃马子、禾头生耳、铁树开花、半夜鸡鸣、痴鸡引鸭、赤章冒枝、成败萧何。

张存绅编纂的《（增订）雅俗稽言》是明朝收录熟语比较多的俗语辞书。该书共40卷，收词语1074个，正文条目部分所列的熟语有：

逢冬数九、鱼陟负冰、侯雁北、腐草为萤、群鸟养羞、鸿雁来宾、（一候）雁北乡、冰泽腹坚、鸟鼠同穴、风调雨润、绕朝赠策、性相近、谈何容易、秦失其鹿、朝三暮四、有喙三尺、弋人何慕、吉日良辰等。另外，在"杂占"条下还列举了18个俗谚，比如：

《朝野佥载》唐俚语云："春甲子雨麻麦半餐，夏甲子雨乘船入市，秋甲子雨禾头生耳，冬甲子雨，雪飞千里。"

甲寅乙卯晴，四十五日放光明；甲寅乙卯雨，四十五日看泥水。吴中谚："正月逢三亥，湖田变成海。"

楼梯天晒破砖。

天上鲤鱼斑，晒谷不用翻。

日出早雨淋脑，日出晏，晒杀雁。雨落五更头，路上行人莫要愁

……

在经史子集类的"绪录"部分列举了摘自《困学纪闻》中的一些成语和谚语、诗句等，如：

近水楼台先得月，向阳花木易为春。无官一身轻，有子万事足。

桃李不言下自成蹊。贫者士之常。

痴人前不可说梦，达人前不可言命。百闻不如一见。

尊客之前不叱狗。

老当益壮、礼尚往来、打草惊蛇、捕风捉影、唯唯诺诺、不一而足、福至心灵、守口如瓶、投鼠忌器……

除此之外，在对一些词目进行释义时，在释文中也多次引用了谚语，比如：

【月晕】日晕长江水，夜晕草头空，谚语也。①（天文卷）

【朝莫霞】此即谚所谓"朝霞不出市，莫霞走千里。"此谚吴中至今传之。

（天文卷）

【拜年】土人语曰："青草盖牛蹄，正是拜年时。"（天时卷）

【逢冬数九】谚云："春打六九头，贫儿不须愁"；语曰："九尽寒尽，伏尽热尽"（天时卷）

【浙江】谚云："不到长安孤负眼，不到浙江孤负口。"此以海错珍味言也。（地理卷）

【射的】谚云："射的白斗一百，射的玄斗一千。"以为年谷丰登之验。

（地理卷）

① 此处六个词语的解释只列出了它们在《(增订) 雅俗稽言》中原文解释的一部分。

《世事通考》按照语义类别来编排，分上下两卷，共六十类。绝大部分为双音词语，只有如下几个可以列入熟语的范围：

破天荒、登金榜、跳龙门、占鳌头　（文职公署类）

南柯梦、黄梁梦、孔方兄、守钱虏　（俗语类）

打抽丰　（商贾类）

明代的俗语辞书以收录双音节的俗语词为主，同时也收录了一些熟语，并对这些熟语进行了溯源分析，有的还对其意义进行了解释，而且收集熟语类型相比唐宋时期也有所增加。但是这种俗语专书数量却并不很多。除了上述综合性的收录俗词、熟语的工具书以外，明代杨慎的《古今谚》也是比较有名的收录谚语的专书。《古今谚》从古籍中原文抄录了历代各家典籍及名人所传引的古谚古语及地方谚语，大部分为时谚、农谚或气象谚语等，例如：

人莫知其子之恶，莫知其苗之硕。　（曾子引谚）

山有木，工则度之；宾有礼，主则择之。　（《左传》羽父引周谚）

辅车相依，唇亡齿寒。（辅，颊也。车，牙车，又曰颔车，牙下骨之名也。辅为外表，车为内骨。）　（宫之奇引谚）

众心成城，众口铄金。　（单穆公引谚）

狡兔死，走狗烹。飞鸟尽，良弓藏。帝国破，谋臣亡。野禽殚，走狗烹。敌国破，谋臣亡。　（《韩信传》）

水至清则无鱼，人至察则无徒。（《列子》察见渊鱼者不祥，智料隐匿者有殃；《后汉书》水清无大鱼）　（东方朔引古语）

古谚古语：终身让车，不枉一舍。

或者知反，迷道不远。

触露不掐葵，日中不剪韭。

林中不卖薪，湖上不鬻鱼。

甘瓜苦蒂，物不全美。

知星宿，衣不覆。

最后还收录了吴谚、楚谚、蜀谚、滇谚等地方谚：

日出早，雨淋脑；日出晏，晒杀雁。蜻蜓高，谷了焦；蜻蜓低，一壩泥。稼欲熟，收欲速。

高山种小麦，终究不成穗。男儿在他乡，焉得不憔悴。

除了收录谚语以外，《古今谚》还对“谚语”本身作了一定的分析，这是本书在讲述谚语时进步的地方。文前有“古谚不可忽”指出：“泰誓引：‘古人有言，牝鸡无晨。’大雅云：‘人亦有言，惟忧用老。’并上古遗谚，诗书可引者也。至于陈琳谏辞，称‘掩目捕雀’；潘岳哀辞，称‘掌珠伉俪’，并引俗说而为文辞者也。夫文辞鄙俚，莫过于谚，而圣贤诗书，采以为谈，况逾于此，岂可忽哉!”

通过圣人贤者所著的《诗经》《尚书》等各种经典和文章对谚语的采用，以及陈琳、潘岳用通俗谚语来谈话和作文，指出了谚语的重要性。

另外，杨慎认为“谚语有文理”：

“三九二十七，篱头吹觱栗。”言冬至后寒风吹篱落，有声如觱栗也。合于《庄子》“万窍怒号”之说，而可以为《豳风》，“一之日觱发”之解矣。贯人之铎，可以谐黄钟。田夫之谚，而契周公之诗。信乎，六律之音出于天籁，五性之文发于文章，有不待思索勉强者，此非自然之诗乎!

杨慎认为“田夫之谚，而契周公之诗”，即谚语是可以和好诗媲美的，是“自然之诗”。然后列举了古人诗词中引用谚语的例子为证：“月如弯弓，少雨多风；月如仰瓦，不求自下”罗景纶诗用之；“朝霞不出市，暮霞走千里”范石湖诗用之；“干星照湿土，来日依旧雨”王建诗用之。又如杜工部所谓：“禾头生耳禾穗黑”是从谚语“秋甲子雨，禾头生耳”得来；东坡诗所谓：“敢怨行役劳，助尔歌饭瓮”是从谚语“霜淞打雾淞，贫儿备饭瓮”得来；梅圣俞所谓：“月晕每多风，灯花先作喜。明日挂归帆，春湖能几里……”是从谚语“日晕主雨，月晕主风”得来，等等。

明代辑录古代谣言的还有郭子章的《六语》，该书共三十卷，收录了从上古至明代的谚语、瑶语、隐语、讥语、谶语和谐语六种语体，其中《谚语》七卷。按照朝代顺序，卷一、卷二为周代谚语，卷三为西汉时期的谚语，卷四为东汉，卷五为晋、六朝、唐，卷六为宋元时期谚语，卷七为明代谚语。比如：

天下攘攘皆为利往，天下熙熙皆为利来。(《卷一·六韬》)

千金不死。百金不刑。《史记》千金之子，不死于市。[1]（《卷二·尉缭子》）商师若乌，周师若荼。商用少，周用老也。《诗》曰："方叔元老，克壮其犹。"（《卷三·盐铁论》）

井水无大鱼，新林无长木。（《卷三·盐铁论》）人之相去如九牛毛。《卷四·桓谭新论》

终身让车，不枉一舍；终身让路，不枉百步；终身让畔，不失一段。《卷五·古谚古语》

或知者反，迷道不远。（《卷五·古谚古语》）

堂上不粪除，郊草不瞻耘。（《卷五·古谚古语》）

谚云：有心无相，相逐心生；有相无心，相随心灭。此言人以心相为上也。

（《卷六·吴处厚青箱杂记》）

山抬风雨来，海啸风雨多。（《卷七·杨用修古今谚》）

早霞红丢丢，晌午雨浏浏；晚了红丢丢，早晨大日头。（《卷七·杨用修古今谚》）

《六语》"谚语序"对"谚"的性质、类型、重要性等也作出了一定的分析。比如"序"中所言："朱文公曰：'谚，俗语也。'刘勰曰：'谚，直语也。'然有至理存焉。匹夫匹妇离而听之则愚，合而听之则圣。虞舜察迩言，孔子听孺歌，皆是语也。"郭子章首先引用朱熹和刘勰的话，指出"谚"的性质就是俗语。并指出对于老百姓的言论，如果偏听偏信就会变得愚蠢，只有综合听取各方面的意见，国君才会变得圣明，所以"虞舜察迩言，孔子听孺歌"，指出了谚语的重要作用。郭子章对"谚语"的态度也发生了转变，不再一味地如前人那样认为其鄙俗："嗟乎！《尔雅》"美士为彦"。人所唁咏，从文从厂彡，夫彦为美士，则谚为美言。不善读之为鄙，善读之为美，美与鄙取之已而已。"郭子章认为对于"谚"，"不善读之为鄙，善读之为美"，全在于个人的态度。另外，在序中，郭子章还对"谚语"进行分类，分为"古谚"和"今谚"两大类："第有古谚有今谚。古谚多出于传记，顾纪其谚不

① 小字为原书作者注释，下同。

纪其引谚之文，莫测其意。今谚多出于方言，顾不纪其方与事，终亦未知所谓。”对于这两类谚语，文中也用了不同的标示，“凡例”中对此也有说明：“引古谚如云‘先民有言’‘古人有言’之类，引今谚如‘鄙谚’‘里语’之类是也。”

总之，从先秦到明代，熟语被学者文人们或有意或无意地收集到所编纂的各种类型的著述里，从文献中对熟语的零散的记载，到专门收录熟语的著作出现，人们对熟语越来越关注，对熟语的探讨也在逐渐加深，这都为清代学者对熟语的进一步研究奠定了基础。但是和清代相比，之前的熟语专著有的只限于辑录某一类熟语，比如专门收集谚语的东汉崔寔的《农家谚》、南北朝周守忠的《古今谚》、明代杨慎的《古今谚》；专门收集类似歇后语的“杂纂系列”。而至于宋代、明代出现的几部综合收录各类熟语的著作，比如宋代的“常谈”系列，以及明代的几部俗语工具书，所收熟语数量却并不多。到了清代这种局面才被打破。

第二节　清人对熟语认识的发展

清代出现了一批带有辞书性的语汇著作，首先这些收录熟语著作的数量已经超越前人，在《明清俗语辞书集成》中收录的二十部俗语辞书中，清代就有 12 部，除此以外，还有《通俗编》《恒言录》《迩言》《释谚》等多部著作都辑录有大量俗语，绪论中我们已经详细列出，不再赘述。另外，这些俗语辞书对各类熟语的收集整理更加广泛，书中出现的熟语无论在数量上还是类型上都比前代更加丰富，对各类熟语的阐释也更加深入。可以说，清代在熟语的收集和研究方面发展到了一个新的阶段。

3.2.1　熟语收集更加自觉，熟语数量大大增加

清代学者认识到熟语作为词汇单位的重要性，对熟语的收集更加自觉，每部俗语工具书都收录了数量众多的熟语。

《通俗编》从经、史、子、集以及小说、词曲等书籍中共辑录了 5353 条汉语俗词语，并根据语义将全部条目分列三十八卷。据李旭（2011）统计，

该书收录熟语1672条。我们仅从卷一即可见其所收熟语数量之多，卷一天文卷共收词语141条，其中熟语就有108个，比如：

杀风景、破天荒、泄天机、天长地久、惊天动地、幕天席地、人定胜天、坐井观天、天网恢恢、日出三竿、镜花水月、风花雪月、翻云覆雨、云开见日、行云流水、风流云散、系风捕影、满面春风、风吹草动、风吹雨打、雪上加霜、如汤浇雪、担雪填井、雪中送炭、东风射马耳、夺天地造化、天不夺人愿、骤雨不终日、疾风知劲草、天无绝人之路、天塌自有长子、迅雷不及掩耳、一齐分付与东风、望雨看天光，望雪看天黄、云行东，车马通；云行西，马溅泥；云行南，水涨潭；云行北，好晒麦、朝霞不出门，暮霞行千里、乌云接日，明朝不如今日、日没胭脂红，无雨也有风、日出早，雨淋脑；日出晏，晒杀雁、月如弯弓，少雨多风；月如仰瓦，不求自下、干星照湿土，来日依旧雨、月子弯弯照九州，几家欢乐几家愁、闭门不管庭前月，分付梅花自主张、东边日出西边雨，道是无情还有情、各人自扫门前雪，莫管他家瓦上霜等。

梁同书的《直语补正》共收条目414个，其中收熟语82条，比如：

若要小儿安，常带三分饥与寒，鹅行鸭步，席天幕地，长江无六月，若要好，问三老、丁相公画一字、蛇无头不行、惊天动地、六月六，猫儿狗儿同洗浴、斧打凿，凿入木、嫁狗逐狗，嫁鸡逐鸡、拏讹头、巧者不过习者之门、七零八落、好时好节、出处不如聚处、天高皇帝远、相风使帆、一客不烦二主、热灶一把，冷灶一把、得志猫儿雄似虎，败翎鹦鹉不如鸡、火烧纸马铺，落得做人情、龙居浅水遭虾戏，虎落平阳被犬欺、自有旁人说短长、一言既出驷马难追、兜不上下颏、但有路可上，更高人也行、逢人不说人间事，便是人间无事人、前功尽弃、同床各梦、高谈阔步、叩头如捣蒜、各为其主、算无遗策等

易本烺的《常语搜》共收录词语1355个，其中熟语648个，比如：

打油腔、吃墨水、破天荒、捕风捉影、作法自弊、铅刀一划、平平无奇、风清弊绝、智尽能索、宏奖风流、五日京兆、胶柱鼓瑟、尺水生波、吹毛求疵、同日而语、处心积虑、行云流水、丹成九转、安土重迁、乐此不疲、高枕而卧、黄金难买子孙贤、大富由命小富由勤、一家饱暖千家怨、莫把金针

度与人、五百年前共一家、积财千万不如薄艺随身、巧妻常伴拙夫眠、君子不夺人之好、送君千里终须一别、知人知面不知心等。

胡式钰的《语窦》共收录俗词语323个，其中熟语79个，比如：

刮地皮、假虎威、不值一钱、不分皂白、老当益壮、得陇望蜀、一窍不通、依样葫芦、自相矛盾、酒囊饭袋、惊天动地、改头换面、掩耳偷铃、目不识丁、穷凶极恶、穷奢极欲、奇货可居、捕风捉影、算无遗策、乐此不疲、咬姜呷醋、吹毛求疵、画饼充饥、望梅止渴、不修边幅、名不虚传、谈何容易、老生常谈、开卷有益、手不释卷、负荆请罪、破釜沉舟、（衣要新好；人要旧好）、（豆芽弗好做柱，丫头弗好作主）、乡户夫妻一步不相离、（忠臣不事二君；烈女不事二夫）、比上不足比下有余、成大事者不惜小费、识时务者为俊杰、天下无敌手、英雄无用武之地、人生七十古来稀、出处不如聚处等。

其他俗语辞书所录熟语不再一一举例。我们将清代和宋代、明代收录熟语的代表性专书进行比较，可以看出清人在收集整理熟语方面的发展。

表3.1　宋、明、清俗语专著所录熟语数量对比表

朝代	俗语专书	词语总量	熟语词目数量	备　注
宋代	释常谈	126	40	
	续释常谈	79	11	
明代	目前集	670	17	
	常谈考误	280	6	
	俚言解	283	32	
	雅俗稽言	1074	18	另有“杂占”类
	世事通考	4657	9	
清代	通俗编	5353	1672	
	直语补正	414	82	
	里语征实	1141	337	
	常语寻源	1068	612	
	常语搜	1935	656	
	土风录	1045	134	另：杂谚、俗对俗诗
	恒言录	733	66	另：闾巷常谚、俗语、俗谚有出
	迩言	591	67	
	语窦	329	82	
	谈征	1058	72	

从对比表可以看出，清代俗语工具书里所收录的词语总量要大大超越宋代和明代，而其中所包含的熟语数量更是前代所不能比的。《恒言录》和《土

风录》正文词条所收熟语数量虽然不是特别多，但是《恒言录》在“闾巷常谚”“俗语”“俗谚有出”条，列举了大量的成语、俗语和谚语等。《土风录》另有“杂谚”和“俗诗俗对”条，也包含了数量众多的谚语，我们都没有统计在内。

清代学者编纂的俗语辞书，不但收录了数量众多的双音节及多音节词，而且各类熟语也成为其关注的焦点。大部分熟语流传久远，但因为其俚俗的特点，多是不被文人学士所重视的，清代学者却对这些熟语特别关注，反映出清人在词语观上的进步。

3.2.2　熟语收录类型更加丰富，分类编排更加合理

清代俗语辞书所收熟语不但数量增加，而且熟语类型也更加多样，比如惯用语、成语、歇后语、谚语等都有出现，其中收集最多的是成语和谚语。在分类安排上，清代学者有意识地对熟语进行单独编排，不与其他普通俗语词混合，甚至不同的熟语类型会被安排在不同的卷目中，反映了清代学者对熟语认识的进步。

《常语寻源》共十册，分为上下两卷。上卷包括甲乙丙丁四册，下卷有戊己庚辛壬癸六册。除甲册是双字组合外，各类熟语分布在其他九册中，乙册是包括惯用语在内的三字组合：破天荒、眼孔大、守钱奴、眼中钉、碍眼睛、大手笔等；从丙册到庚册是以成语为主的四字组合：多多益善、明目张胆、宾至如归、老马识途、相见恨晚、如鱼得水、安步当车、挥金如土、旁若无人、陈陈相因、鹤立鸡群、惊弓之鸟、结草衔环、盗亦有道、开心见诚、草木皆兵、目不识丁等；辛册、壬册、癸册是俗语、谚语的集合：无立锥之地、仓中关老鼠、瞎字也不识、敢怒不敢言、痴人前不宜说梦、莫与儿孙作牛马、打破砂锅问到底、醉翁之意不在酒、拨开云雾见青天、螳螂捕蝉不知黄雀在后等。

唐训方《里语徵实》共收录俗词语1141个，全书根据字数对这些俗词语进行编排，分为一字徵实到十四字徵实。各类熟语分布在三字徵实到十四字徵实各卷中。其中“三字徵实”除了三音节词和短语以外，收录了一些三字惯用语：打秋风、吃东道、耳边风、破天荒、抱佛脚等；“四字徵实”同样以

成语为主：老当益壮、言过其实、海阔天空、脚踏实地、逢场作戏、名不虚传、置之度外、听人穿鼻、差强人意、得不偿失、投鼠忌器、掩耳盗铃、自相矛盾、寄人篱下、明见万里、白面书生、狐假虎威、得陇望蜀、朝三暮四、怒发冲冠、心猿意马、旁若无人、多多益善、言过其实、大喜过望等；“五字徵实”到“十四字徵实”基本上是俗语和谚语：习惯成自然、哑子吃苦瓜、蛇无头不行、不打笑面人、小屈必有大伸、有志者事竟成、恭敬不如从命、百闻不如一见、儿孙自有儿孙福、得饶人处且饶人、阴地不如心地好、见怪不怪其怪自败、巧妻常伴拙夫眠、不如意事十常八九、疑人勿用用人勿疑、天下本无事；庸人自扰之、千里不同风；百里不同俗等。

钱大昭的《迩言》将所收录的591条俗词语分为六卷，其中卷一到卷四是双字组合；卷五是包括惯用语在内的三字组合：抱佛脚、眼中钉、耳边风、破天荒、大手笔等；卷六则专门收录成语和少量的俗谚：白面书生、鹿死谁手、得陇望蜀、差强人意、力不从心、因噎废食、束之高阁、无出其右、不分皁白、乐此不疲、名下无虚士、冷灰里荳爆、闭门不管窗前月、不能使船嫌溪曲等。

《土风录》共分为十八卷，卷一至卷十一采辑的是一般的俗词语，所收熟语则集中于卷十一、卷十二和卷十三，我们现代所指的三字惯用语都集中在卷十一：抱佛脚、打秋风、眼中钉、煞风景、敲门砖等；卷十二绝大部分也是现代意义上的四字成语：算无遗策、人微言轻、百发百中、欢天喜地、脚踏实地、妙不可言、班门弄斧、奇货可居、白面书生、不知丁董、酒囊饭袋、福至心灵等；卷十三是四字以上的俗语、杂谚以及俗诗俗对儿：磕头如捣蒜、磕头如捣蒜、死马当活马医、男大须婚女大须嫁、今朝有酒今朝醉、千日砍柴一日烧、情人眼里出西施、有钱使得鬼推磨、路上行人口似碑、此处不留人自有留人处、一言既出驷马难追等。

《谈徵》分为四部，名部、物部、事部收录的是一般的俗词语，熟语则被编辑在言部，比如：大手笔、风马牛、卖野眼、抛砖引玉、三生有幸、武断乡曲、扬眉吐气、天花乱坠、莫逆之交、守株待兔、班门弄斧、目不识丁、酒逢知己艺压当行、画虎不成反类犬、瘦如柴醉如泥、小儿买瓜只拣大的拿、千里姻缘使线牵、狗尾续金貂、远水赶不上近涸、城门失火殃及池鱼、槐花

黄举子忙等

《恒言录》更是单辟出“成语类”和“俗谚有出”类。

从清代学者在俗语辞书里对熟语的分类安排，可以看出他们已经认识到熟语所代表的词汇类型与普通词语是不同的。虽然这种分类编排更偏重于形式，还未涉及到熟语的本质，但是一类语言单位要想与其他的语言单位相区别，内容上的本质区别固然重要，但形式上的不同也是不可忽视的方面，而这种分类编排的形式在前代的熟语著作中并不多见。

3.2.3　熟语的阐释和考证更加深入

宋代的常谈系列以及明代的《目前集》《俚言解》等俗语著作已经开始对熟语的来源和意义进行考释，清人继续了这一传统，对收录的熟语进行了更加深入的探讨。正如钱大昕在《土风录》“序言”中作出的评价一样：“征引必检原文，而道听途说勿取也；折衷必谐六书，而乡壁虚造弗尚也。”这段话指出了大部分清代俗语工具书在考释词语，当然包括熟语方面的特点。清代俗语辞书对熟语进行考证时，引证材料更加丰富，每条熟语都尽量探明来源，或者是解释意义，或者是列出在各类著作特别是古代典籍中的使用情况，对于一些典故词语更是进行详尽的说明。比如：

【画虎不成反为犬】《后汉书》：“马援，字文渊，扶风人。在交趾，遗书戒子弟有曰：‘龙伯高敦重周慎，口无择言，谦约节俭，廉公有威，吾爱之重之，愿汝曹效之。杜季良豪侠好义，忧人之忧，乐人之乐，清浊无所失；父丧致客，数郡毕至，吾爱之重之，不愿汝曹效也。效伯高不得，犹为谨敕之士，所谓刻鹄不成尚类鹜者也；效季良不得，陷为天下轻薄子，所谓画虎不成反类狗者也。’”（《谈徵·言部》）

【负荆请罪】自认过也。蔺相如位在廉颇之右。颇曰：“我见相如必辱之。”相如每望见避匿，谓其舍人曰：“以秦王之威，而廷叱之辱其群臣，独畏廉将军哉？顾强秦之不敢加兵者，以吾两人在也。两虎共斗，其势不俱生。吾所以为此者，先国家也。”颇闻之，肉袒负荆，至门谢罪，遂为刎颈之交。（《语窦》）

【跳龙门】龙门一名河津，去长安九百里，水势悬绝，龟鳖鱼之属莫能上，上则为龙矣。《水经注》："鳣鲔出巩穴，三月上巳渡龙门，得渡者成龙。"故唐人士子登第谓之跳龙门，不得渡者点伤其额而还。李白诗："点额不成龙"。（《谈徵·言部》）

《谈徵》作者对"画虎不成反为犬"的来源作了非常详细地考证；"负荆请罪"首先解释其义，然后对该典故作了详细的介绍；"跳龙门"先引用了汉辛氏《三秦记》以及郦道元《水经注》里的典故，解释"跳龙门"的来源，并指出从唐代开始人们把"士子登第"称为"跳龙门"。

清代学者在对所收录的各类熟语进行考释时很多都添加了作者的"按语"，对所解释的熟语进行进一步的附加说明，以阐释自己的观点。按语的使用对我们了解该熟语具有很大的帮助，这也是清代学者在熟语考证方面更为深入的表现。

按语的形式大多用"案"或"按"直接注明，比如《常语搜》《常语寻源》《恒言录》《通俗编》《土风录》《释谚》等俗语工具书都有明确的标注，有的俗语辞书在对条目进行解释时虽未明确出现"按"或"案"，但编纂者有时用括注，有时用其他符号，实际上也同样起到了按语的作用。清代俗语辞书在解释熟语时，通过按语进行了几个方面的说明。

（1）对熟语的具体意义进行解释

【两脚书橱】《南史》："齐陆澄博览群书，而作文则俭啬。王衍曰：'此书橱也。'"〇按：南人谓记诵多而不工文者曰两脚书橱。（《常语寻源》丙册）

【首鼠两端】《汉书》："田蚡谓韩安国与长孺共一秃翁，何为首鼠两端。"〇按：鼠性疑，出穴多不果，每一前一却。故凡持两端不决者曰"首鼠两端"。（《常语寻源》丙册）

【狭路相逢】魏文帝《典论·自序》："后从陈国袁敏学，以单攻复，每为若神，对家不知所出，告曰：'若逢敏于狭路直决耳。'"〇①谓决胜负也。古诗："相逢狭路间，道隘不容车。"（《常语寻源》丙册）

【后悔噬脐】《左传·庄公六年》："邓三甥请杀楚子曰：'亡郑国者必此

① 《常语寻源》中，作者郑志鸿的阐释都放在符号"〇"之后，有时用"按"，有时不用，但是都起到了"按语"的作用。

人也，若不早图，后君噬脐，其及图之乎？’”〇人口不能至脐，喻悔不及也。（《常语寻源》丙册）

词条正文中只有来源和用例，用“按语”对熟语表达的意义进行补充说明，有时还附加解释为什么会有此义，比如“首鼠两端”因为“鼠性疑，出穴多不果，每一前一却”，所以该成语常用来形容迟疑不定或动摇不定。“后悔噬脐”因为“人口不能至脐”，所以用来比喻后悔不及。

（2）说明熟语使用范围或者意义的变化

【细大不捐】韩愈《进学解》：“贪多务得，细大不捐。”〇此言劝学，今以谓贪财者。（《常语寻源》丁册）

【巧迟不如拙速】作文有巧迟不如拙速之谓。案：本为用兵语。《孙子兵法》云：“兵闻拙速不睹工久”。张翰《杂诗》：“折冲樽俎间，制胜在两楹。巧迟不足称，拙速乃垂名。”本此。释慧洪《冷斋夜话》云：“集句诗，其法拙速，而不贵巧迟。”则为作文用矣。（《土风录》卷十三）

郑志鸿指出“细大不捐”原是用于“劝学”，后来谓“贪财者”。顾张思也注意到熟语“巧迟不如拙速”使用范围的变化，本为“用兵语”，而清代“则为作文用矣”。有时清代学者对熟语意义变化的认识也可能是错误的，比如：

【日出三竿】《南齐书·天文志》：“日出三竿，谓朱黄赤晕色也。”按：后为此言者，如剑南诗“美睡三竿日”之类，似失本意。（《通俗编》卷一）

在《南齐书》和陆游诗中“日出三竿”指的都是“太阳升得很高”，意思并没有发生变化。《南齐书·天文志》原文为：“永明五年十一月丁亥，日出高三竿，朱色赤黄。”是描述“日上三竿”时太阳的颜色，而非意义。所以翟灏认为“美睡三竿日”“似失本意”，是不正确的。

（3）补充说明与被释熟语同义或反义的相关熟语

【投鼠忌器】《汉书·贾谊传》：“鄙谚曰：‘欲投鼠而忌器’。此善喻也。”《晋书·庚纯传论》亦云。按：今谚“爱盘不击鼠”，即其说。（《通俗编》卷二十八）

【听人穿鼻】《南史》梁武帝曰：“徐孝嗣才非柱石。”〇按：世谓受人牵制者亦云“穿鼻尖”。（《常语寻源》己册）

【无地穴可入】贾谊《新书·审微篇》:“季孙慚曰‘使穴可入,吾岂忍见宓子贱哉!’”按:关汉卿曲所云“无地缝钻入去”,即此语意。(《通俗编》卷二)

【庸庸多厚福】《后汉书·左雄传》虞诩疏云:“时公卿以下,多拱嘿,相戒曰:‘白璧不可为,容容多厚福。’”今作“庸庸”,盖取范氏《胡广传赞》:“胡公庸庸,饰情衣貌。”语。俗云“呆人自有呆福”亦有此意①(《土风录》卷十三)

作者通过“按语”补充说明谚语“爱盘不击鼠”和成语“投鼠忌器”意义相同;“穿鼻尖”和“听人穿鼻”意思相近;“无地缝钻入去”和“无地穴可入”意义相同;俗语“呆人自有呆福”和“庸庸多厚福”意义相近。

有时通过按语补充的词语意义是和被释熟语的意义正好相反的,比如:

【眼孔大】《明皇杂录》:“帝为安禄山起第,一切俱极华侈,曰:‘禄山眼孔大。’”〇石晋主谓桑维翰眼孔小。(《常语寻源》乙册)

(4)说明被释熟语的来源或使用

有些熟语的来源是用按语的方式进行补充的,或者已指出语源,而使用按语对这个熟语在其他作品中的使用情况进行说明。例如:

【天花乱坠】善于言语者曰天花乱坠。按:张敦颐《六朝事迹》载:“梁武帝时,云光法师讲经,感得天雨散花,天厨献食。”盖本此意。(《土风录》卷十二)

【千里送鹅毛】馈遗自谦云:“千里送鹅毛,礼轻情意重”。王厚之《复斋漫录》引谚曰:“千里寄鹅毛,礼轻情意重,此鄙语也。”山谷取以为诗。《谢陈适用惠纸》云:“千里鹅毛意不轻”。案:东坡以扬州土物寄子由,诗云:“且同千里送鹅毛”。此言盖起于宋初。山谷又有诗云:“鹅毛千里赠,所重以其人。”(《土风录》卷十三)

【干星照湿土,来日依旧雨】姚宽《西溪丛语》引谚云云。按:王建《听雨》诗“照泥星出依前黑”,陆游诗“夜夜湿星占雨候”,僧善珍诗“照泥星复雨,经朔月犹阴”,俱用此谚。(《通俗编》卷一)

① 原书作者的解释用了小号字体,实际也起到了“按语”的作用。

【破天荒】《北梦琐言》："荆州每岁解送举人，多不成名，号曰天荒。"至刘蜕舍人，以荆解及第，为破天荒。苏轼诗"沧海何曾断地脉，朱崖从此破天荒"。用刘蜕事也。《独醒杂志》："江西士人未有以状元及第者，绍圣四年，何昌言对策第一，谢民师有诗寄之云：万里一时开骥足，百年今始破天荒。"按：周必大诗"绛帷幸得天荒破，日日当为问道人"。柳贯诗"会见天荒破，端令士气"，皆用其事。（《通俗编》卷一）

（5）说明某个熟语在使用中的不同语形

【掩耳盗铃】《晋书·宣帝纪》："论窃钟掩耳，以众人为不闻。"案：此语出《淮南子·俶真训》范氏之败，人窃钟而走，锵然有声，惧人闻之，遽掩其耳。今俗作掩耳盗铃。吴曾《漫录·辨误类》云："谚有'掩耳盗铃'，非铃也，钟也。"按：《通鑑》载唐高祖起兵时语已作盗铃。（《土风录》卷十二）

【打秋风】以物干求人曰打秋风。案：《米元章贴》作"打秋丰"。

《雪涛谐史》作"打抽丰"，言于丰多抽分之也。时有惯打抽丰者谒宜兴令，谀之云："公善政，不独百姓感恩，境内群虎亦皆远徙。"忽有役禀："昨夜有虎伤人。"令诘之，答曰："这是过山虎，讨些吃了就要去底。"令大笑而赠之。（《土风录》卷十一）

【自我作故】《国语》："哀姜至，公使大夫、宗妇觌用币。夏父展曰：'非故也。'公曰：'君作故。'"注曰："君所作则为故事。"张衡《西京赋》："自君作故，何礼之拘？"按：今云"自我作古"，乃别本宋孝宗语也。《宋史·礼志》："孝宗不用易月之制，曰：'自我作古何害？'"（《通俗编》卷六）

【疾雷不及掩耳】《六韬·军势篇》："疾雷不及掩耳，迅雷不及瞑目。"

《淮南子·兵略训》："疾雷不及塞耳，疾霆不暇掩目。"《三国志·魏武帝纪》："从其意，使自安而不为备，一旦击之，所谓疾雷不及掩耳。"《晋书·苻坚载记》："此捷济之机，所谓疾雷不及掩耳。"又《石勒载记》："直冲末柸帐，敌必震惶，计不及设，所谓迅雷不及掩耳。"按：诸云"所谓"者，皆述《韬略》文也。《唐书·李靖传》作"震霆不及塞聪"。（《通俗编》卷一）

通过“按语”补充说明了熟语在不同文献记载中的各类形式，使人们对某个熟语在具体使用中的变化有了更为全面的认识。“掩耳盗铃”原为“掩耳盗钟”；“打秋风”也可以写作“打秋丰”“打抽丰”；“自我作故”有的文献中写作“自我作古”；“疾雷不及掩耳”在不同文献中有“疾雷不及塞耳”、“迅雷不及掩耳”等形式，甚至在《唐书》中还写作“震霆不及塞聪”。

（6）指出某个熟语在使用中的讹变

【瞎字也不识】《懒真子》云：“唐萧颖士性轻薄，有同人误识臧武仲名，讥之曰：‘汝纥字也不识。’”今俗云“瞎字也不识”乃“纥”字之讹。“纥”字，恨发反，字书云下没切，痕字入声。（《谈徵·言部》）

【三世做官方知穿衣吃饭】《魏志》文帝诏云：“三世长者知被服，五世长者知饮食”。注：“言被服饮食不易也。”〇常语本此。不知何时讹“长者”为“做官”。（《常语寻源》癸册）

【城门失火殃及池鱼】东魏杜弼《檄梁文》曰：“楚国亡猿，祸延林木；城门失火，殃及池鱼。”后人每用此事。《清波杂志》云：“不知所出，以意推之，当是城门失火，以池水救之，池竭而鱼死也。”《广韵》：“古有池仲鱼者。城门失火，仲鱼烧死，故谚云：城门夫火，殃及池鱼。”据此则池鱼是人姓名。《风俗通》亦有此说。按：《淮南子》云：“楚王亡其猿，而林木为之残。宋君亡其珠，池中鱼为之弹。故泽失火而林忧。”则失火与池鱼自是两事，后人误合为一耳。（《谈徵·言部》）

伊秉绶考察“瞎字也不识”乃“纥字也不识”之讹；“三世做官方知穿衣吃饭”，郑志鸿指出“做官”原应为“长者”；“城门失火”为什么会“殃及池鱼”，伊秉绶认为“失火与池鱼本是两事，后人误合为一耳”。

（7）对熟语的其他说明

【鸡子碰鹅卵石】《研秋斋笔记》卷下：“俚语鸡蛋同石头捶。”《易林》云：“卵与石斗，糜碎无处。”按：《九水山房文存》说瓈。蛋本字。引《太玄》：“以瓈投石，已在焦前。”《晋书·温峤传·与陶侃书》：“今之进讨，若以石投卵耳。”《通俗编》卷二引《墨子·贵义篇》：“以其言非吾言者，是犹以卵投石也。”《荀子·议兵篇》：“以桀诈尧，若以卵投石。”《淮南子·主术训》：“犹以卵投石。”又引《易林》特未引《太玄》，则不见蛋字出处。

（《释谚》）

平步青在《释谚》中通过按语介绍了俗语“鸡子碰鹅卵石”的最早出处，以及由雅到俗的变化。这一俗语在《荀子·议兵》《淮南子·主术训》中都是以成语“以卵投石”的形式存在。而西汉扬雄的《太玄》已经将“卵”字改称比较通俗的“毈”：“以毈投石”，按照《九水山房文存》的解释，“毈”字正是“蛋”的本字。而清代刘彦矩的《研秋斋笔记》里的“鸡蛋同石头捶”已经非常通俗化，接近于我们现在通行的“鸡蛋碰石头”。另外，通过按语我们还可以知道“以卵投石”在《晋书·温峤传》里还有相反的“以石投卵”的形式出现过。再比如：

【咬姜呷醋】周遵道《豹隐纪谈》载俚语对偶，以“呷醋咬陈姜”对“麻油拌生菜”。按：《通俗编》卷二十引《老学庵笔记》卷六：“兵职驾库，咬姜呷醋”知宋时有此谚语。（《释谚》）

【覆水难收】《韵府》注：“姜太公初娶马氏，读书不事产，马求去。太公封齐，马求再合。太公取水一盆倾于地，令妇收水，惟得其泥。太公曰：‘若能离更合，覆水何难收。’”〇按：殷周之际，安得有马姓，况太公封齐之时年近百岁，马之齿亦可知，至朱买臣妻，世谓马前覆水。考之史汉，亦无其事，盖有此语，不必有此事也。（《常语寻源》丁册）

【认定生姜树上生】邵伯温《易学辨惑》载康节谓伊川曰：“正叔可谓生姜树头生，必是生姜树头生。”张补庵云此今俗语所本。按：刘后邨诗亦云：“人道生姜树上生，不应一世也随声。”（生俗呼如山，东坡《天竺寺》诗“雨浥山姜病有花”此又一种。《岭表录异》所云山姜花茎叶，即姜，根不堪食者也。）（《土风录》卷十三）

“咬姜呷醋”通过按语交代了该语产生时间，宋代时已有此语。郑志鸿对“覆水难收”的典故进行了辨析，认为“盖有此语，不必有此事”。顾张思用“按语”补充说明了俗语“认定生姜树上生”的另一个可能的来源。

清代俗语辞书“按语”的使用非常普遍，并不仅仅限于解释熟语，其他一些俗词的阐释也会用到“按语”。“按语”的使用使得清代学者对熟语的考释更加深入、全面，也表明了清代学者对待所录俗语的态度，不单纯是收录，而且要研究。

第三节　清代学者对各类熟语的阐释

清代学者不但对各类熟语进行收录和解释，而且还对某些熟语的性质和特点进行了阐释。对于这些熟语的称谓来说，谚语、成语、歇后语的名称在清代都已经出现并使用，但惯用语的名称却出现比较晚，大概在20世纪五六十年代才出现。马国凡（1982：1）指出在1961年辽宁人民出版社出版的《谚语·歇后语·惯用语》一书中就把“炒冷饭、戴高帽子”等叫作“惯用语”。清代俗语辞书里则笼统地将这类语言单位看作俗语，将其称为“谚”“俗谚”等，比如：

【旁闻曰耳边风】谚云耳边风。按：杜荀鹤《赠题兜率寺闲上人院》诗云：“百岁有涯头上雪，万般无染耳边风”。用之未觉为俗耳。（《里语征实》卷中）

【抱佛脚】《纪闻》云南之南一番国人有犯罪应诛者，国王捕之，急奔往某寺中抱佛脚、知悔过，愿为僧，不敢蹈前非，王许贳之，遂髡发环耳，衣禅衣。谚云：‘闲时不烧香，急时抱佛脚’，本此。孟东野诗云：“垂老抱佛脚”。

《中山诗话》：“王丞相嗜谐谑，一日论沙门道，曰：‘投老欲依僧。’客遽对曰：‘急则抱佛脚。’王曰：‘投老欲依僧是古诗一句。’客曰：‘急则抱佛脚是俗谚全语。上去投，下去脚，岂不的对？’王大笑。”（《里语徵实》卷中）

【翻烧饼】《唐宋遗事》：“太宗北征，咸云：‘取幽蓟，如热鏊翻饼耳。’呼延赞曰：‘书生之言，未足尽信，此饼难翻。’后果无功。”按：俚俗以田产会赎转售曰“翻烧饼”，或亦言其易耶？（《通俗编》卷二十七）

【碰钉子】《石头记》四五回：“说给你们别蹦钉子。”《梦溪笔谈杭州俗语杂对儿》碰钉子、打板儿（《通俗常言疏证》三册·言语）

虽然“惯用语”这个称谓没有出现，但是清代学者认识到这样一些口语中常用语的存在，并将其采辑在所编辑的俗语工具书中，比如：“打秋风”被《土风录》《常语搜》《谈征》《里语征实》《通俗常言疏证》《俗语考原》《通俗编》《恒言录》收录；“抱佛脚”被《土风录》《常语搜》《里语征实》《通俗常言疏证》《通俗编》《恒言录》《迩言》收录；“破天荒”被《常语搜》《里语征实》《常语寻源》《通俗常言疏证》《俗语考原》《通俗编》等收录。被人称作“惯用语”的这类三音节语汇单位在唐代似乎就已出现，《义山杂纂》中就出现了“煞风景”这样典型的三字惯用语，但是《杂纂》中这类三音节语汇单位只有有限的几个，而且是作为歇后语的注释部分出现的，但在清代的俗语类辞书里，这类词汇单位却出现了发展的势头。

因为清代还未出现“惯用语”的明确称呼，所以此部分主要谈清人对歇后语、成语和谚语的认识。

3.3.1　清代学者对歇后语的认识

在考察的所有清代俗语辞书中，歇后语相对来说比较少见。但我们发现也有四部辞书已经对“歇后语”进行专门的阐释。

1. 翟灏的《通俗编》

翟灏的《通俗编》在卷三十八中出现了“歇后”一词，其解释如下：

【歇后】《启颜录》：“唐封抱一任栎阳尉，有客过之，既短又患眼及鼻塞，抱一用《千字文》语作嘲之诗曰：‘面作天地玄，鼻有雁门紫。既无左达承，何劳罔谈彼。’又一人患眼侧及翳，一人患齆鼻，俱以《千字文》作诗相咏。齆鼻人先咏侧眼人云：‘眼能日月盈，为有陈根委。’患眼人续云：‘不别似兰斯，都由雁门紫。’”按：此今市井儇习，亦自唐有之。

“天地玄黄、雁门紫塞、左达承明、罔谈彼短”等语，出自周兴嗣的《千字文》，封抱一在诗中省去“黄”“塞”“明”“短”四字，以此嘲笑对方“面黄”“鼻塞”“眼暗”“身短”。第二个例子是说一个眼斜的人和一个鼻塞的人互相嘲笑对方，《千字文》里有“日月盈仄”和“陈根委翳”，鼻塞之人将其省略最后一字“仄”和“翳”，嘲笑对方“眼仄”，而眼斜之人也是将“似兰斯馨”和“雁门紫塞”的最后一字省略，来嘲笑对方鼻塞、不能辨别气味儿。

此处所谓的“歇后”，往往使用一些人们熟知的俗语、谚语、成语或古今文章名句，只将最后一字省去。这种“歇后”由来已久，翟灏也指出“亦自唐有之”。这种“歇后语”具有诙谐、幽默的特点，在历代的笔记、小说、诗文中经常可见。“宋代即有‘三更五（点）’，‘七上八（下）’之类。元明清戏剧中更多见。”（雨时，1990）

《通俗编》里也出现了很多真正的歇后语，只不过翟灏将它们看成是来源于古代民歌的“风人体”，在《通俗编·卷三十八·识余》里对“风人”的解释如下：

【风人】六朝乐府《子夜》《读曲》等歌，语多双关借意，唐人谓之“风人体”，以本风俗之言也。如“理丝入残机，何患不成匹”、“擿门不安横，无复相关意”、“黄檗向春生，苦心随日长”、“打金侧玳瑁，外艳里怀薄”、“玉作弹棋局，心中最不平”、“蚊子叮铁牛、无渠下嘴处”、“玲珑骰子安红豆，入骨相思知也无”、“合欢核桃真堪恨，里许元来有别人”，皆上句借引他语，下句申释本意。

翟灏首先介绍了什么是“风人体”即“语多双关借意”，另外“上句借引他语，下句申释本意”，也就是说“风人体”由上下两句组成，而上句的真正意思是用下句来解释的，这已经和歇后语的特点相似。正如温端政（2006：273）所说：“风人体同我们现在所说的前‘引’后‘注’的歇后语，从形式上看，是一脉相承的：风人体的上句，相当于歇后语的‘引子’，风人体的下句，相当于歇后语的‘注释’。就这一点上说，风人体可以看做是歇后语的诗歌形式。”翟灏随后举的例子即为“歇后语”，只不过书中将其称作“谚语”：

今市俗有等谚语，如云：“释钩打钉，曳直”、“黄花女儿做媒，自身难保”、“黄檗树下弹琴，苦中作乐”、“火烧眉毛，且顾眼下”、“云端里放辔头、露出马脚”、“哑子吃黄连，说不出底苦”，乃其遗风。

翟灏明确指出这是风人诗体的“遗风”。然后在本条下又举出一些谐音的歇后语，也认为是风人体的遗风：

又，风人之体，但取音同，不论字异。如：“雾露隐芙蓉，见莲不分明”，以“莲”为“怜”也；“桐树生门前，出入见梧子”，以“梧”为“吾”也；“朝看暮牛迹，知是宿蹄痕”，以“蹄”为“啼”也；“石阙生口中，衔碑不得语”，以“碑”为“悲”也……今谚亦然，如云“火烧旗竿，好长叹”、“月下提灯，虚挂名”、“船家烧纸，为何”、“墙头种菜，没缘”、“外甥打灯笼，照旧”、“石臼里舂夜叉，祷鬼”、“堂前挂草荐，不是话”、“吕布跌下井，使不得急”，以“炭”为“叹”，“明”为“名”，“河”为“何”，“园”为“缘”，“舅”为“旧”，“捣”为“祷”，“画”为“话”，“戟”为“急”。

无论谐音的一类还是非谐音的一类，翟灏所举的例子很明显都属于我们现代意义上的歇后语：“释钩打钉，曳直”、“黄花女儿做媒，自身难保”、“哑子吃黄连，说不出底苦”、“墙头种菜，没缘”、“外甥打灯笼，照旧”、“月下提灯，虚挂名”等。

除此之外，在《通俗编》所收条目里，我们还发现以下几例歇后语：

【打破砂盆问到底】黄庭坚《拙轩颂》有“打破砂盆一问”句。按：问，音同璺。《仪礼》疏：“坼，兆璺也”。扬子《方言》：“秦晋间器破而未离，谓之璺。”砂盆质极脆薄，破则其璺到底，俗怪人诘问不已而为斯语。同音假借，古风人之例也。（卷二十六・器用）

“打破砂盆问到底”翟灏也指出这是“古风人之例也”。歇后语的典型形式就是如上述例子一样，由“引子”和“注释”两部分组成的，再比如：

大拇指挠痒——随上随下①　（卷十六・身体）

木匠带枷——自做得　（卷二十一・艺术）

赵老送台灯——一去便不来　（卷二十六・器用）

花木瓜——外好看　（卷三十・草木）

另还有一例只有前半句“引子”的部分：“哑子吃苦瓜”，而省略了“注释”的部分，但是在解释里对其后半句的意义也进行了说明：

【哑子吃苦瓜】　《传习录》：“刘观时问：‘未发之中，请得略示气象否？’先生曰：‘哑子吃苦瓜，与你说不得。你要吃苦时，还须你自吃。’”。

《五灯会元》：“僧问洞山微：‘如何是点点相印底事？’微曰：‘哑子吃苦瓜。’”（卷三十・草木）

2. 胡式钰的《语窦》

清人胡式钰的《语窦》中把“歇后语”称为“缩脚音”。

---

① 破折号是本文作者所加，原文各条均无破折号，其中《越谚》是用了空格的形式表示。

【缩脚音】语有谓之缩脚音者，即古之歇后语。《语林》载贞元末，妓阿软产一女，求小名于白乐天。乐天曰：此儿白皙可爱，可名之曰皎皎。有文士释其义，始悟乐天之戏，盖嘲其种姓不明，取古诗皎皎河汉女也。河借作何，犹何汉子之女云。又史载郑綮好为歇后诗，嘲讥时事。乾宁初，帝以为有所蕴，命以为相。綮曰：歇后郑五作宰相，时事可知矣。

按：颜延年赭白马赋：王于兴言。注云：王于兴师。兴言出宿。当即歇后诗之滥觞。

胡式钰指出“缩脚音”即“古之歇后语”。从所举例子来看，其实与翟灏所解释的“歇后语”大同小异，即把成句中的后部分词隐藏起来，用前部分的词代替，隐藏起来的部分恰是表义所在。如例子中，白乐天用“皎皎河汉女”中的“皎皎”，实际表达的意思正是略去的“河汉女”，即“何汉子之女”，嘲笑其“种姓不明”。另外，胡式钰指出唐代颜延年《赭白马赋》中的“王于兴言”，实际是《诗经》中“王于兴师”和“兴言出宿”的缩略，认为这是“歇后诗之滥觞”。

3. 范寅《越谚》

清代范寅在《越谚》中将这类“歇后”现象称为“缩脚谚”，《越谚》凡例中提到：

“自道光、咸丰年间，忽有‘缩脚谚’。如言‘脚’字，借‘桁条柱脚’之‘脚’，但呼‘桁条柱’三字。缩住为暗号者，不可枚举。甚至‘走’字，借用‘鸡毛扰帚’之‘帚’作‘走’字缩脚暗号。此如南人学北谚，呼‘马兰头’为‘生口笸子脑袋’，何足取哉？概屏勿录。”

范寅对这类的“缩脚谚”持否定态度，认为“何足取哉？概屏勿录”。但是和《通俗编》一样，《越谚》里也收录了真正的歇后语，在“讔谜之谚·第八”中，有：

“荆庄好讔，鲍照井谜。“讔”即廋语，谜欲惑人。盖自汉魏以降，方朔诡譬，俳优隐化，有由来矣。越谚又谓之打暗号。今摘若干语，列为一条，如讔如谜，故名。”

这儿说的“廋语”，侯友兰校注：“廋语，也作廋词，即‘谜语’。文中实为‘歇后语’”。我们统计发现共有58条，举例如下：

温暾水——弗冷弗热　　雨落拖背絮——越背越重
冷饭煮粥——化化　　豆腐薄刀——两面光
狗吃粽子——无得解　　痖子吃黄连——话弗出苦
腰哩缚扁担——横行　　贱骆驼——越重越走
小和尚念经——有口无心　　寒天吃冷水——点点在心头
家神打灶神——自弄自　　府官进县门——直进直出
黄连树下弹琴——苦中作乐　　肉骨头吹喇叭——昏都都（借音“荤”）
灯笼照火把——亮见亮　　老鼠跳东糠箩哩——一场欢喜一场空
……

另外，《越谚·卷上》“借喻之谚·第五”在收录成语、俗语的同时，也收录了一部分歇后语，如：

打地洞——钻营　稻种宝——矜贵　凿方眼——不圆通
联环炮——无懈可击　直头牛——不知转湾　无心木主——徒有虚表
散窠鸡——不堪收拾　纸老虎——假威严　陈年历日本——无用
曲蟮游太湖——忒宽　小人办人家——儿戏　……

4. 孙锦标的《通俗常言疏证》

孙锦标《通俗常言疏证》里也有词目“歇后语”，虽然没有对其意义进行解释，但是通过所举例子可以看出这正是我们今天所说的“歇后语”。

【歇后语】《白罗衫》叫我通文僚个打起歇后语来。按：外甥打灯笼照旧、秤钩子打钉兑直之类皆歇后语也。（三册·言语）

此条没有对“歇后语”进行定义，但是指出“外甥打灯笼照旧、秤钩子打钉兑直”之类皆歇后语，可以看出这正是现代语言学意义上的歇后语。通观全部词条，《通俗常言疏证》相对其他几部俗语辞书，所收歇后语的数量也是明显增加很多。比如：

【秤钩子打钉——兑直】《鸣凤记》陷害忠良，如秤钩打钉，拗曲作直。《通俗编》今市俗有等谚语如云：秤钩打钉曳直。（此歇后语也，今人云秤钩子打钉，兑直）（四册·货财）

括注里的内容是作者孙锦标所加，又一次明确指出此条是歇后语，再比如：

【外甥打灯笼——照旧】《合纵记剧》："净云：'外甥打灯笼。'丑云：'照旧。'"《通俗编》："风人之体，但取音同，不论字异。今谚亦然。如云外甥打灯笼照舅，以舅为旧也。"（二册·亲戚》）

【蜻蜓吃尾巴——自吃自】《杀狗记》："上下使用弄了出来，可不枉费了钱财，分明蜻蜓吃尾自吃自。"（今人有蜻蜓吃尾巴自吃自之语。）（四册·饮食）

【偷嘴猫儿——改不得】《杂纂二续》有"改不得"十三事，偷食猫儿改不得此其一也。（今人多云偷食猫儿不得改）（四册·饮食）

其他出现在书中的歇后语如下：

观音山轿子——人抬人（一册·交际）、狗咬吕洞宾——不识好人心（二册·仙佛）、哑子吃黄连——说不出的苦（三册·言语）、黄连树下弹琴——苦中作乐（三册·头面）、打肿了脸——充胖子（三册·头面）、打破砂锅——璺到底（三册·言语）、塞翁失马——焉知非福（四册·祸福）、飞蛾投火——自烧身（四册·祸福）、猫儿哭老鼠——假慈悲（四册·死丧）、瞎子吃蟹——只只好的（四册·动物）、癞蛤蟆跳等盘——自称（四册·动物）。

在《通俗常言疏证》所收条目中只出现上半句"引子"的歇后语也有不少：

【弯镰刀瓢切菜】《意中缘》："尿壶合着油瓶盖，弯弓撞着瓢切菜。世间弃物不嫌多，酸酒也堪充醋卖。"（今俗有弯镰刀瓢切菜之语）（四册·什物）

【瞎眼猫拖鸡】《梦笔生花·杭州俗语杂对》："蓬头狮子瞎眼猫儿。"又《经索乐府》："瞎猫拖鸡不放他。"（四册·动物）

现代汉语里有歇后语："弯刀对着瓢切菜——两将就"以及"瞎猫拖鸡——死不放"，只不过文中仅出现歇后语的前半部分而已。

【蚂蟥叮了鹭鸶脚】元·杨显之《酷寒亭》："恰便似蚂蝗叮了鹭鸶飞，寸步不教离。"（按：蝗当作蟥，今人多云蚂蟥叮了鹭鸶脚）（四册·动物）

这条歇后语在条目里虽然只有前半句，但在例证里出现了该歇后语的完整形式："蚂蝗钉了鹭鸶飞——寸步不教离"。

除了上述四部俗语辞书以外，清代其他俗语工具书里也可以找到"歇后语"的例句，但是并未明确的指出其名称为"歇后语"，有的只是标明其"俚语"的性质，比如：

【癞子吃猪肉】　见《东坡杂纂二续》"不图好"一条。(《直语补正》)。

【偷食猫儿——不改性】　见东坡《杂纂二续》(《常语搜·卷三》)。

【捧土加泰山——并无益处】①、【打破砂锅——问到底】(《常语寻源》癸册)；【哑子吃苦瓜】　(《里语征实》卷下)；【打破砂盆——问到底】(《常语搜》卷三)。

歇后语一般由前后两部分组成，前一部分是形象的描写，后一部分是对前一部分的解释、说明，前后部分结合起来会产生一种俏皮、诙谐的效果。《通俗编》中的"歇后"、《语窦》中的"缩脚音"以及《越谚》中的"缩脚谚"所指与我们现代所说的"歇后语"并不相同。但是几部工具书里也出现了真正的歇后语，如《通俗编》中的"风人体"，《越谚》中的"廋语"，只是除了《通俗常言疏证》外，并没有称之为"歇后语"而已。

在清代学者所编纂的俗语工具书中，歇后语相对谚语、成语等熟语来说，数量比较少，这可能与歇后语自身的形成发展有着更为紧密的关系。王勤(2006：373)对于歇后语的形成有过总结，"春秋战国之前，是萌芽蕴育时期，唐宋时期开始有了雏形，最后到元明时期正式凝固成为固定的词汇单位，并成为熟语中的一个重要成员。"从以上论述我们可以看出，歇后语正式形成时间较晚，历史较短。清代距离歇后语正式定型的元明时期较近，而且人们实际上真正使用的歇后语数量可能更少，所以清代学者在编纂俗语辞书时便不能得到足够多的歇后语的语料。

3.3.2　清代学者对成语的认识

3.3.2.1　清代学者"成语"名称的实际所指与现代不同

据赵红棉(1992)的研究，"成语"一词产生在初盛唐之间，两宋文人

① 以下几条歇后语的释义略。

改称为“全语”。“元明人‘成语’、‘全语’兼用，清人亦然。”清人在俗语工具书里也使用了“成语”一词，但其所指却并不与今天人们所说的“成语”相同。在清代俗语工具书里，“成语”一词出现在以下几处：

《正音撮要》序：

“语音既正，又要于立言上讲究。各处物件称谓不同，方言成语有别。”

高敬亭在《正音撮要》“卷二”开篇处又提到：

“每见本处人学习官话，字音有极工，腔口有极肖，但于物件称谓及成语应酬仍用乡谈、俗语，是以令人难晓。”

《通俗编》卷三十八在解释“叠文”时有如下一句：

“《齐侯鎛锺铭》以‘都俞’作‘都都俞俞’，《关尹子》以‘裴回’作‘裴裴回回’，《韩诗外传》以‘冯翊’作‘冯冯翊翊’，皆以成语硬叠。”

《通俗常言疏证》“例言”中也出现了“成语”一词：

“一引书籍中成语一字不易者固多或因求平日所闻更改一二字亦有之不敢杜撰。”

《正音撮要》和《通俗常言疏证》提到的“成语”虽然仅从两段话不能确定其明确的意思，但从两部著作收录的内容看，并不专指现在意义上的“成语”，而是包括了双音节词、多音节词以及各种语在内。《通俗编》中的“成语”通过所举例子可知，指的是诸如“都俞”、“裴回”、“冯翊”等的现成词。

钱大昕将“成语”作为一类特殊的词汇单位予以关注，《恒言录》卷六专设“成语”类，从所收的78个词目来看，真正属于现代意义上的“成语”的有42个：对牛弹琴、金玉满堂、开门授徒、登峰造极、一败涂地、摇唇鼓舌、风清弊绝、片纸只字、百孔千疮、酒囊饭袋、挑雪填井、夺胎换骨、多多益善、不学无术、人面兽心、奴颜婢膝、咬姜呷醋、张三李四、千变万化、数见不鲜、抱头鼠窜、方底圆盖、不修边幅、雪中送炭、守口如瓶、因噎废食、贵人多忘、万万千千、女生外向、如释重负、唾面自干、不痴不聋、掩耳盗铃、开心见诚、矫枉过正、以身试法、花言巧语、鼠窃狗偷、矮子看戏、刮目相待、吹毛求疵、仰人鼻息。但是也包括了3个“二字词语”：百怪、妖精、作懒等；17个包括“惯用语”在内的“三字词语”：石敢当、先下手、耳边风、可怜见、平白地、家常饭、护身符、千里眼、抱佛脚、鸡宿昏等；以及其他“俗语谚语”：只许州官放火、远水不救近火、比上不足比下有余、悬羊头卖狗肉、生姜树上生等。钱大昕“成语”类所收词语类型虽然以现代意义上的成语为主，但是也包含了很多非成语的词汇单位，其包含的范围要更广泛。

清代赵翼《陔余丛考》① 卷四十三也有“成语”条。《陔余丛考》里所说的“成语”所指的范围和《恒言录》“成语”类一样，也非常广泛。我们考察该书收录的223条“成语”也是包括“双音节词”：无赖、罪过、便宜、于此等；“三音节词语”：不中用、不长进、不耐烦、不快活、平白地等；各类“俗谚”：在家贫亦好、久旱逢甘雨、他乡遇故知、洞房花烛夜、金榜题名时、儿孙自有儿孙福、巧妻常伴拙夫眠、远水不救近火、百闻不如一见等；以及“名人诗句”：“海阔凭鱼跃，天高任鸟飞”、“近水楼台先得月，向阳花木易逢春”、“良药苦口利于病，忠言逆耳利于行”。当然其中也有不少真“成语”，比如：啧有烦言、金玉满堂、知足不辱、深根固柢、和光同尘、大器晚成、画蛇添足、冠上加冠、自相矛盾、守株待兔、耳而目之、吹毛求疵、自相矛盾、数米而炊、每况愈下、一败涂地、数见不鲜、刻舟求剑、矫枉过正、积少成多、酒囊饭袋、和气致祥、掩耳盗铃、打草惊蛇、见笑大方、人微言轻、爱屋及乌等。

另外，清代还有一部专门的成语类工具书出版。据温端政（2015：3）：“成语类辞书的出版，发端于清代前期满汉文对照的《六部成语》”。清代的《满汉六部成语》一书，最早是乾隆初年编纂刊刻的。它是一部将清代中央六部：吏、户、礼、兵、刑、工，在日程处理公务活动时常用的汉语和满语加以对照的书。我们现在看到的是天津人民出版社出版的《清代六部成语词典》，该词典在词目的选定和体例制订上，遵从《满汉六部成语》原书所列词目，全书由“吏部成语”“户部成语”“礼部成语”“兵部成语”“刑部成语”“工部成语”六部分组成。该成语词典所收“成语”中由两个汉字组成的词语较多，当然也包括一些四字成语、短语等，此处的“成语”和《恒言录》、

---

① 所考察版本为（清）赵翼．陔余丛考［M］．续修四库全书．子部（影印本）［G］．上海：上海古籍出版社，1995：129—134.

《陔余丛考》中的"成语"所指范围也是一样的。

通过以上分析，我们可以知道清人所谓的"成语"就是如字面所指的"现成词语"，即现成的、习用的各类词语、固定词组等。这个时期，学者们对"成语"的认识是朦胧的，没有特别明确的概念，所以在这种朦胧的意识指导下，对所谓"成语"的收录自然是极其宽泛的。

3.3.2.2 清代学者认识到了现代"成语"所指的重要类型

清代"成语"这个概念的所指虽然和现代不同，也没有很明确的范围和界限，但是清代学者已经注意到了现代术语"成语"所代表的、不同于普通词语的一类词汇单位。在清代学者编纂的俗语类辞书里，除了双字组合以外，四字组合占了很大的比例，而在四字组合里，成语又是收录数量最多的。

我们参考几部权威成语词典，商务印书馆的《成语大词典》（2013）、《新华成语大词典》（2013）以及刘洁修的《汉语成语源流大辞典》（2009）来判断、统计清人词语类工具书中所收录的成语数量。

表 3.2 清代俗语辞书所收录成语数量统计表

	《土风录》	《谈征》	《常语搜》	《常语寻源》	《恒言录》	《里语征实》
所收词目	1045①	1058	1258	1068	751	1141
四字组合	95	122	454	504	54	263
成语数量	85	35	413	393	50	227
所占比例	89.47%	28.69	90.97%	78.97%	92.59%	86.31%
	《通俗编》	《迩言》	《语窦》	《直语补正》	《通俗常言疏证》	《俗语考原》
所收词目	5456	591	323	414	5978②	900
四字组合	1206	52	58	45	2001	272
成语数量	885	42	55	22	1346	239
所占比例	73.38%	80.77	94.83%	48.89%	67.27%	87.87%

清代与之前的俗语辞书相比，不但收录四字组合的数量大增，成语的数量也相应增加很多，仅与明代五部俗语辞书所收成语数量进行对比就可见

① 在清代俗语辞书中，有时会将两个意义相同、相近或相反的双字组合连在一起作为一个词条出现，比如：丈人泰山、阁下足下、佳儿佳妇、逃债收债、继室侧室、反璧完璧、肄业受业、瞬息弹指、干愁干忙、钱字钱漫、合纵连横、指摹手摹等，这一类我们在统计四字组合的数量时，将其排除。

②《通俗常言疏证》所收词目统计数字来自武占坤．汉语熟语通论［M］．保定：河北大学出版社，2007：41.

一斑。

表 3.3　明代俗语辞书收录成语数量统计表

	《俚言解》	《目前集》	《世事通考》	《雅俗稽言》	《常谈考误》
所收词目	283	670	287	1151	279
四字组合	27	28	96	98	7
成语数量	10	9	0	9	2
所占比例	37.04%	32.14%	0	9.18%	28.57%

成语在先秦即已出现，肖竹声（1987）曾对《汉语成语词典》（上海教育出版社，1982）中标明来源的4600条四字成语进行了统计分析，结果显示这些四字成语出现在上古到秦汉时期的有3128条，占68%；在魏晋南北朝时期产生的有690条，占15%；隋唐时期产生的有414条，占9%；源于宋代的276条，占6%；源于元明清的有92条，仅占2%。孙维张（1989：104）也指出："汉语的成语大都有长期的历史，85%形成于宋代以前，只有15%产生于元代以后"。从数据统计可以看出，出现于清代的成语数量非常少，绝大部分成语在清代以前已经出现，而直到清代人们才开始有意识地将成语看成一种重要的词汇单位大量收录在工具书中，"说明当时的四字词汇单位，尤其是成语也逐步得到了整个儿社会的认可，成为了汉语中一类重要的词汇单位。"（周荐，2004a：189）"成语"在清代学者心目中已经占据了显要的地位，我们列举清代部分俗语工具书收录的成语如下：

《谈征》分为名、言、事、物四部，其实每一部中都有一定数量的四字组合，比如名部：月中嫦娥、金乌玉兔、二十四时、五马太守、黄堂太守等；事部：春牛芒神、盂兰盆会、乌鹊填河、九月登高、雁塔题名、曲江宴会、牵羊成礼等；物部：太师椅子、凉帽顶子、蓝衫紫袍、开元通宝、龙须草席、翡翠屑金等。但是作者伊秉绶却将属于成语的四字组合单独放在"言部"中，而不与其他四字组合混杂，说明他认识到四字成语和一般的四字组合是不同的，如：一路福星、守株待兔、天花乱坠、一面之交、扬眉吐气、吹毛求疵、间道而行、抛砖引玉、破釜沉舟、焦头烂额、梁上君子、三生有幸、班门弄斧、自相矛盾、结草衔环、不郎不秀、莫逆之交、朝三暮四、画蛇添足、出人头地、狐假虎威、蜃楼海市、五尺童子、系风捕影、傍人门户、目不识丁、朱提一流、鸡尸蚌两、岸帻倒屣、急流湧退、武断乡曲等

《土风录》共十八卷，基本每卷都有一定数量的四字组合，比如：卷一：空贴拜年、元宵蚕茧、端午龙舟、清明上坟、传经浴佛；卷二：暖房夜饭、鹅毛文书、牵羊担酒、抽签讲书、僧道赚钱、蜡嘴算命；卷四：狗蝇腊梅；卷九：不宜不备，卷十：上学忌双等。而顾张思也将四字成语安排在卷十二，专卷列出，也说明收录者已经认识到此类“四字组合”和其他四字格的区别，虽然二者在形式上是相同的：天长地久、妙不可言、丁一确二、顺手牵羊、心猿意马、奇货可居、大同小异、人微言轻、一团和气、弄巧成拙、目不识丁、酒囊饭袋、掩耳盗铃、吹毛求疵、算无遗策、班门弄斧、叶落归根、对牛弹琴、狐假虎威、咬文嚼字、百孔千疮、一败涂地、牢不可破、俗不可医、老生常谈、一窍不通、力不从心、有名无实、口是心非、脚踏实地、抱头鼠窜、人面兽心、贻笑大方等。

《常语寻源》收入的成语数量更多，该书共两卷十册，仅四字成语就占了五册，比如：口角春风、小人之雄、两袖清风、降心相从、乐不可支、言人人殊、奇货可居、想入非非、刚愎不仁、先声夺人、鹤立鸡群、闻所未闻、旁若无人、陈陈相因、饮水思源、怒发冲冠、沐猴而冠、结草衔环、坐井观天、水滴石穿、名列前茅、孺子可教、亡羊补牢、水滴石穿、细大不捐、如坐针毡、走马看花、锦上添花、欲盖弥彰、草木皆兵、明珠暗投、一诺千金、交浅言深等。

我们考察发现清代俗语工具书里出现次数最多的四字组合，都是典型度非常高的成语。我们以《土风录》《迩言》《常语寻源》《谈征》《恒言录》《常语搜》《里语征实》《直语补正》《恒言广证》《语窦》《释谚》《通俗编》《通俗常言疏证》《俗语考原》《官话汇解便览》和《正音撮要》十六部俗语工具书为考察对象。经过统计，各部工具书关注最多的是以下的四字组合：

表 3.4　各部俗语辞书共同收录的四字组合列表

四字组合	出现次数
掩耳盗铃（掩耳偷铃、揜耳盗钟）、吹毛求疵	11
酒囊饭袋	10
白面书生、对牛弹琴、人面兽心、老生常谈（老生常谭）、张三李四	9

续 表

四字组合	出现次数
班门弄斧（班门操斧）、狐假虎威、一败涂地、急流勇退（急流湧退）、金玉满堂	8
奇货可居、一窍不通、多多益善、非钱不行、锦上添花、福至心灵	7
女生外向（女生外向、天长地久、一团和气、弄巧成拙、牢不可破脚踏实地、咬姜呷醋、惊天动地、逢场作戏（逢场做戏）、差强人意（差彊人意）、得陇望蜀、数见不鲜、画蛇添足、开卷有益、自相矛盾、摇头摆尾、不学无术、武断乡曲、同病相怜、如释重负、仰人鼻息、谈何容易、千变万化、雪中送炭（雪里送炭）	6

成语的判定标准诸家各异，所以学者们给成语划定的范围也并不一致，有些固定短语按照某种标准属于成语，而按照另一种标准则不算成语。按照认知语言学的观点“成语事实上是一个由诸多特征构成的原型范畴，边界是模糊的、不固定的，内部也有典型成员和非典型成员之分”（许浩，唐雪凝，2007）。典型成语无论是从形式、来源或者意义等方面，都具有不同于非典型成语或准成语的特点。姚锡远（2013：115）指出典型成语的特点是“以古典的书面文化为基础，以四言格式为典型形式，定型性和典故性极强，风格文雅，语构简古，语义融合雅训，往往不宜按字面理解。”

上述被清代俗语辞书认可度比较高的四字成语除极个别外，绝大部分都具有成为典型成语的特点，其典型性表现在以下几个方面：

第一，从来源上来看，典型成语主要来自先秦经典文献以及名家作品。被清代俗语类辞书收录最多的这些四字组合，如果考察来源，便是来自诸如《十三经》《二十五史》以及其他一些古代经典权威著作。例如：

【掩耳盗铃】《吕氏春秋·自知》：“范氏之亡也，百姓有得钟者，欲负而走，则钟大不可负。以椎毁之，钟况然有音。恐人闻之而夺己也，遽揜（掩）其耳。”①

【吹毛求疵】《韩非子·大体》：“古之全大体者．不吹毛而求小疵，不洗垢而察难知。”

【酒囊饭袋】汉·王充《论衡·别通》：“腹为饭坑，肠为酒囊。”

① 此部分所列成语的出处均查自《成语大词典》编委会编．《成语大词典》（最新修订版）．北京：商务印书馆，2013.

【白面书生】《宋书·沈庆之传》："陛下今欲伐国，而与白面书生辈谋之，事何由济？"

【对牛弹琴】汉·牟融《理惑论》："公明仪为牛弹清角之操，伏食如故。非牛不闻，不合其耳矣。"

【人面兽心】《国语·越语下》："余虽靦然而人面哉，吾犹禽兽也，又安知是浅浅者乎？"

【老生常谈】《三国志·魏志·管辂传》：飏曰：'此老生之常譚。'辂答曰：'夫老生者見不生，常谭者見不谭。'"

【班门弄斧】唐·柳宗元《王氏伯仲唱和诗序》："操斧于班、郢之门，斯强颜耳。"

【狐假虎威】《战国策·楚策一》："虎求百兽而食之，得狐。狐曰：'子无敢食我也。天帝使我长百兽，今子食我，是逆天帝命也。子以我为不信，吾为子先行，子随我后，观百兽之见我而敢不走乎！'虎以为然，故遂与之行。兽見之皆走，虎不知兽畏己而走也，以为畏狐也。"

【一败涂地】《史记·高祖本纪》："天下方扰，诸侯并起，今置将不善，一败涂地。"

【急流勇退】宋·邵伯温《邵氏闻见录》七："是急流中勇退人也。"

【金玉满堂】《老子》第九章："金玉满堂，莫之能守。"

【奇货可居】《史记·吕不韦列传》："子楚，秦诸庶孽孙，质于诸侯，车乘进用不饶，居处困，不得意。吕不韦贾邯郸，见而怜之，曰：'此奇货可居。'"

【一窍不通】《吕氏春秋·过理》："纣杀比干而视其心，不适也。孔子闻之，曰：'其窍通，则比干不死矣。'"高诱注："纣性不仁，心不通，安于为恶……故孔子言其一窍不通，则若其通，比干不见杀也。"

【多多益善】《史记·淮阴侯列传》："上（刘邦）曰：'于君何如？'（韩信）曰：'臣多多而益善耳。'"

第二，从意义上来说，典型的汉语成语，其语义的融合度很高。孙维张（1989：163）将成语按照意义分成"融合型"、"综合型"和"组合型"三种，王勤（2006：221）将成语分成"融合型"和"组合型"两类。通过上表可以看出，清代俗语辞书里被绝大多数学者关注的四字组合大部分都属于融合性成语或综合性成语，具有语义上的抽象性，而不是构成成分意义的简单相加，需要借助该类成语产生的特定语境背景，才能理解其意义。特别是收录最多的几个成语“掩耳盗铃、吹毛求疵、酒囊饭袋、白面书生、对牛弹琴、人面兽心、老生常谈、班门弄斧、狐假虎威”等，更是来源于神话传说、寓言故事、历史故事或古书上语句的截取，属于典故成语。

第三，具有一定的沿用性。“熟语的经典性，不仅意味着权威性，而且意味着稳定地存在于言语交际中，久用不衰。”（周荐，2004b：271）这种“沿用性”首先表现在由前代传承到清代，并不是所有古代文献中的四字组合都会转化为成语而沿用下来，而我们表格中列出的被清代学者普遍关注的这些成语是经过社会的传承、习用，到清代时依然在使用。另一方面“沿用性”是指由清代沿用到现代，上述表中所列成语在现代汉语里依旧在频繁地使用，它们也成为现代成语辞书的收录对象。

在清代俗语辞书收录的四字组合中数量最多的是成语，而且同时被几部俗语工具书关注最多的四字组合还是具有典型性特点的成语。所以清代学者虽未冠以这些四字组合“成语”的名称，但是却反映出清人对这类熟语认识的进步和重视。

3.3.2.3　清人认为成语具有俚俗性

现代学者普遍认为成语具有典雅色彩或书面语性质。比如，孙维张（1989：80）指出“成语的风格具有浓重的书面语色彩，这种风格色彩的形成，是由多种因素造成的”。武占坤（2007：114）也认为成语“风格文雅简洁”。周荐（1997）提出“成语，从意义内容上看，属于雅言，与俗语迥然有异。”乔永（2006）提出成语判断的七种基本特性，“典雅性”是其中之一。王勤（2006：200）认为“成语大都是来自古代文献，其语体风格至今保留着原书面语的庄重、典雅、文绉绉的风貌”。

今天我们视为典型成语的四字组合，则被清人视作俗语。数量众多的成语被收录进清代学者编纂的俗语类工具书中，即证明了清人对于成语的态度，比如前述举过的诸多例子：沐猴而冠、陈陈相因、刚愎不仁、破釜沉舟、逢人说项、余勇可贾、数典忘祖、多钱善贾、欲壑难饱、动辄得咎、咄咄怪事、秋毫无犯、沽名钓誉、秦关之数、细大不捐、危如累卵、口尚乳臭、捕风捉影、打草惊蛇、乌合之众、如坐针毡……，它们被认为是“常言”，是“里语”，是“迩言”，是“直语”等等，总之，并不属于“雅”的范畴。

另外，有的俗语辞书在对成语进行释义时，明确用“俗语”、“俗谓”、“鄙语”等标明其俚俗性，比如：

【天长地久】《道德经》云：“天长地久。天地所以能长且久者，以其不能自生故能长久。”俗语天长地久本此。……（《土风录》卷十二）

【妙不可言】郭景纯《江赋》：“妙不可尽之于言。”俗谓大好曰妙不可言本此。（《土风录》卷十二）

【花花世界】《华严经》：“佛土生五色莲，一花一世界，一叶一如来。”俗语花花世界盖本此。（《土风录》卷十二）

【不知丁董】《后汉书·吕布传》：“曹操欲缓布缚。刘备曰：‘公不见丁建阳、董太师乎?’”俗语不知丁董盖出此。（《土风录》卷十二）

【对牛弹琴】《卮林》卷三、《宏明集》、牟子《理惑论》曰：“公明仪为牛弹清角之操，伏食如故，非牛不闻，不合其耳矣。转为蚉虻之声，孤犊之鸣，即掉尾奋耳蹀躞而听。”《通俗编》卷二十八、《韵鹤轩笔谈》云。今俗语本此。（《释谚》）

【利令智昏】《史记》：“平原君翩翩浊世之佳公子也，然未睹大体。鄙语曰：‘利令智昏’。平原君贪冯亭邪说，使赵陷长平兵四十万众，邯郸几亡。”（《常语寻源》丙册）

【当局则迷】《唐元澹传》：“当局者迷，旁观以审。”○常语云：“当局则迷，旁观则清”。（《常语寻源》丙册）

《恒言录》的“俗语”条，认为“俗语多出于释氏语录”。这儿的“俗语”从所举例子看指的是一切风格俚俗的词语。其后列举了“五更侵早起，更有夜行人、龙生龙子凤生凤儿、食到口边被他夺、日间不作亏心事，夜半敲门不吃惊”等俗语。但同时也举出了“弄巧成拙、竿木随身、逢场作戏、抛砖引玉、胡思乱想、千头万绪、千军万马、大惊小怪、改头换面、粗枝大叶、拖泥带水、翻来覆去、半上落下、藏头亢脑”等成语。说明在钱大昕的眼里，这些四字组合（即今天我们所说的成语）和前面列出的俗语具有同样的俚俗的性质。

《常语寻源》在“例言”中提到“四子书及诗书易礼等经，人人能读能记，如‘四书’之从井救人、一毛不拔；《易》之夫妻反目、资斧；《书》之满招损、牝鸡司晨；《诗》之人言可畏、螟蛉子；《礼》之雷同、差之毫厘谬以千里等语，常在口头，若一一录之，未免轻掠他人。”说明在编纂者郑志鸿看来，上述“从井救人、一毛不拔、夫妻反目、牝鸡司晨、人言可畏”等成语是人人能读能记得的“口头语”。

清代学者将现代意义上的成语作为具有俚俗性的俗语来看待，我们认为这主要是由于语言的历史演变造成的。一方面虽然大部分成语在今天看来具有典雅的色彩，但是在清代及其以前，它们的使用已经非常广泛，在当时具有相对通俗、平易的风格，简单凝练，所以清代学者将其收入“俗语”类著作中。另一方面，很多我们今天认为的典型的四字成语本就是从谚语转化来的。清代学者在对其释义时，也明确标明了其谚语的来源，比如：

【叶落归根】谚有“树高千丈，叶落归根”语。案：李善注鲍明远“别叶早辞风”诗，引翼氏《风角》曰：“木落归本，水流向东”即此意。（《土风录》卷十二）

【耕当问奴】《宋书·沈庆之传》云：“耕当问奴，织当访婢。”《北魏书·刑峦传》云俗谚曰：“耕则问田奴，绢则问织婢。臣虽不武，忝备征将，前宜可否，愿实知之。”（《迩言》卷六）

【唇亡齿寒】《左传·僖公五年》：晋假道于虞以伐虢，宫之奇谏曰：“谚所谓‘辅车相依，唇亡齿寒’者，其虞虢之谓也。”（《常语寻源》丙册）

【高下在心】《左传·宣公十四年》伯宗曰：“古人有言曰云云。谚曰‘高下在心。川泽纳汙，瑾瑜匿瑕，国君含垢。’”（《常语寻源》丁册）

【狼子野心】《左传·宣公四年》楚司马子良生子越椒，子文曰：“必杀之。谚曰‘狼子野心’，是乃狼也，其可畜乎？”（《常语寻源》丁册）

【投鼠忌器】谓事有所碍。《汉书·贾谊传》：“里谚曰：‘欲投鼠而忌器。’鼠近于器，尚惮不投，恐伤其器，况于贵臣之近主乎？”（《里语征实》卷下）

【少见多怪】《古谚》少所见，多所怪，见橐驼，以为马肿背。（《里语征

实》卷下）

【狗尾续貂】晋惠帝时，赵王伦篡位，其党奴卒皆加爵位。每朝会，貂蝉盈坐，时人为之谚曰："貂不足，狗尾续。"（《里语征实》卷下）

【弄巧反拙】《传灯录》："庞居士谒道一禅师曰：'适来弄巧成拙'"。谚云："墨鱼吐墨，弄巧反拙。"盖墨鱼性巧，每聚游辄吐墨自覆，人即迹墨水捕之。（《里语征实》卷下）

【利令智昏】《史记·平原君传赞》引鄙语云云。又《北史·孙腾等传论》引鄙语曰："利以智昏"（《通俗编》卷二十三）

【坐不垂堂】《史记·袁盎传》引语云："千金之子不垂堂，百金之子不骑衡。"司马相如《谏猎疏》引鄙谚："家累千金，坐不垂堂"（《通俗编》卷二十四）

【张冠李戴】《留青日札》："俗谚云：'张公帽掇在李公头上。'有人作赋云：'物各有主，貌贵相宜。窃张公之帽也，假李老而戴之。'云云，亦可谓善谑者"。（《通俗编》卷二十五）

【亡羊补牢】《战国策·楚策四》："臣闻鄙语曰：见兔而顾犬，未为晚也，亡羊而补牢，未为迟也。"（《通俗编》卷二十八）

【掩目捕雀】《后汉书·何进传》陈琳曰："谚有'掩目捕雀'，夫微物且不可欺以得志，况国之大事乎?"《文心雕龙》："陈琳盖引俗说而为文辞也。"（《通俗编》卷二十九）

【咬姜呷醋】宋时谚云："兵职驾库，咬姜呷醋。"（《恒言录》卷六）

部分谚语之所以能够转变成为成语，"从客观上讲，一般都历史久远，而且在权威著作中出现过；从主观上说，乃是语言发展到后世，人们比较前代的某个谚语，因其古旧不觉其俗反觉其雅所致。"（周荐，1994）语言原本就是不断发展变化的，随着时间的推移，一些人们经常使用的谚语可能会转化为成语，而一些成语中的典型成员也许会由于使用频率的降低最终淡出人们的使用范围。

3.3.3　清代学者对俗谚的认识

3.3.3.1　重视俗语谚语的辑录，但是谚俗不分

在所有的熟语类型中，除了成语以外，清代俗语工具书里收录最多的就

是各类俗语、谚语。俗谚是各类型熟语中历史较为久远的一种，运用广泛，发展至清代自然数量众多，这就为其被大量、广泛收录创造了客观条件。瓖一先的《成语、谚语、格言、俗语、俚语的区别》（1958）是比较早的对“俗语”进行界定的文章，该文指出“俗语”的意思有两个，“一个跟谚语的意思相近”，“另一个跟俚语的意思相近”。对于谚语和狭义俗语的区别，现代很多学者做过研究，二者主要的区别是，谚语往往包含着真知卓识，以知识性为根本特征，能够指导人们的思想行为，达到启迪教育的目的。比如：远水不救近火、有钱使得鬼推磨、凡事须留余地等。而俗语并不传授什么知识，也不说明什么道理，它仅仅是把客观世界某一现象、状态等生动形象地表现出来而已。比如：敢怒不敢言、磕头如捣蒜、上不上下不下等。而对于狭义俗语的称呼，现代学者有的称其为“俗语”，如王勤（2006）、姚锡远（2013）等，有的则称之为“惯用语”，如武占坤（2007）、周荐（1998）、温端政（2006）等，这是现代学者对狭义俗语和谚语的区分及命名。

但“传统的熟语研究，起初是谚俗不分的”（姚锡远，2013：104），清代学者同样也没有有意识地区分狭义俗语和谚语。清代俗语工具书里出现的“俗语”是指各类具有俚俗性质的单位，具有广义性，如果从现代语言学的角度来讲，这些明确标示为“俗语”的单位，有的是成语，有的是谚语，有的是狭义俗语，有的甚至是词，比如：

【家常茶饭】《续传灯录》僧问广法院源禅师到这田地后如何。曰：“家常茶饭”。俗语“家常便饭”本此。（《土风录》卷十二）

【眉花眼笑】刘孝威诗：“窗疏眉语度，轻纱眼笑来。”俗语“眉花眼笑”当出此。眉音转为迷。（《土风录》卷十二）

【忑殺】俗语太甚曰忑殺。殺，音沙，去声。白居易《半开花》诗云：“西日凭轻照，东风莫殺吹。”自注：“殺，去声，亦作煞。”元人传奇：“忑风流，忑殺思。”杨升庵谓：“京师语大曰殺大，高曰殺高。”即今吾乡之殺能大，殺能高也。（《迩言》卷四）

【瓦罐终须井上破】《鸡肋编》：“陈无己用诗多用一时俗语，如‘瓶悬瓮间终一碎’，即俗语云云也。”按：《汉书·陈遵传》述扬雄《酒箴》曰：“子犹瓶矣，居井之眉”注云：“言瓶为井甍所击，终破碎也。”陈诗与俗语，皆

由于此。(《通俗编》)

【秀才不出屋能知天下事】今俗语来自《老子》第四十七章:“不出于户,以知天下之语。”(《常语搜》卷三)

【见怪不怪其怪自坏】《夷坚志》:“姜七养母猪为业,有客宿其家,闻猪作人言,客以语七,七云:‘见怪不怪其怪自坏。’”俗语出此。(《土风录》卷十三)

“谚语”的名称产生时代非常早,“谚”这个名称在先秦时代已经通行,所以清代俗语工具书里对一些从古代流传下来的谚语也继续沿用了这个称谓。比如:

【豆芽弗好做柱,丫头弗好作主】谚云“豆芽弗好做柱,丫头弗好作主。”

《汉书》成帝欲立赵婕妤为后,刘辅上言:“里谣曰:‘腐木不可以为柱,卑人不可以为主。’”(《语窦》)

【乡户夫妻,一步不相离】谚云“乡户夫妻,一步不相离。”相呼如失。白乐天诗:“为问长安月,如何不相离。”注云:“相音思必切。谚见明人书。”(《语窦》)

【人初生,日初出】王建《短歌行》云云。今谚云“初出日头暴出世”,即此。(《通俗编》卷一)

【天网恢恢疏而不漏】《道德经·下》经云:“天网恢恢疏而不失”。谚作“不漏”该取谐声耳。(《土风录》卷十三)

【巧媳妇做不得无面馎饦】《陈龙川集·答朱元晦书》引此谚。《鸡肋编》:“陈无己诗‘巧手莫为无面饼’,即俗语云云也。”(《通俗编》卷二十七)

【作舍道旁三年不成】谓彼是此非,故久而无成也。东汉章帝曰:“谚言:‘作舍道边,三年不成’”则此谚由来已久。其实即《诗·小旻》:“如彼筑室于道谋,是用不溃于成”也。故文公集传曰:“古语云‘作舍道边,三年不成’”盖出于此。(《谈征·言部》)

【少所见多所怪】《牟子》古谚曰:“少所见多所怪。见橐驼以为马肿背。”

有的标示为“俗谚”,标明谚语俚俗的性质,比如:

【张冠李戴】《留青日札》："俗谚云：'张公帽掇（duo 拿）在李公头上。'"（《常语搜》卷三）

【衣冠不正朋友之过】……案：《管子》有云："衣冠不正，则宾者不肃。"俗谚似本乎此也。（《常语搜》卷三）

【衙门向南开】元关汉卿《窦娥冤》："这的是衙门从古向南开，就中无个不冤哉。"（今有俗谚云："衙门向南开，有理无钱莫进来。"）（《通俗常言疏证》一册·朝署）

根据流传的材料来看，与中国传统农耕方式相一致的气象农业谚语是最早被记录下来的，比如东汉时期崔寔的《四民月令》、北魏时期贾思勰的《齐民要术》等都记录了大量的农业气象谚。武占坤（2007：26）认为在唐代时"谚语的研究也由萌芽期的农谚研究发展为一般生活谚、事理谚的研究"。清代俗语工具书里的谚语的类型已经非常全面：农业类、气象类、地理类、风土类、生活知识类都有收录。清代学者对于这些古老的气象农业类的谚语是专门收录的，比如：《土风录》卷十三有"杂谚"类，收录的主要就是农谚、时谚、气象谚等；《谈征·言部》"谚语"条收录的皆是天气、农业、时令等谚语；《通俗编》的农谚时谚等集中在前三卷。

而生活事理类的谚语则是和狭义俗语混杂在一起收录的，比如：《土风录》卷十三既有谚语，又有狭义俗语：

来迟罚三钟、有天无日头、黑漆皮灯笼、磕头如捣蒜、贫乃士之常、快行无好步、庸庸多厚福、一身充两役、好物不须多、千里送鹅毛、蛇无头而不行、依样画葫芦、凿孔注牙须、版版六十四、郎不郎秀不秀、量柴头数米粒、千日砍柴一日烧、今朝有酒今朝醉、情人眼里出西施、有钱使得鬼推磨、路上行人口似碑、认定生姜树上生、巧迟不如拙速、见怪不怪其怪自坏、将高不足比下有余、阴地不如心地好、远水不救近火、无天于上无地于下、养儿防老积谷防饥、乡下夫妻寸步不离、金玉满堂长命富贵、一言既出驷马难追、天网恢恢疏而不漏、福无双至祸不单行、行船走马三分命、十只指头断了只只疼、此处不留人自有留人处、势败奴欺主神衰鬼弄人、男大须婚女大须嫁、杀人偿命欠债还钱、疑人莫托托人莫疑、一日不做一日不活、有是父必有是子、天下本无事庸人自扰之。

《常语寻源》辛册、壬册、癸册收录的是一般的生活谚事理谚和狭义俗语：民以食为天、家常饭好吃、习惯成自然、钱财如粪土、画虎反类狗、河东狮子吼、急则抱佛脚、酒令如军令、依样画葫芦、水清无大鱼、有志事竟成、公生明偏生闇、如一鼻孔出气、老死不相往来、少所见多所怪、奴欺主鬼弄人、百闻不如一见、画饼不可充饥、吉人自有天相、凡事须留余地、无事不可对人言、好官不过多得钱、书中自有黄金屋、痴人前不宜说梦、莫与儿孙作马牛、天不生无路之人、生长富贵常惜福、十个指头有长短、覆巢之下无完卵、家事不必问外人、妇人之言不可听、贫贱之交不可忘、远水不能救近火、瓜田李下各避嫌疑、不如意事十常八九、衣不如新人不如故、近朱者赤近墨者黑、巧媳妇难作无米之炊、不吃苦中苦难为人上人等。

《里语征实》的五字徵实到十四字徵实同样是将诸多生活事理谚和狭义俗语放在一起收录的：

依样画葫芦、千里寄鹅毛、蛇无头不行、添客不杀鸡、一字值千金、小屈必有大伸、使功不如使过、有志者事竟成、耳闻不如目见、远水难救近火、阴地不如心地好、强将手下无弱兵、两姑之间难为妇、儿孙自有儿孙福、大人不责小人过、巧妻常伴拙夫眠、外甥见舅如见娘、当家三年狗亦怪、疑人勿用用人无疑、好事不出门恶事传千里、天下本无事庸人自扰之、大风吹倒梧桐树，自有旁人说短长等。

对于早期就产生的农业谚、气象谚等，清代学者认识比较清楚，一般会专门列出，并明确指明其性质为“谚语”。除此之外，生活知识类谚语已经在清代的俗语著作中占有相当的比例，而清代学者对这类谚语的安排往往和我们今天所说的狭义俗语混杂在一起，并没有很清楚地进行区分。

3.3.3.2　对俗谚产生的几种途径进行了探求

清代学者不但在俗语辞书中对各种俗谚予以收录，而且考证了俗谚的各种来源，主要有以下几种：

一是来自于乡里民间。《恒言录》专设“闾巷常谚”条，引用了明代顾起元《客座赘语》对俗谚的解释，记载了在乡里民间人们口头上流传的很多俗语、谚语：

顾起元《客座赘语》：南都闾巷中常谚，往往有粗俚而可味者。如曰闲时不烧香，忙时抱佛脚；热灶一把，冷灶一把；办酒容易请客难，请客容易款客难；饶人不是痴，过后得便宜；人算不如天算；捉贼不如放贼；好男不吃分时饭，好女不穿嫁时衣；有麝自然香；何必当风立；日食三餐，夜眠一觉，无量寿佛；不看僧面看佛面；柴米夫妻，酒肉朋友，盒儿亲戚；强龙不压地头蛇；灯台照人不照己；酒在口头，事在心头；与人方便，自己方便；若要好，大作小；吃得亏，做一堆；恼一恼，老一老，笑一笑，十年少；烂泥摇椿越摇越深。

虽然钱大昕是引用了顾起元的观点，但是他一定是赞同顾起元的看法才会将其作为专门的“闾巷常谚”一条放在自己所编纂的工具书里。

二是来自前代收录俗谚的各类著作。《土风录》卷十三主要收录农谚、时谚、气象谚的“杂谚”类。顾张思明确指出：“田家占谚多见于贾思勰《齐民要术》、崔寔《四民月令》、张鷟《朝野佥载》、程大昌《演繁露》以及周密《齐东野语》，兹取合于吾俗者书之”并从中摘取符合当地风俗的谚语列出：

日没胭脂红无雨也，有风上火弗落下火滴沥；明星照湿土，来日依旧雨；有利无利但看四月十四（今作只看三个十二）夏至有雷三伏热，重阳无雨一冬晴；六月不热，五谷不结。六月初三起个黄昏阵，七十二个隔夜阵；朝立秋冷飕飕，夜立秋热到头；日暖夜寒东海也干；乌云接日头，半夜雨溲溲；曲蟮唱歌，有雨弗多；寒露无青稻，霜降一齐倒，白露白迷迷，秋分稻秀齐……

并在列举完谚语的例子之后，进一步说明以上谚语“皆古谚之传于今者”。所以顾张思认为今天的俗谚很多是从古代流传下来的，而且前代学者的一些著述里保存了大量的谚语、俗语。这应该也是古谚能够历经各个时代流传到清代的重要原因。

三是认为很多俗谚出自诗歌。在谚语生成的过程中，诗歌是一个重要的来源，关于这一点，清代以前的笔记在这方面进行过一定的探讨，清人在前人基础上进一步认识到谚语和诗歌的关系，并引用前人的观点做出说明。《恒言录》专列“俗谚有出”类，引宋代陆游《老学庵笔记》、明代郎瑛《七修类稿》以及清代王士祯《香祖笔记》的相关内容对这一问题进行了阐释：

《老学庵笔记》："今世所道俗语，多唐以来人诗。'举事尽从愁里老，何人肯向死前闲'（杜荀鹤诗）；'何人更向死前休'（韩退之诗）；'林下何曾有一人'（灵徹诗）；'长安有贫者，为瑞不宜多'（罗隐诗）；'世乱奴欺主，年衰鬼弄人。海枯终见底，人死不知心。'（杜荀鹤诗）'但有路可上，更高人也行'（龚霖诗）；'一朝权在手，便把令来行'（朱湾诗）……"

《七修类稿》："日出事还生"（武元衡被刺时前夜之诗）；"难将一人手，掩得天下目"（曹邺咏李斯诗）；"但存方寸地，留与子孙耕"（宋贺仙翁诗）；"晚饭少吃口，活到九十九"（古乐府三叟之诗）；"蒲昌花，难见面"（施肩吾诗）；"十指有长短，痛惜皆相似"（曹植诗）；"真个有天无日头"（宋神童诗）。

《香祖笔记》："今朝有酒今朝醉，明日愁来明日愁"（罗隐诗）；"闭门不管庭前月，分付梅花自主张"（南宋陈藏一警句）

钱大昕在书中引用了宋、明、清三位学者在各自笔记中阐述的俗谚来自诗歌的相关内容，在列举大量例子之后，又指出"俗语出于唐、宋诗者尚不止此。"可见，他认为俗谚多出于唐宋诗，但又远不止三位学者所举的例子，这是符合实际的认识。一些诗句因为脍炙人口，便会在人们口头流传，时间一长自然会衍化为俗语、谚语。而且钱大昕又补充了很多俗谚出自诗歌的实例，比如：

"别时容易见时难"（李后主词）；"儿孙自有儿孙计，莫与儿孙作马牛。"（徐守信诗）；"一举首登龙虎榜，十年身到凤凰池。"（张唐卿诗）；"平生不做皱眉事，世上应无切齿人。"（邵康节诗）；"人穷令智短，经事长一智。"（陈后山诗）等。

《土风录》卷十三有"俗诗俗对"，指出"门户对联及相传诗句往往沿用而不省所自来，今考"，在考证这些俗诗俗对的过程中，再次指出很多谚语来自古代特别是唐宋时期的诗句。比如：

"一朝权在手，便把令来行。"（朱湾咏酒筹诗，本作"便是令行时"）"无官一身轻，有子万事足。"（东坡《贺子由生第四孙》诗也）；"春宵一刻值千金"（东坡《春夜绝句》）；"晚饭少吃口，活到九十九。"（《七修类稿》引古乐府语）；"易求无价宝，难得有情郎。"（女真蕙兰诗）；"巧妻常伴拙夫眠”（明谢在杭诗）等。

顾张思也指出这种来自唐宋诗歌的俗谚“不可枚举”。

俗谚来自于诗歌，这是被学者们所共认的，清代学者的认识也是建立在前代学者研究的基础上。诗句的广泛流传会成为谚语，而反过来俗谚的普及性也会让文人学士认识到它们的价值，从而吸收到自己的诗词创作中，为其所用。诗歌与谚语、俗语之间是一种相互转化的关系。“作为民间文学和文人文学的代表，谚语和诗歌并非截然分开，二者在流传和使用过程中，会相互进行渗透，文人会吸收民间文学的精华，而民间文学也会根据自己的需要，主动地运用文人文学的成果，这便造就了诗歌和谚语的相互繁荣。”（张午晴，2015）

俗谚进入诗句而被保存下来，这一点也被有的文人学者认识到，如《谈征·言部》“谚语”条指出：

谚语为古人诗词中所引者甚多。“月如弯弓，少雨多风；月如仰瓦，不求自下”罗景纶诗用之。“朝霞不出市，暮霞走千里”范石湖诗用之。“干星照湿土，来日依旧雨”王建诗用之。“照泥星出依然黑，烂漫庭花不肯休。”“日没胭脂红，无雨也有风。”梅圣俞诗用之：“日脚射空金缕直，西望千山万山赤。野老先知雨又风，明日望此重云黑。”“东鲎晴，西鲎雨”，则《诗》所谓“朝隮于西，崇朝其雨也。”“霜淞打雪淞，贫儿备饭瓮”，则东坡诗所谓“敢怨行役劳，助尔歌饭瓮”也。“日晕主雨，月晕主风”，则梅圣俞所谓“月晕每多风，灯花先作喜。明日挂归帆，春湖能几里”也。“天河中有黑云，谓之黑猪渡河，主雨”，则萧冰崖所谓“黑猪渡河天不风，苍龙衔烛不敢红”也。“秋甲子雨，禾头生耳”，则杜工部所谓“禾头生耳禾穗黑”也。他如“雨洒上元灯，云掩中秋月”，又“黄梅寒，井底乾”，又云“河射角，好夜作。犁星没，水生骨”，又云“春寒四十五，贫儿市上舞。贫儿且莫夸，且过桐子花”，又云“黄梅雨未过，冬青花未破。冬青花已开，黄梅再不来”，又云“舶棹风云起，旱魃深欢喜”，又云“商陆子熟，杜鹃不哭”，皆为唐宋诗人引用。

这一段是引用了明代杨慎《古今谚》中的“谚语有文理”部分，来论述谚语和诗歌的关系，指出诸多的谚语成为各代诗人引用的对象。另外，从上述材料我们也可以看出，历代文人在引谚语入诗词时，有的未作任何改动，直接取谚语为诗词。如：罗景纶在诗中直接引用谚语："月如弯弓，少雨多风；月如仰瓦，不求自下。"范石湖也是将谚语"朝霞不出市，暮霞走千里"直接入诗。而有的诗人为了作品表达的需要，在引用谚语时意思未变，但对谚语的形式进行了一定的改变，比如谚语"秋甲子雨，禾头生耳"在杜甫的诗中被衍化成："禾头生耳禾穗黑"。再如谚语"日晕主雨，月晕主风"，在梅圣俞的诗中是："月晕每多风，灯花先作喜。明日挂归帆，春湖能几里。"

有的俗语辞书虽然对"俗谚和诗歌"的关系没有作专门的说明，但是在对谚语进行阐释时则举出了丰富的古代诗词例句，来证明谚语和文人诗词创作的关系。我们以翟灏的《通俗编》为例，比如：

【干星照湿土，来日依旧雨】姚宽《西溪丛语》引谚云云。按：王建《听雨》诗"照泥星出依前黑"，陆游诗"夜夜湿星占雨候"，僧善珍诗"照泥星复雨，听朔月犹阴"，俱用此谚。（卷一·天文类）

【夹雨夹雪，无休无歇】见娄元礼《田家五行》。宋自逊诗"残年日易晚，夹雪雨难晴"用此。（卷一·天文类）

【逢庚则变，遇甲方晴】《范石湖集·大雨纪事诗》"或云逢庚变，或云换甲始"，用此谚。（卷三·时序类）

四是来自禅宗语录、宋儒语录等。钱大昕已经注意到俗谚的这种来源，《恒言录》卷六"俗语"指出：

俗语多出于释氏语录。如"弄巧成拙"，旁居士语也。"竿木随身，逢场作戏"，邓隐峰语也。"抛砖引玉"，赵州禅师语也。"千里田八百主"，如敏禅师语也。"食到口边被他夺却"，亦旁居士语也。"五更侵早起，更有夜行人"，古寺行者语也。"龙生龙子，凤生凤儿"，丹霞禅师语也。"红炉上一点雪"，长髭禅师语也。"上无片瓦下无卓锥"，道吾禅师语也。"头上安头"，元安禅师语也。"拆东补西"，寒子山诗也。"君子爱财取之有道"，洞山总禅师语也。

"老鼠搬生姜，饱老送灯台"、"谢三娘不识四子，许一嫂不识林檎"，并见宋释智昭《人天眼目》。"瓦罐不离井上破"、"苍蝇不叮没缝鸭子"、"晴干不肯走，直等雨淋头"、"日间不作亏心事，夜半敲门不吃惊"，并见明释袾宏《谚谟》

佛教传入我国以后，逐渐融入到中国传统文化当中，隋唐以后，进一步演变成中国特色的本土佛教——禅宗。随着禅宗的发展，记录禅师们说法讲经时的各类语录也随之出现，比如：《祖堂集》《景德传灯录》《五灯会元》等，特别是宋代达到鼎盛。由于禅师们在说法时，主要使用的是当时的口语，所以这些禅宗著作中包含了大量的俗语、谚语等。禅宗语录中的熟语有的来源于我国古代文献记载，比如“上无片瓦下无卓锥”是道吾禅师语。根据常生的解释，《唐书·五行志》咸通时童谣曰：“头无片瓦，地有残灰。今此见《传灯录》。”所以这一俗语根据《唐书》中的记载是咸通时的童谣，不过道吾禅师对其作了修改。当然也有很多的俗谚是禅师们自创的。禅宗语录里除了谚语以外，各类熟语都有收集，比如：

宋儒语录亦多用俗语。如大惊小怪、七颠八倒、胡思乱想、翻来覆去、半上落下、藏头亢脑、改头换面、撞头磕脑、手轻脚快、粗枝大叶、拖泥带水、千军万马、千头万绪。俱见《朱子语类》或问朱子“活泼泼地”是禅语否？曰是俗语不是禅语。(《恒言录》卷六)

3.3.3.3　记录了俗谚的不同变式

谚语、俗语产生时间较早，历史悠久，而且又经常在历代文献中被转载或者在日常口头交流中频繁使用，所以就为其被清代俗语工具书广泛地收录创造了客观条件。俗谚在具体的使用中出现很多变式，这一点从清代俗语工具书对同一俗语、谚语的不同记录可以看出。如：《常语搜》里收录有“龙生龙凤生凤，老鼠生来会打洞”，而《通俗常言疏证》则记录为“龙生龙凤生凤”；《里语征实》有“龙生龙子，子一性”，《通俗常言疏证》则记为“龙生九子各有所好”；《常语寻源》里有“急则抱佛脚”，《俗语考原》则为“急时抱佛脚”，上述俗语、谚语都是义同形异。我们将出现在清代俗语类辞书中的俗谚的不同变式通过列表的方式举例说明。

表 3.5　清代俗语辞书收录俗谚的不同变式举例

	《土风录》	《直语补正》	《常语搜》	《谈征》	《里语徵实》	《常语寻源》	《通俗常言疏证》	《俗语考原》
夜梦不祥书破大吉			√					
夜梦不祥书门大吉						√		

续 表

	《土风录》	《直语补正》	《常语搜》	《谈征》	《里语征实》	《常语寻源》	《通俗常言疏证》	《俗语考原》
龙生龙凤生凤							√	
龙生龙凤生凤老鼠生来会打洞			√					
龙生九子一子一性					√			
龙生九子各有所好							√	
一人之下千人之上			√					
一人之下万人之上							√	
三十六计								√
三十六计走是上计					√			
三十六着走为上着							√	
三十六策走为上计						√		
三十六策走为上策			√					
五百年前共一家			√					
五百年前是一家							√	
两春夹一冬，牛阑九个空			√					
两春夹一冬，被窝里暖烘烘							√	
不入虎穴焉得虎子							√	
不入虎穴不得虎子						√		
巧妇煮不出无米的粥							√	
巧媳妇难作无米之炊						√		
磕头如捣蒜		√					√	
磕头捣蒜						√		
习惯若自然						√		
习惯如自然								√
习惯成自然					√		√	
千里鹅毛						√		
千里进鹅毛								√
千里寄鹅毛					√			
千里送鹅毛	√							
千里送鹅毛礼轻人意重		√				√		
出乎尔反乎尔								√
出乎反乎							√	
外甥多似舅							√	
外甥像舅				√				
十个指头有长短						√	√	
十个指甲有长短			√					

续　表

	《土风录》	《直语补正》	《常语搜》	《谈征》	《里语征实》	《常语寻源》	《通俗常言疏证》	《俗语考原》
远水不能救近火						√		
远水不救近火	√		√					√
远水难救近火					√			
远水赶不上近涸				√				
远水救不到近火							√	
远水救不得近火							√	
逢人只说三分话							√	
逢人只可三分话未可全抛一片心			√					
小屈必有大伸							√	
小屈大伸			√					
有天没日头								√
有天无日					√			
有天无日头	√							
有钱使得鬼推磨	√		√				√	
有钱使得鬼挨磨								
来迟罚三杯						√		
来迟罚三钟	√							
城门失火殃及池鱼			√	√		√	√	
殃及池鱼					√			
嫁鸡逐鸡嫁狗逐狗							√	
嫁鸡随鸡								√
嫁鸡随鸡嫁狗随狗			√					
嫁狗逐狗嫁鸡逐鸡		√						
嫁狗随狗								√
势败奴欺主神衰鬼弄人	√							
势败奴欺主时衰鬼弄人							√	
世乱奴欺主年衰鬼弄人			√					
画虎不成反类狗					√			
画虎不成反类犬				√				
画虎不成							√	
画虎反类狗						√		
画虎类狗								√
儿孙自有儿孙福		√		√				
儿孙自有儿孙福莫与儿孙作马牛						√		

续 表

	《土风录》	《直语补正》	《常语搜》	《谈征》	《里语征实》	《常语寻源》	《通俗常言疏证》	《俗语考原》
斧头入凿子凿子入木头							√	
斧打凿，凿入木		√	√					
智者千虑						√		
智者千虑必有一失							√	
智者千虑必有一失愚者千虑必有一得							√	

上述我们只是列举了部分谚语在清代俗语工具书中的不同变式，而非全部。谚语具有口语性强的特点，大部分依靠的是口耳相传的方式，因此会出现同一意思的谚语有着不完全相同的表达形式。另外，谚语具有的地域性特点也会使得它的变体较多，不同地区、不同的人在选用语言材料上难免会有些出入。同时谚语在先秦即已产生，在流传到清代的过程中，历经不同时代，在古今沿用的过程中也会产生不同的形式，不同变体的产生也使得谚语更加丰富。

清代学者对熟语研究今天看来还缺乏深入的理论探讨，缺乏语言学知识的科学指导，但是“无古不成今”，我们不能否定清代学者在熟语的搜集、整理甚至初步研究等方面的价值和意义。清代学者对熟语的收集、探讨同样对清代以后的熟语研究产生了一定的影响。

首先，清代学者搜集的熟语材料成为民国以及现代各类熟语辞书材料的重要来源。比如民国时期的俗语著作《通俗常言疏证》，大量的例证就直接来自翟灏的《通俗编》。例如：

【天从人愿】《通俗编》“人言人有愿，愿至天必成。按：《书·泰誓》民之所欲，天必从之，实即天从人愿之语。”（一册·天文）

【吉人自有天相】《通俗编》“《左传·宣三年》石癸曰：‘姞，吉人也。姬姞偶，其子孙必蕃。’又《左传·昭四年》晋楚惟天所相。按：元曲云：‘吉人天相’盖合二文为一语。”（一册·天文）

【当方土地当方灵】《通俗编》“‘当方’二字见《周礼·大行人》‘时骋以结诸侯之好’疏。按：今有当方土地当方邻之谚。”（一册·地理）

清代学者所收集的诸多熟语材料也成为现代熟语研究的直接源头，成为现代熟语辞书的收录对象。比如清代俗语工具书里的成语大部分在现代仍然使用，也被收到各类熟语类辞书甚至《现代汉语词典》中，例如：如释重负、仰人鼻息、雪中送炭、目不识丁、算无遗策、改头换面、瓮中捉鳖、拖泥带水、无出其右、咬文嚼字、人微言轻、手不释卷、指鹿为马、大器晚成、近水楼台、百孔千疮、俗不可医、力不从心、百发百中、自作自受、心猿意马、不识时务、孤掌难鸣、火烧眉毛、水长船高、探囊取物、不郎不秀、弊绝风清、幸灾乐祸、自我作古、出人头地、膏粱子弟、画饼充饥、望梅止渴、一路福星、后来居上、明见万里、长命富贵、不近人情、不修边幅、束之高阁、和气致祥等。清代俗语工具书中的谚语、俗语等，绝大部分也都成为现代俗语辞典收录的重要内容，我们不再举例说明。

另一方面，除了提供丰富的熟语材料以外，清代学者对各类熟语的考释和初步认识也成为后人研究熟语的良好基础。清代以后人们对“语”的分类更加细化，对熟语中个体成员的认识逐渐深入，不但在名称上提出了成语、惯用语、谚语、歇后语等的概念，对不同熟语之间的区分标准也开始进行研究。随着人们对不同类型熟语认识的深入，也促使熟语辞书编纂走向专门化，除了综合性的熟语辞典外，还出现了专门的成语类辞典、惯用语辞典、歇后语辞典、谚语辞典等。熟语研究从最初的仅仅罗列词条，到清代时有意识地对熟语进行大量地辑录，并且援引各种材料进行考证，再到现代更加专业的各类熟语类辞书的编纂，熟语的研究更加精细和完备，研究成果更加丰富，这与清代学者的努力密不可分。

第四章　清人的雅俗观

第一节　清代学者对词语雅俗关系的理解

4.1.1　关于词语的“雅”与“俗”

“雅言”一词最早见于《论语·述而》：“子所雅言，《诗》、《书》、执礼，皆雅言也。”根据孔安国、郑玄等的注解，此处的“雅言”指的是“正言”。杨伯峻（1980：71）给《论语》作译注时也指出雅言即“当时中国所通行的语言”。所以“雅言”可以指古时通语，与方言相对。当然，“雅言”也并不仅仅是“方言”的对称，“雅”既然是雅正的意思，那么，“凡雅正的语言成分都属雅言，凡不雅正的语言成分都非雅言。非雅言既可以是方言，也可以是被统治阶级视为不登大雅之堂的俗语”（徐时仪，2015：285）所以“雅言”，还可以指高雅的言辞。如：汉王充《论衡·自纪》：“以圣典而示小雅，以雅言而说丘野，不得所晓，无不逆者。”清章学诚《方志立三书议》：“史之为道也，文士雅言，与胥吏簿牍，皆不可用；然舍是二者，则无所以为史矣。”① 综上所述，所谓“‘雅言’，一是指通行于全社会的规范的共同语，与‘方言’‘土语’相对待；一是指流行于上层社会，是官人大夫高雅文明的用语，与下层百姓用的粗俗、卑微、不雅的‘俗言’‘俗语’相对待。”（王勤，2006：79）

“俗语”二字连用，始见于司马迁的《史记·滑稽列传》：“民人俗语曰

① 此二例摘自《汉语大词典》国学大师扫描版，16180 页 .

‘不为河伯娶妇，水来漂没，溺其人民’云。”这儿的“俗语”还不具有术语的性质，只是一般的词语而已，而真正用来指我们通常所理解的语言学意义上的“俗语”，则见于刘向的《说苑·贵德》：“狱吏专为深刻，残贼而无极，偷为一切，不顾国患，此世之大贼也。故俗语云：‘画地作狱，议不可入；刻木为吏，期不可对。’此皆疾吏之风，悲痛之辞也”。（温端政，2004）虽然“俗语”这一名称汉代才出现，但正如前章所述，作为固定语形式的俗语在汉语中早已存在，只不过在先秦文献中多叫做“野语”、“鄙语”、“谚”等，从称谓上也可以看出人们对待“俗语”的传统态度。因为中国传统语言学的主要研究对象是围绕阐释和解读先秦典籍来展开，而所谓的先秦典籍是以儒家经典及其注释为主的“雅言正义”。而与雅言相对的“俗语”，其运用者大多是下层的庶民百姓，是社会人群中的引车买浆者、布衣凡夫等，一直被上层官员大夫、文人雅士所看不起，被认为是不能登大雅之堂的。正如孙锦标《通俗常言疏证》“自序”中所言：“自魏晋以迄六朝自隋唐以迄五代，文人记载务为雅言，市语街谈乃若县禁。”但是雅言毕竟不是语言的全部，各类俗语在乡野民间被许多人使用，广泛流传，有着强大的生命力，也成为汉语词汇的重要组成部分。如果不懂这些俗语的意义，势必会妨碍到人们的日常交际，这就不得不引起一些有识之士的重视，而随着俗语逐渐被正统文化所关注，引用、辑录、考释俗语的著作就随之而产生了。东汉时便出现了第一部记录并诠释俗语的著作——服虔的《通俗文》①。此外，还有南朝齐梁沈约的《俗说》，刘霁的《释俗语》，但二书均不传。唐代李义山的《杂纂》及其后的杂纂系列“皆集俚俗常谈鄙事”。宋代除了“杂纂”以外，还产生了以无名氏《释常谈》为代表的“常谈系列”，此外，赵叔问的《肯綮录》也是收录“常言俗语”之书。但是宋人文集中像《释常谈》、《续释常谈》、《肯綮录》等几部著作一样专门描述俚俗词语的，寥寥无几，而且本身这些著作所收俗语数量又很少，钱大昭在《迩言》“自序”中就曾指出：“旧有无名氏《释常谈》，又有宋龚颐正《续释常谈》，皆寥寥二三百事，无甚可观”。除了上述收录俗词语的“专著”以外，两宋笔记小说具有行文无拘无束的风格，

① 第二章熟语部分已经对此进行了具体的阐述，所以此处仅简单说明，不再展开论述。

而且内容庞杂，所以各种街谈巷议、齐东野语等，“莫不俚俗杂陈，汇聚笔底。”（黄宜凤，2007），由此保留了较多的俗词语，但是各类笔记对俗语词汇的记载具有很大的随意性，是零散不成系统的。到明代时，随着俗语数量的增多和俗词语在交际中更加频繁地被使用，人们也更加认识到俗语的重要作用，使得俗语研究的情况较之前代有了一定的改观，明代产生了相对较多的专门收录俗语方言的辞书性专著。

俗语词汇经过历代的积累，已逐渐成为汉语词汇系统中的重要组成部分。俗语从被视为村言野语，不被重视，到被越来越多的文人学士所认识，这是一个渐进的过程。“俗语研究在明代开花，到清代结果。”（胡奇光，2005：284）到清代时，人们对俗语的辑录和探讨有了一定的广度和深度，俗语除了出现在清代的一些笔记小说中以外，专门收录方言俗语的各类俗语工具书大量涌现，清代学者已经开始对俗语作系统的整理。

4.1.2 从俗语辞书的序、跋及收目看清人对俗语的重视

到了明清，各类俗语常言愈加引起文人的兴趣和重视，特别是清代达到高潮，出现了一批致力于俗语研究考证的学者，俗语类工具书的编纂蔚然成风。“清代考据训诂之学大盛。学者们的主要精力当然还是放在对先秦和两汉词语的考订和诠释上，但随着语言文字研究的深入，对口语词汇的研究，比以前也有了较大的进展。”（蒋绍愚，1989：242）俗语由原来的不登大雅之堂到清代被学者们普遍关注，也从一个方面反映了当时社会的语言观念和学术风气。

清代学者认识到俗语的重要性，将俗语作为收集以及分析的对象，并且在所著俗语类工具书的“序”和“跋”中，对“雅言”和“俗语”的关系进行了很多阐述，表达了清代学者对语言雅俗的态度，有的学者还对收录俗语的原因进行了解释，比如：钱大昭《迩言》“自序”曰：

乃谚为无逸之所戒。然齐人有言，孟子以证乘势，南人有言，孔子以警无恒。夏谚周谚引于经传，齐鄙语引于吕览，邹鲁谚引于汉书，则浅近之言，亦圣贤所不废乎。

孟子为了证明自己“乘势待时”的观点，曾在《孟子·公孙丑上》引用

齐人的话："齐人有言曰：'虽有智慧，不如乘势，虽有镃基，不如待时。'"；孔子为了证明"人必须要有恒心"，在《论语·子路》中也曾引用南人的话："南人有言曰：'人而无恒，不可以作巫医。'善夫！"。钱大昭通过孟子、孔子也使用俗谚的事实，以及经传、《吕览》、《汉书》等经典著作也引用鄙谚的例子，指出即使是浅近之言，"亦圣贤所不废"，由此证明"俗语"的重要性，所以"于涉猎之暇，类次俗语俗事之见于经史子集者，为《迩言》六卷。"而《迩言》所收录的词目也正如书名所示皆为"俗语迩言"，例如：

斟酌、光鲜、威风、快活、安稳、太平、富足、宝贝、部署、郑重、料理、担负、刻苦、明白、堪舆、生活、绰约、荐举、风俗、利市、风流、性命、奉承、分付、习惯、含胡、支持、黄昏、要害、计较、回避、模样、响亮、买卖、子细、交代、功劳、吹嘘、消息、功夫、雷同、唐突、荒唐、这边、那边、首级、倔强、不耐烦、不晓事、不中意、不中用、不值钱、不二价、上大人、无聊赖、孔方兄、抱佛脚、龙虎榜、天花板、耳边风、小家子、有心机、急流勇退、力不从心、乐此不疲、时来运去、冷灰里爆豆、闭门不管窗前月等。

清李调元为翟灏《通俗编》（光绪本）撰写序文指出：

君子之道有四易：简而易用也，要而易守也，炳而易见也，法而易言也。夫所谓"易用、易守、易见、易言"者，人生日用常行之道也。事不越目前，言常在唇间。

这是借用扬雄《法言》中推崇自然简易之美的名言，来论述通俗常言的重要性，另外李调元非常推崇民间常珍和简朴饮食，认为珍品存在于平常物中，平常之中见珍奇。在李调元所著《唾余新拾序》中指出："每启一缄，似啜侯鲭。日事咀嚼，而后知常珍之多在散奇也。"（杜莉，2015）而在《通俗编》总序中，他用相似的语言再次指出俗语犹如民间常珍和简朴饮食一样，平常之中见珍奇：

事不越目前，言常在唇间。而搜列众书，有如獭祭。每启一缄，必尝其味。日事咀嚼，而后知常珍之多在散寄也。

用简朴的饮食观来重申俗语的重要性，《通俗编》收录词语时也是遵循了这个原则："语有见于经传，学士大夫所不习，而羌童灶妾口常及之。"即收集那些在经传中出现过，又不被正统的学士大夫所重视，但是一些妇女小孩儿却经常使用的词语，比如：

开、准、白、步、秤、吃、大、谈天、天然、京师、地方、地主、开春、正月、日子、公婆、孩子、兄弟、乡亲、家属、传递、同年、得体、得法、公道、牵制、糊涂、公文、交代、老手、学生、放学、别字、粗疏、打扮、抽替、处分地头钱、掉书袋、东道主、不相干、不忘本、茶当酒、茶博士、动不动、打筋斗打草惊蛇、粗茶淡饭、大喜过望、得过且过、东行西走、对牛弹琴、多多益善、夺天地造化、顾前不顾后、读书百遍其义自见、逢人只可少说话等。

梁同书是翟灏的同乡好友，也著有收集解释俗语的专著《直语补正》，该书前有序三篇，一篇是作者的“自序”：

予尝辑《直语类录》一书，分甲乙丙丁四卷。甲载经传《史》《汉》通俗之文，乙采里巷鄙谈全语，丙则古人诗句之引用俗谚者，丁则常用俗字，以见于百家小说为准，其有非杭人所称，而他省方言，得之所闻者，“别列戊部入之，戊者附也。”眉居江氏、金圃谢氏，尝为余序之。自晴江翟氏《通俗编》出，赅博有加焉，遂悉屏去。然其中亦有翟氏所遗，或举一语而征引不同者。随手记存，不复类次，名曰“补正”，将以质之晴江云。

在自序中，梁同书指出自己曾编纂《直语类录》一书，此书分为甲乙丙丁四卷，而且四卷所收皆为俗语，但梁氏看到翟灏《通俗编》后，遂将《直语类录》“悉屏去”，只刊行了翟氏所遗漏的词语，或征引与《通俗编》不同的词语，梁同书进行补充，成为今天的《直语补正》。“自序”中梁氏也指出“眉居江氏、金圃谢氏，尝为余序之。”谢墉为《直语补正》作的序中有如下话语：

山舟集其杭俗常语，以证于古，命曰“直语”吁！曲学无稽，乃以“宵寐匪祯，札闼洪庥”夸润饰，不如鄙谚为有本矣。

谢序一方面指出本书的收录范围为“杭俗常语”，另外借用欧阳修讽刺宋祁喜用古怪冷僻文字的典故，来阐明自己对俗语的态度，认为“曲学无稽，不如鄙谚为有本”，可以看出谢墉对俗语也是很重视的。而《直语补正》江衡序则指出了此书命名的缘由：

夫所谓“直语”者，取刘彦和释“谚”之义，类次吾杭街巷之璅辞庑语，而徵引于经史杂说者也。

刘彦和在《文心雕龙·书记》中解释：“谚者，直语也。”所以“直语”指的就是“乡音里谚”。而且江衡非常认同梁同书对俗语收集工作的重要意义，甚至将其与西汉扬雄收集各地方言的功劳相提并论：

昔扬子云把三寸弱翰，赍油素四尺，会上计孝廉，问其异语，即归以铅摘之，次之于椠，其用心诚勤矣。今山舟以清微敏妙之识、宏通博硕之才，出其绪余，纂成简毕。乡音里谚，入耳能通，典证句稽，复何所遗憾与？

而《直语补正》所录词语也正符合上述序中所说的原则，皆是“直语”、“乡音里谚”，比如：

姐、大、泡、眯、正经、竹子、买卖、事情、月牙、花钱、学生、院子、口臭、手段、小便、谣言、世故、事故、匡当、包子、油头、灌酒、发市、出恭、拜堂、门生、张罗、算计、零星、叔丈人、牙儿气、地头钱、魂不守舍、男左女右、花花绿绿、好时好节、好人难做、瞎打把势、自有旁人说短长、六月六，猫儿狗儿同洗浴等。

《常语寻源》在“例言”也中指出本书的收录词语的范围“是编都系常语”，并解释了在编纂者郑志鸿心目中的“常语”是指：“开口便有，摇笔即来者。习见习闻，方为常语”，比如：

土著、落成、调停、冷笑、崭新、方面、客气、补缺、谈天、割爱、狼狈、含胡、把持、财主、擅场、家具、糊涂、行李、奔波、面试、杰出、儿戏、杜撰富家翁、独眼龙、破天荒、莫须有、急性子、不好弄、有胆气、瓜葛亲、图什么、马到成功、甘拜下风、放虎归山、水滴石穿、走马看花、一片婆心、青胜于蓝、吉人自有天相、民以食为天、妇人之言不可听等。

伊秉绶所著《谈征》“自序”云：

至若吾人日用所常见常闻，及所常行者，多警焉不察，或就事语事，或人云亦云竟至曰名之不知所自起，言之不知所自出；每于公余之暇，翻阅群书，凡有合于世俗之习为常谈者，摘而录之若干卷。

伊秉绶指出《谈征》的收录词目的范围为平常所见所闻的词语，“凡有合于世俗之习为常谈者”，则摘录汇编成该书。所以《谈征》所收词目也都是属于“常谈”的词语，比如：

赊、皴、行李、传奇、可口、英雄、汉子、快手、魁梧、犒劳、风闻、姑息、谣言、排行、院落、小便、雨淋、瓜葛、怂恿、糊口、丫头、风俗、推敲、二百五、大手笔、上元灯、不耐烦、不爽快、朝三暮四、三生有幸、三姑六婆、千里姻缘使线牵等。郝懿行《证俗文》“述首”指出：

命曰‘证俗文’”，盖慕服子慎《通俗文》，兼取《儒林传》疏通证明之意。

由此，我们可以知道《证俗文》是作者钦慕服虔的《通俗文》而作，而“证”即“疏通证明”之意，所以《证俗文》可以说是一本疏通证明通俗常言的著作，其收录的词语自然也是“通俗常言”，比如：

铺、被、布、烟、盐、酒、酱、骑马、书信、龙钟、石敢当、赌博、正月、寒食、市井、宁馨、百家姓、筅东、马流、寺、省、书、稗官、端午、牡丹、茄子、闪烁、书信、跨灶、上墓、剃头、契阔、老复丁、石敢当、正五九月、子女、姊妹、龙钟、赌博、寒食、典当等。

易本烺《常语搜》书前有作者的“弁语”：

天下有常谈语句，操觚家习知之，及叩其出处，则老生宿儒或有不能骤应者矣。且踵讹袭谬相承而不知其非。如“寡二少双”语出《汉书·严助传》而误云“少二寡双”，“会逢其适”语出《文中子》而误云“适逢其会”，秦收“太半之赋”本《汉书·伍被传》字作“太”而误为“大”，此类亦名家行文亦不复免，况浅学乎？

易本烺在“弁语”中指出了收录俗语的原因一是“叩其出处，不能骤应”，另外沿袭错误而“不知其非”，所以要对这些常谈语句进行收录、溯源并阐释。并指出自己读到《论语》“平生”二字不解，后来读朱熹注和孔安国注，才知其意，并由此得出结论：“吾故谓读书当自其常知者始”。所以应该重视这些“常谈俗语”，比如：

无恙、功夫、从容、风浪、底里、枝梧、世讲、无恙、月亮、毛病、乱道、好汉、地方、饱学、目前、卑人、迁就、颟顸、名手、老手、好手、妙手、主人翁、不敢当、救命计、外后日、弟男子侄、离乡背井、生生世世、人生一世、拖泥带水、细水常流、遊山玩水、转弯抹角、随乡入俗、脚踏实地、水泄不通、水长船高、指东画西、外孙多似舅、千岁奴事三岁主、今日不知明日事、一夜夫妻百夜恩等。

《里语征实》正文前的“自序”详细介绍了该书写作的目的、写作过程以及收录词语的范围等，作者指出《里语征实》以“资与里人谈笑为乐”，达到“士君子在朝则安民和众行其事，在乡则移风易俗行其意”的目的，“借里语以发凡”的本意。所以将各类“里语”辑录成书，比如：

笨、软、攥、郎、公、胖、伶俐、侥幸、机械、潦倒、高兴、性子、对头、伙多、平满、吃酒、赶墟、算账、本色、本分、掣肘、有喜、画押、瓜分、无赖、非凡、脚色、丈人、丈母、简单、春联、吃东道、夯得住、米泔水、润笔资、笑呵呵、老革革、打秋风、争闲气、走马楼、指鹿为马、咄咄怪事、心猿意马、少不经事、点铁成金、久旱逢甘雨、不打笑面人等。

从上述各部俗语著述的序、跋以及所收录的词目可以看出，所有的俗语工具书都将“羌童灶妾口常及之”、“常谈语句”、“日用所常见常闻及所常行者”的俗词俗语作为其重要的收集对象。正因为清代学者对待雅言、俗语的态度有了转变，尤其是他们不再像以前的文人学士那样轻视俗语，观念的转变使清代学者在俗语的收集和考释上取得了优于前人的成绩，而清代也成为俗语研究的重要阶段。

4.1.3　清代学者“雅俗转化”的观念

清代学者对俗语的重视，还因为能够正确地认识到雅言和俗语之间存在相互转化的关系。“语言的演变是活的，生长的，连续一贯的，文白雅俗方言口语也在互相渗透吸纳的动态变化中互有转化。”（徐时仪，2015）雅和俗其本身就是相对立而存在的，雅相对于俗才能称其为雅，俗相对于雅才能称其为俗。语言不断地发展演变，雅俗之间的界限也并不是完全绝对的，语言从俗到雅，从雅到俗，有时候就是一个循环不断的变化的过程。

清代学者能够认识到雅俗相互转化的这种辩证关系，黄侃不但对翟灏的俗语著作《通俗编》进行了评点，而且他自己也曾留心俗语的研究。在《黄侃日记》中（2001：214）黄侃用一段文字精当地论述了雅俗关系：“雅俗有代降，其初尽雅，以雅杂俗，久而纯俗，此变而下也。雅俗有异形，其初尽俗，文之以雅，久而毕雅，此变而上也。由前之说，则高文可流为俳体；由后之说，则舆颂可变为丽词。然二者实两行于人间，故一代必有应时之俗文，亦必有沿古之词制。”黄侃明确指出了雅俗可以随时间发展而互相转化，而且还同时指出“二者实两行于人间”，在同一个时代，一定有符合这个时代的俗文，也有沿古的雅言。

语言是发展变化的，雅俗词语也会随着语言的使用而发生变化。古代属于俗的词语，在后人眼中可能成为雅言，反之，古代属于雅的词语，可能会在后人眼中成为俗语，这是语言演变的常态。翟灏在《通俗编·识余》中用了“变古”一词来解释语言的雅俗转化现象：“古籍之语，今多有祖其意而变其文者，虽极雅俗之殊，而渊源可溯也。”并列举了很多“古雅今俗”的例子，比如：

《诗经·小雅》：“侧弁之娥”，今变之曰“侧戴帽儿吃白酒”。

《左传》：“风马牛不相及”。今变之曰：“牛头不对马嘴。”

《国语》：“伐木不自其本，必复生。”今变之曰“斩草不除根，萌芽依旧发”。

《韩诗外传》引语曰：“不知为吏，视已成事。”今变之曰“不会做官看前样”。

《急就章》：“长乐无极老复丁。”今变之曰“返老还童”。

《淮南子·说林训》：“訾我货者，欲与我市”。今变之曰“憎嫌是买主”。

《诠言训》：“中心常恬漠，累积其德，狗吠而不惊。”今变之曰“平生不作亏心事，夜半敲门不吃惊”。

左边是出自古代典籍的“雅语”，同样的意思，右边是演变到翟灏所在的清代的“俗语”，翟灏清楚地认识到了这一雅俗变化现象。

孙锦标《通俗常言疏证》“自序”中曰：“中国文字凡见于书籍中者，有典有则，不杂鄙俚之辞，此学士大夫之雅言也。若常言则《尔雅》《方言》所辑，皆是流传迄今，口口常言，往往有出于经史子集而习焉不察者。当时引常言入雅言，后人即借雅言为常言也。古书引谚所在而是，不仅‘有钱生无钱死二语’，汉谚至今存也。”孙锦标指出了自古存在雅言和俗语的区别，并认识到雅言和常言随时代的变化“当时引常言入雅言，后人即借雅言为常言也。”比如在文中注释“年成不好”一语时，孙锦标明确指出“按，古人云年不顺成，今人则云年成不好，此雅俗之分也。”

钱大昭《迩言》“自序”指出：“夫今古一耳。古人所言，今人谓之古语，在古人自视，未尝不以为今语也。笔之于书，遂为故实。若然，则今人所为俗语，安不知不为几千百年后之故实乎。”卷尾有葛元煦的“题识”也指出：“迩言者，浅近之言也。浅近之言在当时则觉鄙俚，而后人沿袭历数十百年之久，往往遂成典故。故古之口头语，沿为今日之典故，今之口头语，亦偬有沿自古人者。此钱君可庐《迩言》一书所由昉也。”无论是钱大昭还是葛元煦都认识到一些“浅近之言”虽然在当时或许觉得“鄙俗”，但是几千百年后可能会成为人们眼中的“典故”，成为典雅之词。比如，《迩言》中有很多四字组合的“俗语”，但是发展到现代，我们再来看这些四字组合则一定是具有典雅色彩的成语：“因噎废食”“乐此不疲”“束之高阁”“吹毛求疵”“得陇望蜀”“无出其右”“差强人意”“隔靴爬痒”等，这正是对词语随时代的变化而发生雅俗转化的最好证明。

清代学者范寅的《越谚》也是一部方言俗语著作，“附论”有《论雅俗字》指出：“今之雅，古之俗也；今之俗，后之雅也。与其雅而不达事情，孰若俗而洞中肯綮乎?”作者论述了雅俗的古今相互转化，而且提出了不能片面地只追求雅，因为“与其雅而不达事情，孰若俗而洞中肯綮乎”。同时范寅在该书的“例言”中也指出：“收采俗语而不拘泥文雅，故土音俗字，毫不改避。改即非，避即不成谚”。

语言的雅俗是相辅相承的，清代学者论述雅俗的辩证关系，认为雅俗词语之间可以随着时代的发展而变化，认识到雅俗可以相互转化，所以由此认识到不能轻视俗语，这也是清代出现诸多俗语辞书的原因之一。清人对雅俗辩证关系的认识具有一定的历史发展观。

4.1.4　清代学者“俗中求雅”的观念

清代学者编纂的俗语类工具书讲究词语的“出身”，凡收录的俗语都务必追溯求源，即使是口耳相传的方俗俚言，也力求从历代经典古籍中找寻出处，为其“俗语”提供“雅”的证据，好像只有这样才能增强其著述的可信度和权威性。易本烺《常语搜》曰："作文不可一字不知其来历"，钱大昭《迩言》指出"于以见一话一言，亦不可无所根据焉"，郑志鸿《常语寻源》有"昔人谓杜诗韩文无一字无来历，子成是编。始知常语亦无一句无来历者。"《语窦》指出所收录的方言俗语"虽俚而质，汲古注兹，淘其髣髴。"《俗说》的收录原则也是"撰集方言里语之载古籍"者。可以看出，清代学者们非常重视俗词语的来历，只有见于古代典籍才可成为收录对象。一方面，较之前代，清代学者对俗语有了一定程度的重视，而另一方面他们又力求使俗向雅靠拢，努力为俗语寻求雅证，受时代及观念的制约，不能做到彻底通俗化。正如郭英德（1998）在讲到明清戏曲语言风格的雅俗变迁时指出的一样："在明清时期，即便是最激进的文学艺术家，充其量也只能采用或者创造通俗化的文雅语言，以通俗化与典雅化的和谐、融合作为审美的最高境界，而绝不可能迈出彻底通俗化的关键一步。"文中虽然讲的是明清时期的文学艺术家对待戏曲语言雅俗风格的态度，但"绝不可能迈出彻底通俗化的关键一步"，也同样适用于清代学者对于普通语词的雅俗态度。

清代俗语工具书的编纂者们都是本着"常语无一字无来历"、"汲古注兹"等原则，来对所辑录的俗语常言进行考释的，考源工作是他们编纂工具书的重要目的之一。甚至在有的俗语著作中某些条目只列起源书证，而不加其它解释，比如我们随意抽取了《常语寻源·甲册》里的几个俗语词，从郑志鸿对这些条目的解释看，也证明了作者"重在语源"的目的，比如：

【天赐】《左传·僖公廿三年》："晋文公出亡，过卫，乞食于野人，野人与之块。公子怒，欲鞭之。子犯曰：'天赐也。'稽首，受而载之。"

【风闻】《汉书》："南越王赵佗曰：'风闻老夫父母坟墓已坏削。'"《晋书》："顾和语王导曰：'明公为政，宁使网漏吞舟，何缘采听风闻，以察察为政耶。'导称善。"

【藏拙】《南史》："梁遣徐陵聘齐，魏收录其文集遗之，令传江左，陵还，过江悉沉之，曰：'吾为魏公藏拙'。"

【儿戏】《汉书·周亚夫军细柳》："文帝自往劳军云云，曰：'嗟乎，此真将军矣，向者灞上棘门军，若儿戏耳。'"

上述四个词语作者只列出了出处及原文，并未对其意义做任何解释，这样的情况在《常语寻源》一书中随处可见。《常语寻源》的目的在于“寻源”，而且在“例言”中明确表明：“所征引多出经史子集及释典百家杂出之书。近见有注释引西厢水浒者，殊非大雅，未敢学步。”虽然引用了一些“百家杂出”的俗文献，但是对于像《西厢记》《水浒传》这样在当时看来过于通俗化的文献，因为“殊非大雅”，所以未敢引用，也反映出作者“俗中求雅”的观念。

而有的俗语辞书在诠释条目时，甚至在词条下仅附该词条所来自的文献名称，连原文内容都省略，不多加任何字句来说明，比如《常语搜》中的例子：

【独往独来】《庄子》。

【嗤点】本干宝《晋纪总论》。

【废然而返】《庄子》。

【因利乘便】贾谊《过秦论》。

【以矛刺盾】本《尸子》。

【耳食】本《史记·六国表》。

【高枕而卧】语出《国策》。

【求忠臣必于孝子之门】本《后汉书·韦彪传》。

【知其一不知其二】本《庄子·天下篇》。

再比如《直语补正》中的用例：

【恬酒】见《周礼·天官·酒正》疏。

【鲑臭】《说文》“鳏”字注。

【眼前花】出《四十二章经》。

【地头钱】《旧五代史·唐明宗本纪》。

【人力】见《孟子》。

【官府】见《周礼》。

【衣破襕衫】全语见《广韵》。

从上面的例子可以看出，有的俗语辞书对条目并不做太多的解释，而是偏重于从古代典籍中找寻出处，或者在列举文献方面努力。蒋绍愚（1989：253）也指出：“这是古人研究近代词汇著作的一个共同的毛病。这和当时人们对口语词汇的看法有关：总觉得‘俗语’‘鄙俗’，而要是能在古书中找到出处，就说明这些俗语‘古已有之’，似乎身份可以提高一点。”再比如钱大昕《恒言录》卷三中有“家主”一词，解释如下：

【家主】今乡邨小民呼其妻曰家主，人皆嗤其俚俗。然《南史·张彪传》：“章昭达迎彪妻便拜，称陈文帝教迎为家主。”是家主之称不为无本也。

钱大昕指出虽然人们认为“家主”之称极其俚俗，但他为“家主”一词却找到了出处，所以“家主之称不为无本也”，钱大昕认为再俚俗的词也是有来源的。

清代学者对俗语词的考释以探求语源为主，在解释过程中注重引经据典，竭尽全力在经典古籍中寻找他们的影子。这也正是训诂学、考据学传统学术思想对清代学者俗语研究影响的体现，另一方面也是清人“俗中求雅”观念的表现。语言是发展的，有许多俗词语是后代产生的，不一定都能在古代文献中找到来源。而且即使在古代典籍中能够找到某一俗词语，但是其所在文献的意义和该俗语词在当时口语的常用意义也并不一定相同。如符淮青曾举例杨慎《俗言》中的“无赖”条：

【无赖】《史记》：“始大人常以臣无赖。”赖，利也。无利入于家也。或曰江湖之间谓小儿多诈而狡猾为无赖。

《史记》中“无赖”的意义是“没有才干，不中用”，和杨慎所处时代常用在人们口语中的意义已经不同。为了罗列书证，将一个词语的不同意思的例句放在一起，而且不加分辨，我们还可以举出相似的例证，比如：

【吹嘘】扬雄《方言》云：吹，扇，助也。郭璞注云：“吹嘘，扇拂相佐助也。”（《迩言》卷一）

根据郭璞的解释，《迩言》所引“吹嘘”义是指“帮助，奖掖后进”的意思，也并不是钱大昭所处清代的常用意义。而且有时候为了寻找语源，有的学者不惜附会词义，比如《谈征·名部》有“跋扈”一词，解释如下：

【跋扈】犹言强梁也。颜师古曰：“扈，竹篱也。水居者于水未至，先作竹篱，候鱼之入。水退，小鱼独留，大鱼跳跋扈篱而出，故言跋扈也。《诗·皇矣》“无然畔援”。笺云：“畔援，犹跋扈也。”疏云：“凶横自恣，陵人之貌。”

“跛扈”本是两个音节连缀成义而不能拆开来讲的联绵词，而为了寻找语源，作者不惜歪曲词义，引用颜师古的解释，认为“扈”是“竹篱”义，“跛扈”是“跳跛扈篱”之义。

另外，在对俗词语进行释义时，清代学者们仍然会使用鄙语、鄙俗等词来诠释所录俗语，这也从另一个角度反映了清代学者虽然认识到俗语的重要性，但是仍然以雅言为更重的观点。比如：

【不郎不秀】今俗鄙称有不郎不秀之语。有解作诗语不稂不莠者，非也。元时有郎官秀为等第，不郎不秀者是言不高不下也。(《谈征·言部》)

【物件曰个，食之曰吃】数物以个，谓食为吃，甚近鄙俗。独杜屡用。“峡口惊猿闻一个”，“两个黄鹂鸣翠柳”，“却绕井边（栏）添个个”。《送李校书》云“临歧意颇切，对酒不能吃”，“楼头吃酒楼下卧”，“但使残年饱吃饭”，“梅熟许同朱老吃”。盖篇中大概奇特可以映带者也。坡云：“笔工效诸葛散笔（卓），反不如常笔，正如人学老杜诗，但见其粗俗耳。”《巩溪诗话》(《里语征实》卷上)

【花铃子】棉花未开时谓之铃子。按：沈括《补笔谈》：“零陵香，本名蕙，又名薰。唐人谓之铃铃香，亦谓之铃子香，谓花倒悬枝间如小铃也。今京师人买零陵香须择有铃子者，铃子，乃其花也。”此本鄙语，今俗多以称棉花。(《土风录》卷四)

第二节 清代学者对各类俗词语的广泛关注

清代学者对“俗语”的称谓并不一致，从清代学者编纂的一系列俗语辞书的书名用语便可以看出，比如通俗常言、常谈、迩言、俚言、直语、俗说、常语、里语、恒言等。但“说法分歧不一定是坏事，这说明俗语现象已经被多人注意到。”（武占坤，2007：31）无论清代学者们赋予“俗语”什么样的称呼，从所录俗语的范围来看，他们眼中的“俗语”实际上包含的内容是相同的。从前两章的论述可以看出其所收录的对象从词语类型来说有词，有成语、惯用语、谚语等各类熟语，也有一些自由短语，也就是说清代学者收录“俗语”的标准，强调的是“俗”的特性，而非一定是“语”。清代学者对各类俗语进行了广泛的关注。

4.2.1 口语词汇

清代俗语工具书里所录“俗语”的“俗”首先表现为具有鲜明的口语性。蒋绍愚（2005：274）指出：“20世纪以前，人们经常使用的术语是‘俗语’、‘俚语’等，这些概念大致和‘口语词’相当。”虽然清代俗语工具书里的俗语不仅仅包括口语词汇，但是具有口语色彩的通俗口语却占据了这些工具书的重要部分。清代学者对这些口语词有的追溯其文献出处，有的还对这些口语词汇在意义、词形等方面发展变化的情况进行了分析。

4.2.1.1 关注口语词汇并对其语源进行探求

清代俗语辞书所收录的俗语，多数口语化程度极高，正如《谈征》“序言”所说是“日用所常见常闻及所常行”之语，具有明显的口语性与俚俗性。这些俗词语，有的是从前代传下来的，明清时期仍活跃在当时的口语中，也有的是明清时期新产生的。在对这些口语词汇进行解释时，清代学者博采古今典籍，旁征博引，征引了大量文献以探源觅流，进行考证。比如：

【铺】《旧唐书·食货志》：“其百姓有邸店行铺。又若一家内别有宅舍店铺。并须计用在此数。又先于淄青兖郓等道管内置小铺。”唐李涉诗：“都市广场开大铺。”宋有米铺、肉铺、香铺、药铺。见《梦梁录》常生案：唐张籍诗：“得钱只了还书铺。”（《恒言录》卷四）

【山】段成式《酉阳杂俎》云：“明皇东封，以张说为封禅使，及事已，三公以下皆转一品，说以婿郑镒官九品。”案：今人以外舅为太山因此。或曰太山有丈人峰。俗称外舅为丈人，故谓之太山。（《迩言》卷三）

【眼镜】《庶物异名疏》：“叆叇，今俗谓之眼镜是也。”案：钱虞山诗：“西洋眼镜规璧圆，玻璨为质象緐缘。”（《土风录》卷五）

《恒言录》对清代口语中的常用俗语词“铺”进行了引例说明，根据解释我们可以知道，作为“商店”义的“铺”，在唐代、宋代口语中已经存在，而且宋代时已有米铺、肉铺、香铺、药铺等各种店铺；“太山”一条钱大昭不但解释了称“岳父”为“太山”的起源，而且指出这个称谓在清代仍然使用：“今人以外舅为太山。”；对“眼镜”一词的诠释，顾张思引用了明代陈懋仁的《庶物异名疏》指出“叆叇”明清时期已称“眼镜”。在明代的其他文献中我们同样可以看到相似的记载，比如明末张自烈《正字通》有“叆叇即眼镜”的记录。明·郎瑛《七修续稿·事物》“眼镜”条：“少尝闻贵人有眼镜，老年观书，小字看大。”证明“眼镜”这个词明代就已经出现了。清·赵翼《陔余丛考》卷三十三“眼镜”条对此也有过记载：“古未有眼镜，至有明始有之，本来自西域。”再比如：

【忒殺】俗语太甚曰忒殺。殺，音沙，去声。白居易《半开花》诗云：“西日凭轻照，东风莫殺吹。自注：殺，去声，亦作煞。”元人传奇：“忒风流，忒殺思。”杨升庵谓：“京师语大曰殺大，高曰殺高。”即今吾乡之殺能大，殺能高也。(《迩言》卷四)

本条解释了近代的常用程度副词“忒殺（忒煞）”，其意指“太”或“甚”。翟灏《通俗编·语辞》也指出：“‘忒煞’为太甚之辞。元人乐府‘忒殺风流、忒殺思’，皆假借‘殺’字。”黄侃对此条注解时云：“今吴语有之，但吾土但云‘太’，或云‘太过’，或云‘很’。”黄侃指出吴语常用，而黄侃所在家乡湖北用“太、太过、很”。“忒殺”虽不是吴语特有的方言词，但其在吴语中也是常用的口语词，比如清代江苏《如皋县志》也对该词作了记录：“忒杀，甚也。”

【郎】称婿曰郎。《隋书》：“滕王瓒，周以贵公子，又尚公主，时人号曰‘三郎’。石敬瑭尚永宁公主，为唐明宗婿。会唐主千春节，公主上寿毕，辞归；唐主醉，曰：‘何遽归？欲与石郎反耶？’”……又有奴称主为郎者……有称父曰郎者……有称子曰郎者……有称姪曰郎者……有称夫为郎者……有君自称郎人亦称君为郎者……郎字乃是通称。(《里语征实》卷上)

通过唐训方对词条“郎”的解释可以看出“称壻为郎”是当时口语里的通俗称呼，但是在历史上“郎”不是专指女婿，而是通称，可以称主、称父、称子、称姪、称夫、君自称。

为了说明引文中的语词在当时民间的通俗说法，清代学者常在自己所编纂的俗语类工具书里使用“今谓”“今俗”“俗谓”“今俗言”“俗呼”“今俗谓之”等类似的标志语，在具体词目的阐释上，往往用“以雅释俗”（以书面语释口语；以通语释方言）的方法。将所释词语古今相沟通，雅俗相系连。

用“今”说明“是时人的口语”，用“俗”说明其“通俗性”。比如：

【个】《仪礼·士虞礼》云：“俎释三个”。郑注：“个，犹枚也。”今俗或名枚曰个，音相近。（《迩言》卷五）

【老爷】今百姓称官府曰老爷。爷者，呼父之称，以是称者，尊之也。《宋史·宗泽传》：“北方闻其名，常尊惮之，对南人言必曰宗爷爷。”《岳飞传》：“金所籍兵相谓曰：‘此岳爷爷军。’争来降附。”《孟宗政传》：“金人呼为孟爷爷。”《元史·董抟霄传》：“我董老爷也。”（《迩言》卷四）

【一本】《北齐书·魏收传》：“及诏行魏史，收以为直置秘阁，外人无由得见。于是命送一本付并省，一本付邺下，任人写之。”按：今人谓书一册曰一本，始此。（《俗说》）

郑玄用“枚”解释“个”，可以看出汉代的常用泛指性量词是“枚”。而钱大昭解释“今俗名枚曰个”，说明发展到清代“枚”已经是不太活跃的量词，而“个”已经成为当时的常用泛指量词；钱大昭指出清代时百姓称呼官府为“老爷”，并解释“爷”是用来称呼父亲的，所以称官府为老爷是尊称；《俗说》中解释清代时称书一册为“一本”，这也并不是清代新产生的，在唐代李百药的《北齐书》里就已经有记载，罗振玉认为“始此”。

清代俗语工具书里这种“以雅释俗”，用“今谓”、“俗谓”等方式记录的俗语口语词非常多，比如《迩言》中有：俗谓葺理整齐为“㑩㛺”，俗呼器皿之抽头为“抽替”，俗谓责人曰“数说”，俗谓作揖云“唱喏”，俗呼宁可曰“耐可”，俗谓一番曰“一出”，兄子婿今谓之“婿”，姊子今谓之“外甥”，姊女今谓之外“甥女”，俗谓人营生者曰“经纪”等。《谈征》中有：今俗谓物余为“賸”，今俗谓人谍闹曰“唧唧咄咄”，今人将田犁过不动谓之“晒伐”，今人着雨谓之“雨淋”，今人看街坊杂戏场曰“社夥”，今俗谓揖曰“唱喏”，今人谓无所本者曰“杜撰”，今人不受馈遗曰“璧谢”，今俗谓小儿匍匐曰“跁”等。其他俗语工具书中以此种方式阐释的口语词语举例如下：

【另日】俗谓异日为另日。①（《里语征实》卷中）

【叠子】今俗呼盛馔之品曰楪子，古作叠子。（《俗说》）

---

① 此部分词条均省略了原文中来源、引例等的具体内容，只保留了释义。

【出恭】俗谓上厕曰出恭。(《俗说》)

【米囤】今人称藏米之地曰米囤。(《恒言录》卷五)

【油头】今俗“油头滑脑”之谓，疑当时已有之。(《直语补证》)

【内应】今人以事之通内得线索者谓有“内应”。(《释谚》)

【平白地】按：白，犹言空，今俗以徼幸营求而空费心力曰“白白儿”，同此。(《通俗编》卷十四)

【儻来】今人以不期而至者曰傥来。(《恒言录》卷二)

【连襟】今人称友壻曰连襟。(《恒言录》卷三)

【坐婆】今妇人免身时，必有养娘扶持，俗云坐婆。(《恒言录》卷三)

有的条目本身已经用释义形式“A 曰 B”列出释词（或释语）与被释词语。比如《土风录》的卷十四、卷十五所列条目都是以这样的形式出现的：

卷十四：官役曰差、放置曰安、买物曰置、上移下曰仰、下自上曰禀、守候曰等、详察曰查、批答用准字、成献曰案卷、补偿曰赔、补足曰找、避人曰畔、满足曰够、出钱借物曰赁、以钱送礼曰折、竖棚架曰搭、以草盖屋曰苫、诳语曰赵、鼻就物曰齅、口吸物曰嗽、口取食曰呷、手按曰揿、手拗转曰捩、手提曰拎、不认曰赖、不受曰璧、微晒曰晾、记薄曰账、荡船曰划、以木横门曰闩、打桩曰孔、著曰快、田畦曰棱、岸坳曰坳、食物干掉曰拌、食变味曰馊、手裂物曰斯、待客曰款、得力曰亏、营谋曰钻、叹气曰欸、意不喜曰铻等。

卷十五：土块曰坒、背负物曰掼、闲步曰踱、瞬目曰眨、声破曰嗄、味咸伤口曰蜇、皮浮起曰皰、肌肤冻裂曰皴、皮碎上起曰散、黑子曰痣、发黏曰腻、色不鲜曰蔫、花落曰妥、物裂曰捺、墙屋倾曰坍、庋置曰阁、陶器未烧曰坏、坛曰甏、鸟卵曰蛋、去畜势曰镦、撑屋曰牮、缝补鞋曰纂、食物濡酱醋曰蘸、物投水声曰丼、物浮水面曰氽、拨取物曰掊、绳缚曰绑、倚靠曰戤、迁移曰搬、抛弃曰丢、杈取鱼曰簎、横行曰�、闲游曰荡曰逛、行急曰跑、压酒曰醡曰醔、田边高地曰矆睒、小港曰浜、久雨物青黑曰霉、痴顽曰嬉、足不正曰瘸、电曰矆睒、大雨曰倾盆、有恙曰不爽快、事泄曰露布等。

被释词语 B 是当时人们常用的口语俗语，释语 A 是被释词语 B 的意义阐释，或者是一个与 A 意义相同的具有书面语性质的词语。相对于释语的书面性，被释词的口语性与俚俗性非常明显。

4.2.1.2　对口语词汇的发展演变进行了分析

清代学者不仅注重对所收录的俗词语进行溯源，而且也已经开始关注词语的发展变化。有些口语词虽古已有之，但发展到明清时期，在意义、词形等方面已经发生了变化，清代学者对这种变化进行了描写，主要有以下几个方面：

（1）俗语词义所指范围的扩大

【首饰】《汉书·王莽传》："首饰犹存。"《论衡》："沐去头垢，冠为首饰。"《续汉书·舆服志》："遂作冠冕缨蕤以为首饰。"今俗以妇人簪钗之属为首饰。（《恒言录》卷五）

【首饰】刘熙《释名》有首饰篇。按：冠冕、弁帻、簪缨、笄瑱之属，刘总列于此篇，则凡加于首者，不论男、妇，古通谓之首饰。今独以号妇人钗珥，非矣。（《通俗编》卷二十五）

这是清代两部俗语工具书对"首饰"的解释，明代的俗语工具书中也有对"首饰"的描写：

【首饰】妇女首饰古称翠翘，古以男子之冠为首饰。《后汉书·舆服志》："秦加武将首饰为绛袙，以表贵贱。"（《俚言解》卷二）

【首饰】古以男子之冠为首饰。《后汉书·舆服志》："秦加武将首饰为绛帻，以表贵贱。"妇人之饰古称翠翘。今尽以首饰归妇人，若施之男子则骇矣。《雅俗稽言》卷十一）

从几部工具书对"首饰"一词的解释可以看出，"首饰"最初专指男人所戴的帽子，唐代时"首饰"一词开始专指女人头上的装饰品，发展到明清时期，"首饰"则专归妇人使用，而且清代"今俗以妇人簪钗之属为首饰"，"首饰"泛指耳环、项链、戒指、手镯等饰物。清代高静亭的《正音撮要》有专门的"首饰类"，从"首饰类"下所列词语也可以看出清代首饰的范围比唐时扩大很多，包括：金簪子、银簪子、金钗等头上戴的首饰；金镯子、项圈等手腕或脖子上戴的首饰；戒箍子（戒指）、指甲套等手上戴的首饰，清代俗语辞书描写的词义所指范围扩大的词语，再比如：

【墙门】《后汉书·蔡祀志》："立太社稷，在宗庙之右，方坛，无屋，惟

墙门而已。”盖谓墙上为门，今则大门通呼墙门。(《土风录》卷四)

【上司】汉人称三公为上司。《后汉书·刘恺传》：“今上司缺职，未议其人。”又云：“皆去宰相，复序上司。”《杨震传》：“吾蒙恩居上司。”皆谓三公也。《史弼传》：“若承望上司，诬陷良善。”《三国志·崔林传》：“以不事上司，左迁河间太守。”《晋书·华谭传》：“与上司多忤。”《范宁传》：“夫府以统州，州以监郡，郡以莅县，如令互相领帖，则是下官反为上司。”是上官通称上司矣。(《恒言录》卷四)

【台门】《礼·礼器》：“家不台门。”疏云：“两边筑土为基，基上起屋曰台门。诸侯有保捍之重，故为台门，而大夫不得为也。”故《郊特牲》云：“台门而旅树，大夫之僭礼也。”《左传·定三年》：“邾子在台门。”注云：“门上有台。”盖即台门之制，而说之稍不同也。按：凡高大之门，时俗漫呼之曰“台门”，虽未尝有筑土为基之实，而其名僭矣。”(《通俗编》卷二十四)

“墙门”原仅指“墙上为门”，清代时“大门通呼墙门”；“上司”汉代时仅称三公为上司，钱大昕通过《晋书》中“上司”的用法指出，唐代时“上官通称上司”；“台门”古代指天子、诸侯宫室的门，因以土台为基，故称台门。而清代时“凡高大之门”都泛称为“台门”。

(2) 俗语词义指称的转移

【门子】《周礼》：“正室谓之门子。”注云：“将代父当门者。”盖適子之称，与后世官府侍僮绝异。《韩非子·亡征篇》：“群臣为学，门子好辩，可亡也。”注云：门子，门下之人也。”此稍与侍僮类。至《旧唐书·李德裕传》“吐蕃潜将妇人嫁与此州门子”、《道山清话》“都下有卖药翁，自言少时尝为尚书省门子”，则竟属今所谓“门子”矣。(《通俗编》卷六)

翟灏对“门子”一词从先前到清代意义的变化进行了考证：《周礼》中的“门子”指的是“卿大夫的嫡子”，而战国末期时《韩非子》中的“门子”指的是“门下士；食客。”唐代时“门子”有了“看门人”的意思。而宋代《旧唐书》、清代《道山清话》中的“门子”又有了新的意义，“指官府中亲侍左右的仆役。”

【寺】寺者，官府之名也。《汉书·元帝纪》注：师古曰：“凡府廷所在皆谓之寺。”《释名》“寺，嗣也。官治事者相嗣续于其内也。”三代以上奄宦谓之寺。寺者，侍也。《诗经·秦风》：“寺人之令。”毛传：内小臣也。《周礼》：“寺人，掌王之内人。”郑注：寺之言侍也，取亲近侍御之义。秦汉以后官舍谓之寺。寺者，司也。《日知录》二十八卷：“自秦以宦者任外廷之职，而官舍通谓之寺。”《说文》“寺，廷也，有法度者也。”此亦是汉时解耳。《风俗通》曰：“寺，司也。”九卿皆曰寺。《唐书》百官表：“汉以太常、光禄勋、卫尉、太仆、廷尉、大鸿胪、宗正、司农、少府为九卿，后魏以来，乡名虽仍旧，而所莅之局谓之寺，因名九寺。”《日知录》又云：“又御史府亦谓之御史大夫寺。”县治亦曰寺。《后汉书·安帝纪》：“皇太后幸洛阳寺，及若卢狱录囚徒”注云：“寺，官舍也。”《张湛传》：“后告归平陵，望寺门而步。”注云：“寺门，即平陵县门也。”《乐恢传》：“父为县吏，得罪于令，恢年十一，常俛伏寺门。”《吴志·凌统传》：“过本县，步入寺门。”其群官总治之处曰省，专治之处曰寺。《唐书·杨收传》：“汉制总群官而听曰省，分务而专治曰寺，诸官府所止者皆曰寺。”浮屠之局亦曰寺。《石林燕语》：“汉以来九卿官府皆名曰寺，鸿胪其一也。本以待四裔宾客，明帝时摄摩腾、竺法兰自西域以白马负经至，舍于鸿胪寺。既死，尸不坏，因留寺中。后遂以为浮屠之舍，即洛中白马寺也。”僧居称寺本此。(《证俗文》卷九)

本条为了将“寺”字的词义演变解释清楚，收集了大量书证，用了很大的篇幅解释了“寺”的意义发展演变，先秦时“寺者，侍也”为“奄宦之名”，秦汉以后“官舍为之寺”，另外，东汉之后“浮屠之居亦曰寺”。

【老师】《觚不觚录》：“嘉靖以前，门生称座主，不过曰先生而已，分宜当国，始称老翁，此后门生均曰老师。”(《俗说》)

【兄曰哥】《汉武故事》西王母授五岳真形图，帝拜受毕。王母命侍者四非答哥，哥此以之称帝王也。《旧唐书·王琚传》玄宗泣曰：四哥仁孝，同气惟有太平，睿宗行四故也。此以之称父。至后世则哥哥不敢施之君父。如玄宗与宁王宪书称大哥，及同玉真公主过大哥园池。此称其兄者也。晋王存勖呼张承业为七哥，此称兄长者也。(《里语徵实》卷上)

“老师”一词最初见于《史记·孟子荀卿列传》：“田骈之属皆已死，齐襄王时而荀卿最为老师。”指的是“年老辈尊的传授学术的人。”而在明、清两代，生员、举子称座主和学官为“老师”。罗振玉引用明代王世贞《觚不觚录》的内容对“老师”一词意义的变化作了解释。唐训方在《里语征实》中引用的例子可以看出，在历史上“哥”还曾经用来称呼帝王，唐代时“称父为哥”，而清代时则“称兄曰哥”，“哥”的意义所指发生变化。

【天井】階前庭曰天井。案：本为井名。《山海经》：“天井夏有水，冬无水。”《博物志》棋者语墮穴者云：“从此西行有天井，但投身此井自当出。”《风俗通》：“今殿作天井。井者，东井之象。”《华山记》：“天井裁容人，上可长六丈余，皆实言井也。后人以庭空而方状如井形，因号天井。”韩诗：“是时新晴天井溢。”《山谷答晁无咎》云：“时雨泻玉除，横（潢）流溢天井”。此疑借用《河图括地象》井宿为天井之说。庚子山《司马裔碑》所云镇天井之星也。宋任渊注山谷诗以天井为水名，引《水经注》径尧城西流入汾水之说似未是。（《土风录》卷四）

顾张思对“天井”一词进行了详细的追源溯流，根据解释，“天井”原为“井名”，在《山海经》、《博物志》中皆为此意。清代已指“庭院”：“阶前庭曰天井”，从所引用文献看，唐代时已有此意。另外，还指出了“天井”亦指星名，即“井宿”，并纠正了宋任渊注“天井”为水名的错误解释。

【生活】生活字本出《孟子》。今人借作家计用。《魏书·胡叟传》：“我此生活，似胜焦先。”《南史·临川王宏传》：“阿六汝生活大可。”《北史·祖莹传》：“文章须自出机杼，成一家风骨，何能共人同生活也。”《尉景传》：“与尔计生活孰多。”（《恒言录》卷四）

【量移】《唐书》：“开元二十年十一月大赦天下，左降官量移近处。又宪宗欲用韩愈，皇甫镈忌其直曰：‘愈终狂駮，且量移内地。’”〇今谓升迁为量移，语是而义非矣。（《常语寻源》甲册）

【甬道】《淮南子·本经训》：“甬道相连”注：“甬道，飞阁复道也。”《史记·秦始皇本纪》：“自极庙道通郦山，作甘泉前殿。筑甬道，自咸阳属之。”应劭曰：“谓于驰道外筑墙，天子于中行，外人不见。”今人以庭中中道为甬道。其名通于上下，与高、应说异。（《恒言录》卷五）

钱大昕指出了“生活”一词来源于《孟子》，《孟子》中的“生活”是“生存”义，后“借作家计用”，指衣食住行等方面的境况。“量移”一词唐代时多指官吏因罪远谪，遇赦酌情调迁近处任职。而清代时则泛指“升迁”义，郑志鸿也指出“语是而义非”。“甬道”在清代时的意义钱大昕解释“今人以庭中中道为甬道”，并指出与高诱和应劭的注释意义不同，《淮南子》中“甬道”指楼房之间有棚顶的通道，而《史记》中“甬道”则指两旁有墙或其他障蔽物的驰道或通道，“甬道”之义至清代也发生了变化。

俗语所指意义的转移，这类变化在清代俗语工具书里比较常见，再比如：

【百姓】古称百官为百姓。今俗以乡民为百姓。然亦有所本。《史记》蒯通云：“臣范阳百姓蒯通也。”（《迩言》卷四）

【赛】赛本祭名。今世乡社赛神，以丰俭较胜负，因以赛为争胜之义。赛与胜声亦相近也。宋末张惠称赛张飞，刘整称赛存孝，则已见于正史矣。（《恒言录》卷二）

【道场】《颜氏家训·归心篇》：“若能偕化黔首，悉入道场。”《通典》：“隋炀帝改郡县佛寺为道场。”是道场本寺院之别名也，今以作佛事为道场。（《恒言录》卷五）

【场屋】《四朝见闻录》：“秦少游未第，王贤良久困场屋。”按，唐以前谓戏场为场屋，宋人始以为考文之所。（《俗说》）

（3）俗语称谓的变化

有些口语中常用俗语词的意义并未发生变化，而是至清代时称谓发生了改变，清代学者也如实地予以记录，比如：

【耳暖】今人惧耳寒或用皮或用䌷緞如其形而缝以衣之谓之耳暖，亦谓暖耳，即古之所谓耳衣者。唐人《边塞曲》：“金装腰带重，棉缝耳衣寒。”（《谈征·物部》）

【步檐】《上林赋》云：“步榈周流，长途中宿。”师古曰：“步榈，言其下可行步，即今之步廊也。”（《迩言》卷五）

【篱笆】《史记》索隐：“江南谓苇篱曰笆篱。”今俗则呼篱笆，亦曰枪篱。盖本子云《长杨赋》：“木拥枪累，以为储胥。”注：“木拥栅其外，又以竹枪累为外储胥也。”储胥犹御护也。乐天《买花》诗：“旁指笆篱护。”（《土风录》卷四）

“耳暖”唐代时称“耳衣”，清代称“耳暖”或“暖耳”；汉代时称“檐下的走廊”为“步櫓”，到颜师古所在的唐代已经称为“步廊”；汉代称“笆篱”，而清代时已称“篱笆”或“枪篱”，意义未变，称呼改变而已。

（4）俗语词形发生变化

【小的】今奴婢下人自称小的，即宋时所谓小底也。《宋史》有“入内小底”“内班小底”“内殿直小底”“骑御马小底”。《吴越备史》亦有“入内小底”。《辽史》有“近侍小底”“承应小底”“笔砚小底”。（《恒言录》卷三）

钱大昭指出“奴婢下人”在清代称“小的”，而“小的”就是宋代时的“小底”，词形发生变化。

当然，由于时代的局限性，清代学者对词语古今变化的探讨与现代的研究存在一定差距，特别是有的学者对于某些词语的意义变化并不能理解，比如：

【瓜期】齐侯使连称、管至父戍葵丘。瓜时而往，曰：‘及瓜而代。’”故今称任满当代曰瓜期。据传乃一年戍守耳，今例称瓜期不当。（《谈征·言部》）

“瓜期”最初的意义指戍守一年期满，后用以指官吏任期届满，并不限于一年，这属于词义范围的扩大，而《谈征》作者伊秉绶并不能理解这种变化，反而认为“今称任满当代曰瓜期”是不对的。

虽然对口语俗语的考释还存在一定的不足，但是瑕不掩瑜，清代学者在对常用口语俗语词的收集、诠释等方面已经做出了超越前人的成绩。他们不仅注重常用口语词的辑录，而且注重口语词的考证，在考证过程中，能够做到源流并重，注意到一些词语意义的发展变化以及某些俗语词形的变化等，从历时的角度对这些俗词语进行了一定的分析。

4.2.2 方言词汇

“方言词语”指在某个方言地域内使用的词语，也是清人所辑录俗语的重要组成部分。郭在贻（2005：109）指出：“方言词有时也就是口头语词，二者不宜截然分开”。但是为了更好地揭示清人所录俗语的特点，我们将二者分开阐述。清代俗语工具书中所收录的方言词语多来自于作者的生活所在地，这些工具书的作者以江浙等地居多，比如《通俗编》的作者翟灏是清代仁和

（今属浙江杭州）人，《直语补正》的作者梁同书是钱塘（今浙江杭州）人，《迩言》的作者钱大昭、《恒言录》的作者钱大昕都是江苏嘉定人，《土风录》的作者顾张思是江苏太仓人，《释谚》的作者平步青是浙江绍兴人，《通俗常言疏证》的作者孙锦标是江苏南通人，所以清代俗语类辞书收录的吴越方言词语就相对较多。

《释谚》作为一部辑录越地乡俗土语的重要著作，书中出现了很多越地的方言俗语，有的方言词语产生时代比较久远，但一直流传到清代，还在越方言中使用，比如：

【对天】越俗于人之负心者辄曰对不住天，反之，则曰对得住天。按：《孟子外书·文说》第二："孟子曰：'人不可以不知天，凡事可以对天，则知天矣。'"

【抬】越人于市物之索值昂者曰抬。按：论货物曰估。《唐书·陆长源传》："高盐价，贱帛估。"《通俗编》卷二十三引《五代史·周臣王章传》："太祖用兵西方，王章供馈军旅，百官俸廪，皆取供军之余，不堪者命有司高估其价，估定有增，谓之抬估。"则此语五代时已然。

【假充】越人以人之诈冒者为假充。有曰"假充在行人，或假充有钱人"。按，此二字亦古。《汉书·哀帝纪》："材质不足以假充太子之宫。"师古曰："谦不敢言为太子，故云假充，若言非正。"

【认本家】越人以同姓不宗通谱者为认本家。认读作宁音，盖俗言也。按：《金石萃编》卷四十一："贞元十七年，晋太原王公碑云：'左丞相张公说越认范阳，左丞缙越认琅琊。'""越认"二字，详玩文义，殆是越次而认他族乎？则"认本家"唐已有之，认字且入金石。

【铺陈】越人以嫁女衾枕等物谓铺陈。二字出《礼记》郑注，然非此之谓。《南部新书·壬》："《礼记·儒行》云：'儒有席上之珍以待聘，夙夜强学以待问。'注云：'席，犹铺陈也。铺陈往古尧舜之善道，以待见问也。大问曰聘。'今人使'席上珍'，皆误也，皆以为樽俎之间珍羞耳。潘曰：'笔下摛藻，席上敷珍。'亦误也。"

《越谚》里收录的越地方言俗语非常之多，我们不再一一列举原文，仅举例如下：越中院落曰"明堂"；越俗呼今年为"当年"；越人以温书为"理书”；越人呼挈水之器有曰“斗桶”者；越中舟人以破絮襖等物抹刷船板桌几，呼曰“搨浪”；今越俗亦呼物之精彩者为“鲜明”；越人呼事之分者曰“一股一股”；越人呼满汉酒席为“吃桌、看桌”；越人呼冬筍为“墰筍”；越俗以布衣无仕籍者为“白身人”；越人呼人之姿性曰“质地”；越俗以事之难为者曰“间介”；越俗呼裙之多幅者曰“细裥裙”；越人以水涨为“水大”……当然，有的越方言也不仅仅限于本地使用，可能在其他方言中也在使用，比如平步青解释的“行货”一词：

【行货】越俗以货之次者为行货，其上者曰门货。《二初斋读书记·卷十》引《周礼·司市》：“害者使亡。注：谓物行苦者。”《唐书·韩琬传》：“器不行窳。”《音义》：“不牢曰行，苦恶曰窳。”《潜夫论·浮侈篇》：“以完为破，以牢为行。”《坚瓠丙集·卷三》王介甫诗：“传语进贤饶八舅，如今行货正当时。”宋人且以之入诗矣。《群经平义·卷十》“往来行言”条，引《九章算术·盈不足章》曰：“醇酒一斗，直钱五十；行酒一斗，直钱一十。”则今之行货，止较门货略减，无此悬殊矣。

平步青收录在《释谚》中的“行货”一词是指器物质量差、不坚实，是吴越常用的方言词。章炳麟《新方言》里有“今吴越谓器物楛窳为行货。”但这个词也不只限于吴语方言，其他方言也有使用，比如：王引之《经义述闻》卷八：“古人谓物脆薄曰行……今京师人谓货物不牢谓行货”。另外，通过《释谚》的解释，可以知道，“行”在方言中表示“（货物）质量差，（器物）不结实”的意思，古代的文献中即已出现，比如作者平步青所举《周礼·司市》中有“害者使亡”语，郑玄对“害”字作注为“害，害于民，谓物行苦者”。“苦”是“粗糙，不坚固”的意思，而“行苦”同义并用，所以“行”也是“不坚固”之义。另外，根据《释谚》所举例证，先秦的《九章算术·盈章》有“行酒”一词，行酒即薄酒，表酒味不浓不香。除了平步青的《释谚》以外，郝懿行的《证俗文》卷六在词条“铺”的解释中，也引用了《唐书·韩琬传》“器不行窳”，《音义》“不牢曰行，苦恶曰窳。”并解释说“今市人谓货物之下者为行货本此”。

身为钱塘人的梁同书所著《直语补正》自然也收录了很多当地的方言词语，谢墉在为其所作序中也指出：“山舟集其杭俗常语，以于证古”，比如：

【苻】俗谓上锐而下圆者曰"苻头"，如"蒜苻头"、"扇苻头"之类。《颜氏家训》云："江南呼蒜颗为蒜苻。"

【满】《方言》："凡物尽生者曰生。"今俗以器盛物盈满曰"满"，读如"怕"字入声。

【沙】《归田录》云："淮南人藏盐酒蟹，凡一器数十蟹，以皂荚半挺置其中，则可藏经岁不沙。""沙"字，今语犹然。

【编笄】俗呼梳篦子也。按：《说文》"篦"字注边兮切，盖反切语，亦犹"不律"为"笔""终葵"为"椎"也。"兮"与"笄"音小讹耳。

【八都里】俗谓急走者曰"已走至八都里"。按：《旧五代史·钱镠传》："于潜镇将董昌聚众恣横于杭越之间，杭州八县，每县招募千人为一都，谓之八都，以遏黄巢之冲要云云。"则此语实杭俗语也。

【注船注轿】俗语，义不可晓，即《西溪丛语》"南人苦车，北人苦船"之意。按：宋袁文《甕牖闲评》载有浙人注船注轿子之说，知其来已久。

上述俗语词都属于江浙一带的方言词语，梁同书有的在阐释时明确指出是杭俗语，有的虽未明确说明，但是通过引例也可以看出，比如"注船注轿"梁氏指出和《西溪丛语》中的"苦车、苦船"义是相同的，都属于吴方言，即晕船晕车之义。"苻"引用《颜氏家训》指出"江南呼蒜颗为蒜苻。"此外，《汉语方言大词典》在解释"苻头""满""注船""沙"时都引用了《直语补正》为例，比如"满"一词，《汉语方言大词典》① 解释如下："（形）容器里盛得很满。吴语。江苏常州。每天早上头吃满满一杯仔牛奶（每天早晨吃一满杯牛奶）。清梁同书《直语补正》：《方言》：'凡物尽生者曰生。'今俗以器盛物盈满曰'满'，读如'怕'字入声。"《直语补正》记录的这些吴方言词语，很多在今天的江浙一带还在使用，比如"沙"，梁同书指出"今语犹然"。"沙"在今天的江淮官话中仍在使用，是"变质"的意思。

其他几部俗语工具书也收录了大量的吴越方言俗语，比如：

【豆凑】《游览余志》："杭人以事相邂逅曰'豆凑'，盖斗凑之讹也。或言吴越风俗除日互擎炒豆交纳之，且餐且祈曰'凑投'，殆此语所从出与？"

① 许宝华，（日）宫田一郎主编，《汉语方言大词典》. 北京：中华书局，1999.

（《通俗编》卷十）

【艮头】又：“杭人好为隐语，如粗蠢人曰‘杓子’，朴实人曰‘艮头’”。按：今又增其辞曰“艮古头”。（《通俗编》卷十一）

【海盖】刘敞《檀州》诗：“市声衙日散，海盖午时消。”自注：“每日海气如雾，土人谓之海盖。”按：今俗有此语，犹云大概，或即因此。（《通俗编》卷二）

【贱僮】今吴俗骂人曰贱僮。扬雄《方言》云：僮，农夫之丑称也。南楚凡骂庸贱，谓之田僮。郭璞注：倯僮，驽钝儿，或曰仆臣僮。亦至贱之号也。（《迩言》卷四）

【白蒲枣】吴人谓枣之鲜者曰白蒲枣。案：《会稽志》萧山县有白蒲枣，是宋时已有此称也。（《恒言录》卷五）

【小娃娃】《新方言》：“《扬子方言》：‘蠢、律，始也。’今通谓小儿为小蘑子，俗或作‘娃’。”清·孙点《历下志游》：呼小儿日娃。”原注：“吴有馆娃宫，后宫人美者皆日娃，盖爱惜之称也。”今俗谓之“小娃娃，’是也。（《通俗常言疏证》二册·年齿）

【失收】今江淮人谓年谷不登谓之失收。《南史·昭明太子传》：“吴兴累年失收，人颇流遗。”（《俗说》）

除了吴越方言词语以外，清代俗语工具书里还辑录了其他地方的方言俗语。比如《里语征实》的作者唐训方生活的地区是湖南常宁，所以书中记录了很多湖南常宁地区的方言。“里语”在《汉语大词典》中的解释有二：①犹里谚：三国魏曹丕《典论·论文》：“里语曰：‘家有敝帚，享之千金。’”②俗语俚词：章炳麟《论汉字统一会》：“若综其实，则今之里语合于《说文》《三仓》《尔雅》《方言》者正多。”里语大致相当于流行于民间的俗语，“征实”是“求实”的意思，所以“里语征实”指的是考证求实方言俗语。比如：

【与谓之过】如俗呼‘过付’，‘过路’、‘过交’、‘过手’之类。辰州人谓以物与人曰‘过’，此语有自。（卷上）

【小儿吐乳曰哯】哯音岘。《玉篇》：“不欲而吐也。”《广韵》：“小儿呕吐也。”（卷上）

【不知名呼之曰歹】田汝成《炎徼纪闻》："南蛮称人曰歹，又称那，那音懦。"《李郢寄湖杭二从事诗》："谢公留赏山公唤，知人笙歌阿那朋。"（卷上）

根据《汉语方言大词典》"与谓之过"是引用了《通雅》的解释："辰州人谓以物与人曰过"，辰州即湖南溆浦，属于湘方言。"哯"和"歹"在《汉语方言大词典》中明确指出是湖南常宁语，并引用了唐训方《里语征实》中的例子：

【哯】①〈动〉婴孩吐奶。赣语。湖南常宁。清唐训方《里语征实》："小儿吐乳曰～"；【歹】②〈代〉你。赣语。湖南常宁。清唐训方《里语征实》："不知名呼之曰～。"

《里语征实》的一字征实、二字征实和三字征实条目中，采用"A 曰 B"形式的也非常多，其中大部分都是用通语释方言：

一字征实：考妣曰显、伯叔祖母曰婆、兄曰哥、子曰崽、称婿曰郎、称人曰公、称人曰汉、称人曰你、肥曰胖、肥曰臕、弱曰软、大曰奘、粗率曰笨、皮宽曰皺、手捻鼻涕曰擤、惊畏曰吓、作不平声曰哑、骨鲠在喉曰骾、小儿吐乳曰哯、妇作媚态曰�、不知名呼之曰歹、指事物曰者、唤侍人曰来、唾人曰啡、欺人曰哩、呼狗曰嗾、呼鸡曰喌、腹满曰胀、眼皮动曰眨、牛马豕栏曰圈、鸡伏卵曰菢、干肉及饼曰巴灯。

二字征实：父曰老子、丈夫亦曰老公、岳母曰丈母、岳父曰丈人、弟曰舍弟、婿曰半子、家幼主称相公、好手曰作家、雇工曰长年、教人拳棍曰教师、混号亦曰混名、蜜曰蜂糖、饮水曰哈水、献茶曰幻茶、扬米器曰簸箕、自谓曰我每、物件曰家火、屋顶架木曰桁条、近曰附近、香曰馞香、松曰蓬松、开曰觰开、蠢曰懵懂、妄曰荒唐、睡曰睡觉、日中曰晌午等。

三字征实：充脚色曰当汉子、性粗率曰不耐烦、骂无能曰不中用、心抑郁曰不快活、不屑受情曰不希罕、赴席曰吃东道、有担当曰夯得住、嘲人文理不通曰无墨水、旁闻曰耳边风等。

清代俗语辞书大部分都是"以比较通行的一般性的方言俗语作为调查、辑录和考证对象。"（曾昭聪，2012）学者们除了关注自己所在地的方言以外，还会收录其他各个地方的方言，比如《里语征实》除了作者生活地区的湘方言以外，也辑录了湘方言以外的俗词俗语，或者是在湘方言以及其他方言里同时都在使用的俗词语，比如：

【子曰崽】崽音宰。杨子《方言》："江湘之间凡言是子谓之崽。"《水经注》曰："娈婉卯童，弱年崽子。"又《蜀语》："凡久饮推物于人恐不受詈曰崽息，言若相辞，我当为崽也。"又自高侮人则称人曰崽，又小子曰伢。见《俗书刊误》（卷上）

【以候为等】北人土语以候为等。诗人未有用者。范石《湖州桥诗》云："州桥南北是天街，父老年年等驾迴。"（卷上）

【父曰老子】自江北至北方曰老子。其曰爷曰爹者通称也。（卷中）

【蜜曰蜂糖】江南呼蜜为蜂糖，盖避杨行蜜名也。行蜜在时能以恩信结人身，死之日国人皆为之流涕。（卷中）

【平原曰坝】蜀人谓平川曰坝。黄庭坚诗："君家水茄白银色，殊胜坝里紫彭亨。"坝从贝音霸，与从具不同，从具水堤也。吴越谓堰堤为𡍣，音具。（卷上）

【病减曰新鲜】《蜀语》："疾不沉重谓之新鲜。"《太元诗》："新鲜自求珍。"（卷中）

【连襟】马永卿《嬾真子》："江北人呼同门壻为连袂，又称连襟。"（卷中）

【夥多】见《纪闻》，又《史记·陈涉世家》注："楚人谓多为夥。"（卷中）

郝懿行的《证俗文》也是记录了各个地区的方言俗语，而且在这些方言词语中，不仅有明清时期产生的，还有历史上各个时期产生的，比如：

【茄子】《酉阳杂俎》云："茄子一名落苏"。今吴人正谓之落苏，或云钱王游子跛足，以声相近，故恶人言茄子，亦未必然。案，今登莱人通呼为茄子。音如怯平声，亦作缺，平声，俗谓跛足，为茄子正读缺平声也。茄本求迦切，在《广韵》八戈方俗音转耳。落苏说者言味如酪酥，假借之字也。（卷十二）

郝懿行先引陆游《老学庵笔记》中的一段话，指出吴人把"茄子"称为"落苏"，至于其叫"落苏"的原因，因犯了钱王的忌讳，这可能只是传说而已，故陆游未信其说。而郝懿行又指出“今登莱人通呼为茄子”。另外陆游在《老学庵笔记》中还指出：“《五代贻子录》作酪酥，盖以其味如酪酥也，于义似通。”郝氏认为“落苏”写作“酪酥”是假借之字。

此外，《证俗文》采用了和扬雄《方言》相似的训释方式，往往先提出一个当时的通语，再列举各地方言的不同称谓。比如：

【馒头】以麦面蒸圆之而高者曰馒头。一曰波波或磨磨。《集韵》毕罗馀食也，今北人呼为波波，南人呼为磨磨。案：此说非也，磨磨南北通名耳，今唯东齐人呼为波波。（卷一）

【娣姒】兄弟之妻相名也。关中曰先后，吴楚曰妯娌，关西亦曰妯娌。娣妇或曰稺妇，姒妇或言稙妇，青徐谓之稙长，荆豫谓之熟，或均谓之姒，姒通语也。（卷四）

【子女】男子子女子子也古者男女通称子。小者曰赤子，一曰吾子，亦曰婴儿或曰婴孩。吴人谓之弳牙子，关中谓之子，亦谓之阿娇。豚犬其通名也。产乳谓之孽，亦谓之㝅。双产陈楚之间谓之釐孳，秦晋之间谓之僆子，自关而东赵魏之间谓之孪生。女谓之嫁子。崽者子也，湘沅之间谓之崽，东齐谓之子，闽人谓之囝……（卷四）

除了分布在各卷中的方言俗语以外，《证俗文》的卷十七是专门的方言俗语类，某一个词条都是将与某个词相关的一系列不同地区的方言俗语列举出来，比如：

颍川语小曰哥，儿坠地能开目视者谓之寤生，小儿学言曰哑呕，亦曰哾呕；南方人谓抱小儿为雍树；楚人谓啼极无声为嗄；江淮之间谓小儿多诈狡狯为无赖，小儿多诈而狯谓之央无或谓之嘿屎或谓之姡，小儿匍匐曰跑。

俗语噥云人道我；吓诈人曰拏讹头；京师依讬官府赚人财货者名撞太岁，吴中名卖斤角，江西名树背张风；以事干人谓之相干摩；凡人不慧者曰不鲫溜；作事助力曰阿疮疮；人无用者曰不中用；聆言不省曰耳边风；言人不快曰不耐烦；鄙人之庸贱微薄者曰小家子；言人作事无据者曰没雕当又曰没巴鼻；蜀语鲜明曰翠欲流；今人谓热曰热汤汤

第一条汇聚了与“小儿”相关的各类方言词语：寤生、哑区、雍树、嗄、无赖、嘿屎、跑等。第二条聚合了各地方言里形容“人”的三字习惯用语：

人道我、拏讹头、撞太岁、卖厅角、背张风、相干摩、不鲫溜、阿疮疮、不中用、耳边风、不耐烦、小家子等。

方言词语已经成为清代学者所收录俗语的重要一部分，而且清代学者对方言俗语的关注已经不限于自己家乡所在地的方言，其视野已经扩大到了各个地方，我们再举几例说明，比如：

【奶奶】《博雅》："㛦，母也，奴解反。楚人呼母曰㛦。"按，《说文》，"雨"本作"尒"，故"㛦"亦变体作"弥"，今吴俗称祖母曰"阿烁"。洪亮吉《泾县志》转载郑志，祖曰"老爹"，祖母曰"奶奶"。奶读乃，平声。（《通俗编》卷十八）

【汗搨】衬衫也，京师人语。《欧阳原功词》血色金罗轻汗搨。古人谓之汗衣。《释名》汗衣近身，受汗垢之衣也。（《恒言录》卷五）

【母母叵罗】京师及河南人谓"饼"曰餍餍"，柳斗曰颇罗，为母母，《礼》："八珍淳母。"颇罗为叵罗。李白诗："葡萄美酒金叵罗。"谓金酒斝也。叵罗，本柳斗，斝刻文似柳斗，故名叵罗。（《谈征·言部》）

【爪子】今山西人有爪子之称。唐代宗以孚名贺知章子，盖戏其为爪子也。（《谈征·言部》）

【连衿】《嫩真子》："友婿，江北人呼'连袂'，亦呼'连衿'。"（《通俗编》卷四）

【交不著】《刘贡父诗话》："苏子美魁伟，与宋中道并立，宋颖利而幺么，下睨之，笑曰：'交不著。'盖京师市井语也。"（《通俗编》卷十三）

【望子】《广韵》："青帘，酒家望子。"按：今江以北，凡市贾所悬标识，悉呼"望子"。讹其音，乃云"幌子"。（《通俗编》卷二十六）

4.2.3　民俗词汇

清代俗语工具书里收录的俗词语有一部分是普通常用词语，比如：吉祥、吉利、欢喜、贺喜、享福、快乐、自在、安稳、皮肤、气力、骨气、留神、隔壁、耐烦、消息、吹嘘、分付、糊涂、杂碎、料理、唐突、愚弄、模棱、含糊、夸张、稀奇、性子、伶俐、孤注、本分等。还有很大一部分则是具有某种社会民俗文化特点的民俗语汇。"民俗语汇是指那些以某种民俗形态或具体民俗事象的概念、性质、源流、特征乃至名称等为语义内容，或与民俗有着某种特定联系的语词。”（曲彦斌，1992）人们在日常的生产生活中产生了大量的民俗语汇，清代学者将其记录下来，其中称谓类、民俗节日、婚育习俗、日常服饰饮食等俗语是在清代俗语辞书里收录比较多的几个方面。这些民俗语汇反映了清代或者清代以前的某种风俗习惯、民俗文化以及当时的社会风貌。从这个意义上说，每一部俗语辞书都可称得上是一部反映当时社会生活的小型百科全书。

4.2.3.1　称谓类俗词语

中国古代特殊的宗法制度、婚姻制度等使得汉语里存在大量的称谓词语，代表民俗语汇之一的称谓类俗词语，也成为清代俗语辞书收录的重要内容。清代俗语工具书中辑录的称谓词语数量众多，包括前代或清代仍在使用的亲属称谓词和社会称谓词。对于那些在人们口头常用的称谓词，多部俗语辞书都会予以收录，比如“老子”一词，就出现在如下几部俗语辞书中：

父曰老子。陆放翁笔记引大范老子、小范老子，谓是西陲俚俗之称。案，《晋书·孝友传》：“潘综与父骠共走避贼，骠曰：‘见年少自能走，今为老子不去。老子不惜死，乞活此皃。’”则是时已有此称。

（《土风录》卷十六》）

今人谓父曰老子。虽年十七八，有子亦称老子。乃悟西人所谓大范小范老子，盖尊之如父，如谓汝霖为宗爷爷也。

（《谈征·名部》）

自江北至北方曰老子，其曰爷曰爹者通称也。《唐韵》：“爹，羌人呼父。”

（《里语徵实》卷中）

今人谓父曰老子。按《后汉书·马援传》：“援为陇西太守，诸曹时白外事，辄曰：‘此丞掾之任，何足相烦；颇哀老子，使得遨游。’”是老子为长老之通称。《晋书·孝友传》：“潘综与父骠共走避贼，骠年老行迟，贼转逼骠，骠亦请贼曰：‘儿年少自能走，今为老子不去。老子不惜死，乞活此儿。’”则似对其子言之矣。《老学庵笔记》：“西陲俚俗谓父曰老子。”（常生案《汉书·韩康传》此自老子兴之）

（《恒言录》卷三·亲属称谓类》

《老学庵笔记》:“南郑俚俗谓父曰老子，虽年十七八，有子亦称老子。乃悟西人所谓大范老子，盖尊之以为父也。”按：西人并不以“老子”为尊，虽自称亦然。《后汉书·韩康传》：“亭长使夺其牛，康即与之。使者欲奏杀亭长，康曰：‘此自老子与之，亭长何罪？’”康乃京兆霸陵人，正可为的证者。《三国志·甘宁传》注：“夜入魏军，军皆鼓噪举火。还见权，权曰：‘足惊骇老子否？’”此“老子”似指曹操。权岂欲尊操而云然乎？《晋书·陶侃传》：“顾谓王愆期曰：‘老子婆娑，正坐诸君辈。’”《应詹传》：“镇南大将军刘弘谓曰：‘君器识宏深，后当代老子于荆南矣。’”《庾亮传》：“诸君少住，老子于此兴复不浅。”诸人不皆西产，而其自称如此，必当时无以称父者，故得通行不为嫌。若《五代史·冯道传》：“耶律德光诮之曰：‘汝是何等老子？’对曰：‘无材无德，痴顽老子。’”更显见其称之不尊矣。

（《通俗编》卷十八·称谓）

几位清代学者不但都在书中记录了常用称谓词“老”，而且对这个称谓词的产生历史以及意义进行了考证，使我们对清代仍然在使用的“老子”一词有了比较深入的了解。通过以上几部辞书的分析，我们可以看出：清代称“父”为“老子”已经比较普遍，但是这个称谓并不是清代新产生的，根据《土风录》和《恒言录》的记载，《晋书·孝友传》中出现的“老子”即为“父亲”的俗称，所以据此判断这个称谓词在唐代即已产生。而《老学庵笔记》已经有“西陲俚俗谓父曰老子”的记载，并指出“虽年十七八，有子亦称老子。”另外，通过几部俗语辞书所引文献，我们也可以看到“老子”除了指“父亲”以外，还有其他意思：

《后汉书·韩庚传》和《晋书·庾亮传》里的“老子”应是“老年人的自称”；

《三国志·甘宁传》里的“老子”是“对老年人的泛称”。

有的俗语工具书明确将所收称谓词分为两类，比如《土风录》卷十六为亲属称谓类俗语词：爷娘、父曰老子、母曰阿妈、公、太公、公婆、外公、外婆、伯婆、叔婆、显考、家父、家母、家叔、丈人、丈母、岳父、女婿、舅母、哥、舍弟、令弟、小弟、令郎、娘子、姐姐、姆姆、婶婶、阿姨、外甥等。

而卷十七则为社会称谓类俗语词：老先生、大人、晚生、通家、家某人、西席、山长、阁老、上头人、上司、老爷、郎中、待诏、同胞、家主公、娘娘、小姐、小团、堂客、老道长、虔婆、丫头、老包、师姑、道士、门徒、大和尚、情郎、小的、门子、渠侬等。

《迩言》卷三大部分为亲属称谓类，卷四为社会称谓类词语：

哥、家兄、舍弟、家父、家母、老姊、外甥、家公、家君、阿爷、姑父、先父、娘子、阿公、家姑、家姊、家祖、姨母、姊夫、子壻、外孙、兄子婿、坦、岳公、太山、姊子、子姪（卷三）。

友于、具尔、先辈、征君、晚生、门生、同年、员外、贱儓、阿谁、百姓、将军、小生、我辈、祖师、丫头、老物、奴才、恶少、老贼、杂种、老奴（卷四）。

《恒言录》卷三有“亲属称谓类”：称父曰大人、称母曰大人、称父曰老子，称父曰爹，称父曰爷，称母曰娘，称母曰嬭，称父曰家君，称人之父曰尊公，府君、家父、家母、家祖、儿子、孩儿、子息，称世父叔父为伯父、称妾母曰姨、叔母曰婶、家兄、家姊、家叔、舍弟、令兄、称兄曰哥、同胞、堂兄弟、宗兄、族长、称妻曰内人、称妻曰儿母、称妻曰浑家、称妻曰室人、夫妇相称曰外内、小妻、称子妇曰媳、夫之兄曰伯、夫之弟曰小叔、娘子、女婿、子婿、丈人、丈母、姨母、小娘子、女子称姐等。

《通俗编》卷十八也是专门的“称谓类”词语的辑录：钜公、执事、先生、老先生、太先生、老先、老丈、大老、太翁、太公、公公、家公、尊公、家祖、家父、家母、家君、先君、先父、先姑、尊老、堂老、大人、老子、爷、爹、娘、爷爷、娘娘、妳妳、太太、阿爹、阿妳、阿姆、阿八、朝奉、孺人、家叔、家舅、家兄、家姊、家嫂、弟妇、母母、婶婶、阿伯、小郎、令兄、令弟、舍弟、尊兄、况、哥、岳翁、丈人、丈母、亡兄、亡弟、亡姊、倩、郎君、官人、娘子、小官人、小娘子、内人、妹妹、阿姨、小儿、小女、孩儿、鹍儿、呕鸦、宝宝、亲家翁、亲家公、主人翁、东家母、仁兄、吾兄、小弟、晚生、侍生、小生、下官、卑人、老夫、老身、汉子、小人、小底、奴才等。

《里语征实》卷中二字征实部分，也收录有一部分称谓词语：宗师、长老、称父母曰大人、母曰娘娘、父曰老子、伯伯曰八八，以及老娘、尊人、老公、丈夫、丈母、半子、舍弟、外甥、干娘、相公、先辈、外婆、中人、足下、阁下、学究、家父、家母、府君、郎君等。

《谈征》名部也收录了部分称谓词语：阁下、足下、陛下、官人、阿翁、贱息、母母、爷、爹、老子、太公、舅、伯、令尊、泰山、叔丈人、丈母、舍弟、姑、先生、娘娘、崽、囝、仔、阿妈等。

梁章钜《称谓录》更是收集各种称谓归类编纂的一部专科性的俗语辞书，据张子才（1990）统计全书共32卷，类目738个，词目5424条，并在“凡例”中对所录称谓词语进行了细致的分类。

4.2.3.2　传统节日、婚育丧葬以及其他民间风俗类俗词语

汉民族的传统节日有很多，比如除夕、春节、元宵节、清明节、端午、中秋节、腊八节等，由此也产生了很多和传统节日相关的风俗、活动、饮食①等词汇，比如：

【空贴拜年】新正朋友交贺以空贴而身不至，前明已然。《文待诏集·拜年》诗云：“不求见面惟通谒，名纸朝来满敝庐。我亦随人投数纸，世情嫌简不嫌虚。”又周辉《清波杂志》：“元祐间，新正贺节，有士持门状遣仆代往到门，其人出迎，仆云：‘已脱笼矣。’谚云‘脱笼’者，诈闪也。温公闻之，笑曰：‘不诚之事，原不可为。’”是宋已有此风。(《土风录》卷一)

“空贴拜年”记载了清代新年的民俗，此风俗在明代的俗语辞书中也可见，顾张思也指出“前明已然”。而根据宋人周辉在《清波杂志》中的记载可以看出，当时在士大夫之间就已经有用“门状”（即拜帖）互相拜谒的风俗。有些关系不大密切的朋友，士大夫们就不亲自前往，而是派仆人拿一种上面写有受贺人姓名、住址和恭贺话语的卡片前往代为拜年。《俚言解·卷一》有“拜年”条：“自元日以后亲友往来交错道路谓之拜年。然乡村各拜其亲友，或携盒酒多出其实心，而城市人多望门投刺，或不过其门，令人送名帖。不知此风起于何年，余少时尚无此风也。俗云：‘青草盖牛蹄，正是拜年时。’言必躬必亲，不嫌于迟，然今昔事异可慨者不止此耳。”明代《雅俗

① 和传统节日相关的饮食类词语列在“衣食住行用类”里。

稽言》也有“拜年”的说明。《里语征实》“拜年”条也有类似的记载：“明用柬只拜族邻、知己。康熙时用单贴书‘某拜贺’。”我们考察明代陆容《菽园杂记·卷五》中就有记载拜年的两种形式，一种是见面拜年，另一种拜年形式则不需见面，即所谓“望门投帖”之俗：“不问识与不识，望门投刺，有不下马，或不至其门，令人送名帖者。”可见“空贴拜年”的形式在明清时期已经非常流行。

【淘井】《志林》黄州俗，清明淘井。东坡在黄州梦参寥诵所作新诗有“寒食清明都过了，石泉槐火一时新”之句。梦中曰火固新矣，泉何故新？答曰：“俗以清明淘井”。（《里语征实》卷中）

《东坡志林》里记载的黄州风俗“清明淘井”，淘井就是把井里的淤泥和污物挖出，把浑水汲出。井淘过了，泉就是新的。

【照田财】农家上元夕以长竿燃灯插田谓之照田财。按：范石湖《吴郡志》作“照田蚕”，在腊月二十五夜。《石湖集》有《照田蚕行》云：“农家今夜火最明，得知新岁田蚕好。”方鹏《昆山志》云：“岁朝或次日束薪长竿为高炬，视火色赤白以占水旱，争取余烬置床头，谓宜蚕，故名点田蚕。”此又一说也。点疑照字之讹。（《土风录》卷一）

“照田财”又叫“照田蚕”，是江南一带流行的民间祈年活动，根据范石湖《吴郡志》，这一活动一般在腊月二十五夜举行。这一天“以长竿燃灯插田”来占卜来年丰收情况，火焰旺则预兆好：“农家今夜火最明，的知新岁田蚕好。”方鹏的《昆山志》也说“视火色赤白，以占水旱”，火是重要的因素。顾张思详细描写了这一民间风俗的具体做法、占卜方法以及时间等。

古代民间风俗，对于婚、丧两件大事非常重视，所以对于与之相关的民俗词汇也解释得比较详细。

【吃茶】女子受聘谓之吃茶，盖起于明代。宋以前未之闻也。《七修类稿》：“种茶下子，不可移植，移植则不复生，故女子受聘，谓之吃茶，又聘以茶为礼，取其从一之义。”（《恒言录》卷五）

钱大昕解释了民间“吃茶”的含义，并指出该风俗源起于明代，并引用《七修类稿》解释为何“女子受聘谓之吃茶”。在旧时婚俗中，“吃茶”意味着女子受聘于男家。现在浙西一带，婚姻由媒人说合，倘若女方接受即为允婚，则泡茶、煮蛋相待对方，称为“食茶”。按习俗惯例一旦食茶，双方就算定下了婚事。

【堂客】《徽州风俗记》：“嫁娶初下定议亲事谓之递手，即苏州安心盘也。”〇媒人说亲后，即叫媒人到女家传：男家于某日来递手。至是日，于至亲中请一位堂客去，或姑母，或妯娌，或姑娘，皆可。堂客到女家递手，或新媳之姑亦可送去物件镯簪鱼肉果品之类。(《里语征实》卷中)

唐训方不但解释了徽州方言里“堂客”的意义，而且解释了徽语里旧式婚姻订婚时，男方初给女方聘礼及议定亲事称为“递手”，而苏州称为“安心盘”。这几个方俗词语在《汉语方言大词典》里都有收录，且举例即为唐训方的《里语征实》。

【买路钱】《留青日札》：“高子皋曰：‘买道而葬，后难继也。’今人出丧，柩行之道，于前抛金银纸钱，名曰‘买路钱’，即高季买道之遗意也。”按《日本考》：“凡殡出，殡前设香亭一座，名曰‘设孤台’，令一人在前撒铜钱而行，名曰‘买路钱’，任其贫乞者拾之。”似此俗又自日本流及中国矣。(《通俗编》卷九)

翟灏不但引用前人著作指出民间丧葬中的一个风俗“买路钱”，而且对其来源进行了考察。

同一种民俗现象，在不同的辞书中有时用不同的俗词或俗语来表示，比如：

【乞巧】《荆楚岁时记))云：“七夕妇人结彩缕、穿七孔针或以金银鍮石为针。”宋孝武七夕诗曰：迎风披彩缕，向月贯玄针陈瓜果于庭中以乞巧。有喜子网于瓜上，则以为符应。《风土记》“七月七日，其夜洒扫于庭，露施几筵，设酒脯时果，散香粉于河鼓织女，言此二星神当会守夜者，咸怀私愿，或云见天汉中有奕奕正白气，有光耀五色，以此为征应，见者便拜而乞愿，乞富乞寿乞子，惟得乞一，不得兼求，三年颇有受其作者。”按，朱竹垞《七夕》词有云：“若使天孙有余巧，只应先乞自痴牛。语最解颐。痴牛，牵牛也。”(《谈征·事部》)

《谈征》用“乞巧”一词来记录传统七夕节最流行的风俗，即姑娘们在当天晚上进行的各种乞巧活动，其中最普遍的乞巧活动方式就是少女们穿针引线进行比赛。所以在《土风录》里就用“穿针”描述了这一相同的风俗。

【穿针】《荆楚记》：“七夕妇女结彩楼，穿七孔针，陈瓜果于庭中以乞巧。有喜子网于瓜上以为符验。”案，《西京杂记》：“汉采女常以七月七日穿气孔针于开襟楼。”是汉时已然。庾信《对烛赋》：“月下穿针觉最难。”此不指七夕。又《下黄私记》：“八、九月中月轮外时有五色云，呼女子持针线，小儿持纸笔，向月拜之，谓之乞巧。”是不独七夕矣。(《土风录》卷一)

反映传统节日、婚育丧葬以及相关风俗的民俗语汇，也是各部工具书收录比较多的俗语内容之一，比如：

贴宜春、打春、空贴拜年、元宵蚕茧、照田财、接坑三姑娘、花朝、清明上坟、焚纸钱、踏青、传经浴佛、端午龙舟、裹粽子、悬天师像、祀灶、穿针、盂兰盆、登高、拜冬、九九、廿四夜、跳灶王、贴门神钟馗、守岁。(《土风录》卷一)

放爆仗、烧香、打醮、行香、做道场、谢土、躲煞、七七、谢孝、烧羹饭、抽签讲书、说书、灯谜、缠足、穿耳、银指甲、留头、撒帐、传彩席、跨鞍、暖房夜饭、镟盘、双回门、牵羊担酒、合啼鸡、看席、做搭春、下摇篮、做满月。(《土风录》卷二)

春牛忙神、月忌、日忌、爆竹、打灰堆、五彩丝系臂、上元灯、寒食、端午、竞渡、乞巧、角黍、七月七日曝经书、乌鹊填河、盂兰盆会、甑月、九月登高、春联、祭灶、除日、大傩、雁塔题名、曲江宴会、登高、生日、放雀鸽祝寿、修禊、话拳、测枚、嫁殇、牵羊成礼、置草迎新妇、转毡、骑鞍、出赘、结婚以茶为礼、妇人用假发、穿耳、缠足、暖房、绕鬓妆、上头。(《谈征·事部》)

晬日、乳名、重身、吃茶、妆奁、花烛、改醮、再醮、周年、除灵、承重、七七、煞、填讳、神道、行状、祠堂、配社、放生、断屠、行香、圆拜、道场、满散、度牒、醮、纸马。(《恒言录》卷五)

洗尘、吃茶、上头、追节、下财礼、铺房、开合、挑巾、帕蒙首、撒谷豆、坐鞍、拜堂、传席、执烛前导、牵绥、撒帐、暖房、会郎、会亲、戏新妇、催生、洗儿果、满月、试周、入学忌偶等。(《通俗编》卷九)

桃符、春联、有喜、试周、满月、供茶、拜年、烧拜香、贴福字、送穷

鬼。(《里语徵实》卷中)

4.2.3.3　游戏娱乐及民间艺术类俗词语

清代俗语工具书里还有许多反映清代社会各阶层游戏娱乐活动以及民间表演的俗词语，对这些词语清代学者也进行了详细的描写，我们以《谈征》为例：

【抛堉】宋世寒食有抛堉之戏，儿童飞瓦石之戏也。梅都官《禁烟诗》："窈窕踏歌相把袂，轻烟赌胜各飞堉。"即今俗所谓撇老堉也。其戏，儿童以瓦片裁成圆子，如钱大，或如杯口大；或三四人，五六人不等，各先出一子，垛于适中之地，名谓老堉。一人作堉主，合众人各藏一子于暗处，藏毕，堉主用手中子转向老堉抛之，抛中者胜，如不中，许众人出所藏子跟击之，击中者胜，不中者输。今多不用瓦石，竟以铜钱抛之。赌也，非戏也。(《谈征·事部》)

《谈征》作者伊秉绶对抛堉之戏进行了非常详细的介绍，比如瓦片的形状、大小，游戏的人数、游戏的具体方法等。并指出宋时寒食有掷砖块之俗，后世易瓦石为铜钱，遂变游戏为赌博。对于抛堉的游戏，前人作品中也有记载，比如宋·张侃的《代吴儿作小至后九九诗八解》有："五五三三抛堉忙，柳丝深处映陂塘。"明代杨慎的《俗言》中也有对"抛堉"一词的简单解释："宋世寒食有抛堉之戏，儿童飞瓦石之戏，若今之打瓦也。"

《谈征》"事部"中辑录的民间游戏类词语很多，再比如：

【踢毽子】《事物原始》："今时小儿以铅锡为钱，装以鸡羽，呼为毽子。三四成群走踢，有里外廉、拖枪、耸膝、突肚、佛顶珠、剪刀拐之名色，亦蹴踘之遗事也。"

【放纸鸢】《事物原始》："纸鸢古传韩信所作。"《诚斋杂记》："韩信约陈豨从中起，乃作纸鸢放之，以量未央宫远近，欲穿地入宫中。按：《六帖》云："五代汉李业与隐帝为纸鸢于宫门外放之"，今俗谓之风筝谬矣。

【摸盲盲】小儿以巾掩目暗中摸索谓之摸盲盲。始于唐明皇杨贵妃之戏，号捉迷藏见《致虚阁杂俎》元微之《杂忆》诗："忆得双文胧月下，小楼前后捉迷藏。"范公偁有题扇上小儿迷藏诗。

另外，《谈征》"事部"还有"踢球、秋千、绳戏、翻空梯、上刀山、高跷、木偶戏、影戏、击壤、拔河”等各类民俗表演及民间游戏的记载，而且对它们的玩法以及来源等都引经据典描写得很详细。

清代俗语工具书收录的其他民间游戏表演类的俗词语还有：

南戏、爨戏、生旦净末、西曲、海盐腔、山歌、陶真、连厢、说书、字舞、秋千、傀儡、影戏、猴戏、走索、相声、打筋斗、虎跳、捉迷藏、溜冰、击壤、龙船、狮子舞、打标、假面、假头、年鼓、爆竹、香毬、走马灯、纸鸢、竹马、泥孩儿、沙戏儿、毽子、陀螺、撚钱、掷钱、宫棋、格五、投子。（《通俗编》卷三十一）

摸盲盲、穿跟斗、走绳索、踏高跷、踏大棚（《土风录》卷二）

走马灯、鬼葱戏、踩软索、耍把戏、翻筋斗、踩高脚、打大卦、打秋千、戴鬼脸。（《里语征实》卷中）

把戏、猴戏、影戏、提戏、木人戏、舞狮子、翻梯子、翻跟头、豁虎跳儿、打秋千、踢球、走索、踢毽子、捋竿子、走马灯、下五马儿等。（《通俗常言疏证》四册·戏玩）

每部俗语工具书都对这些俗词语的出处、使用以及这些俗词语所代表的民间活动的具体特点等进行了比较详细的解说。再稍举几例说明：

【说书】《古杭梦遊录》：“说话有四家：一银字儿，谓烟粉灵怪之事；一铁骑儿，谓士马金鼓之事；一说经，谓演说佛书；一说史，谓说前代兴废。”

《武林旧事》百戏社名小说为“雄辨社”。按：今俗谓之“说书”。“说书”字见《墨子．耕柱篇》：“能谈辨者谈辨，能说书者说书。”然所言与今事别。（《通俗编》卷三十一）

【踩高脚】《列子》宋有蘭子以技干宋元君以双技（疑枝），见长倍其身，属胫并驰弄七剑而跃之，立赐金帛。按：双枝属足即今踩高跷之戏也。高跷之戏习于着屐寸寸而上之长倍身矣，亦能弄刀剑等，俗曰踏高脚。（《里语征实》卷中）

【走绳索】走绳索之戏自汉有之。《西京赋》：“跳丸剑之挥霍，走索上而相逢。”李崇贤注：索上：长绳系两头于梁，举其中央，两人各从一头上，交相度，所谓舞絙者也。”若老杜《千秋节》诗：“走索背秋毫”。此乃打鞦韆之戏。（《土风录》卷二）

4.2.3.4 “衣、食、住、行、用”类俗词语

随着社会经济快速发展，新生事物日益增多，与百姓生产生活息息相关的衣食住行等领域也出现了较大的变化，在清代语言中也产生了许多与之相关的俗词语。清代工具书中的衣、食、住、行、用类俗词语也具有比较鲜明的时代特色。

“民以食为天”，中国的饮食文化源远流长，由此产生的与饮食相关的词语也自然非常丰富。清代俗语工具书中有关饮食方面的俗语词数量很多，其中有关于食物名称的，有关于地方小吃的，有关于节日食品的。比如：

【腊八粥】《梦华录》：“十二月初八日，诸僧寺作浴佛会，并送七宝五味粥与门徒，谓之腊八粥。都人是日亦以果子杂料煮粥而食。”（《俗说》）

【角黍】即今之所谓稷。《风土记》曰：“以菰叶裹黏米，以象阴阳相包裹，未分散之义。”至谓“屈原五月五日自投汨罗江而死，楚人哀之，每至此日以竹筒贮米，投水祭之。”者，《续齐谐》云然也。（《谈征·事部》）

【蒸糯米揉为饼曰餈巴】即《礼记》“粉餈”注云：“以豆为粉糁餈饼是也。”凡饼块为巴蜀之通称也。《大明会典》：“大祀有糯米餈糕。”（《里语征实》卷中）

【肉膙子】北方人细切脍之称，音如“臊”去声。余以为当作“劁”，《南史·茹法珍传》：“宫中讹曰：‘赵鬼食鸭劁，群鬼尽著调。’当时莫解。梁武帝平建邺，东昏死，群小一时诛灭，故称诸鬼。俗间以细挫肉糅以薑桂曰劁，意者以凶党皆当细剉而烹之也云云。”字书音“劁”如啸，疑今古声异耳。（《直语补正》）

“腊八粥”是一种在腊八节用多种食材熬制的粥，《俗说》引用《梦华录》的记载说明了其来源；《谈征》引用了《风土记》和《续齐谐记》，来对“角黍”的制作方法进行了描写，并解释了五月五日吃角黍的原因；“餈巴”在中国南方一些地区流行，《里语征实》介绍其是用糯米做成的；《直语补正》介绍了北方人饮食传统中的“肉膙子”。清代俗语辞书里记载的其他具有民俗特色的食物还有很多，比如：

粉团、薄饼、包子、茶食、圆子、糖圆、果子、月饼、春饼、寿桃、皮糖、枣糕儿、蜜糕、蜜饯、象棋饼、米粉饼、烧麦、麻饼、烧酒、水酒、高

粱烧酒、绍兴酒、花雕、花露酒、碧螺春、龙井茶、煎饼、胡饼、烧饼、汤饼、水引饼、河洛、馒头、饆饠、馄饨、饺饵、餢飳、酥饼等。

服饰作为人类文明与进步的象征，是随着民族文化的发展而不断发展的，衣着装饰主要包括头饰、衣着式样、布料等。清代学者将具有明显的时代及民族特点的服饰类民俗语汇收录在俗语辞书中。

【搭罗儿】《武林旧事》：载诸小经纪，有“发垛儿、搭罗儿、香袋儿、符袋儿、襻膊儿”。按：搭罗，乃新凉时孩子所戴小帽，以帛维缕如发圈然。（《通俗编》卷二十五）

【五时衣】《后汉书·东平宪王苍传》云：“乃阅阴太后旧时器服，怆然动容，乃命留五时衣各一袭”。注云：“五时衣谓春青，夏朱，季夏黄，秋白，冬黑也。”衣单具曰袭。（《迩言》卷五）

【钉鞵】雨行多用钉鞋。按，古人惟用木屐。《旧唐书·德宗纪》：“宗入骆谷，值霖雨，道滑，东川节度使李叔明之子升等六人著钉鞵行縢，更鞚上马，以至梁州。钉鞵之名见于此。”又皮靴亦曰钉鞵。见《明史·礼志》：“百官入朝，遇雨皆蹑钉鞾，声彻殿陛。太祖令为软底皮鞵，冒於鞾外，出朝则释之。”叶适诗：火把起夜色，丁鞋明齿痕。即钉鞋也。（《土风录》卷三）

“搭罗儿”即小孩子所带的一种帽子。“钉鞋”即旧时的雨鞋，而据顾张思解释皮靴亦曰钉鞋。“五时衣”是古代时天子在一年中不同时节穿的五种不同颜色的服饰，明清时期，“五时衣”已逐渐在民间流行。其他有关服饰的词语还有：

睡鞋、钉鞋、纽襻、尖头靴、开裆裤、兜膝、肚兜、汗衫、毡笠子、凉帽、网衣、短衣、平天冠、十样锦、霞头、帵子、东坡巾、幞头、烟毡帽、号衣、雨衣、马衣、百家衣、水田衣、霞帔、海青、搭护、缺襟袍、背子、细简裙、假髻、五兵饰、钗头符、煖耳、搭罗儿、裸裙、膝裤、花靴、靸鞋、钉鞋、女蒲鞋、高底鞋、苏头、荷包等。

住所建筑的样式或特点也是某个时代人民生活习惯的反映。清代俗语工具书里记载了许多的建筑样式，甚至包括一些对门窗样式的详细描绘。比如：

【天窗】《越谚》卷中引《鲁灵光殿赋》：“悬栋结阿，天窗绮疏。”本《通俗编》卷二十四李商隐诗：“鸟影落天窗。”范成大诗：“天窗晓色半熹微。”按，《文选》李注：“高窗也”。则非今之天窗。徐氏鼒《读书杂释》卷十三引《公羊哀六年传》注：中央曰中霤。疏引庾蔚之《礼记·月令》说曰：“中霤，复穴皆开其上取明，故雨霤之，是以因名中室为中霤也。”今俗谓之开天窗。烧片瓦空其中，俗谓之屋漏，是其遗意也。按今人以蛎殼或玻璃罩之。（《释谚》）

【煖坑】《旧唐书·高丽传》：“冬月皆作长坑，下然煴火以取煖。”按：《水经注》：“观鸡水东有寺，寺起大堂，下悉结石为之，上加涂塈。基内疏通，枝经脉散。基侧室外爨火，炎势内流，一堂尽温。”此盖即煖坑也，则中华已自北魏前有之。（《通俗编》卷二十四）

【院子】今人阶下露地曰“天井”，亦曰“院子”。按：《礼仪·士昏礼》：“期，初昏，陈三鼎于寝门外。”疏：“命士以上之父子异室，自然别有寝。若不命之士，父子同室，虽大院同居，其中亦隔别，各有门户云云。”然则“院子”之称，唐有之矣。（《直语补正》）

其他这方面的词语如：家堂、东西箱、天井、甬道、影壁、煖炕、天窗、窨、太师窗、亮槅、天花板、欢门、竹灯棚、上马石、烟囱、雨篛、草屋、步檐、屋脊、辕门、甲第、客堂、祠堂、天花板等。

此外，随着人们生活的日渐富裕，清代的各类日常生活器具也相对精巧繁多，有的是前朝就有的，有的是清代新产生的，清代学者对这些日常杂用类的俗语词也进行了收集阐释，比如：

虎脸子、搔背爬、钞袋、苏头、手帕子、拐杖、钱筒、石敢当、喇叭、笊篱、汤婆子、佛郎机、风炉、竹夫人、拨弗倒、太师椅、火筒、掌扇、坠扇、茶船、揎兜、铇子、帐子、眼镜、笔袋、罗盘、龙船、筹马、倚卓、抽替、食箩、八仙卓、望子、曲尺、秤、墨海、砚瓦、折叠扇、熨斗等

纵观清代俗语辞书，作者考证最详尽的正是那些最具民俗色彩的俗词语，在对这些民俗词语进行考释的过程中，清代学者往往借助各类文献资料从不同的途径加以考察，有的还会联系一些典章制度及风土人情等，这些民俗语汇十分鲜明地再现了当时的社会生活以及人们的一些民俗活动。

清代学者能够打破一些学者皓首穷经的治学旧框框，走出书本，从民间收集了存在于人们日常生活中的口语方言词语以及民俗语汇，这在当时也是

尤其难能可贵的。清代学者对这些词语加以源流上的考证，并对代表某种民俗现象的词语作了详细的阐释，将语言现象与社会生活相联系，让人们真正了解这些通俗语词的来龙去脉，而不仅仅是在古文献堆里寻找“雅言”，反映了清代学者对待“俗语”观念上的进步。

第三节 清代俗语辞书对所收词语的雅俗分类

本节通过明清时期三部俗语工具书对词目的安排，来阐释清人在词语雅俗分类问题上的前瞻性。需要说明的是，我们之所以将明代张存绅的《（增订）雅俗稽言》放在本节讨论，目的是与清代学者对词语雅俗分类的情况进行比较，从而可以更加清楚地看到清代学者在词语雅俗分类问题上的进步，而且也可以表明清代学者对词语的雅俗分类也是受到前代学者的影响的。

4.3.1 《（增订）雅俗稽言》对词语的雅俗分类

对于自古文人学士多不屑言“俗”的语言观，张存绅在《（增订）雅俗稽言》中指出：“语言‘雅’、‘俗’之相入也，如大小短长之相成也。”张存绅认为“雅”与“俗”是对立统一的，“如大小短长之相成”，这种观点无疑是十分正确的。张存绅认为“雅言”和“俗语”同样重要，所以该书的编纂原则便是“雅俗并收”，这点从书名也可得知。吴炳给此书作序也提到：“大者自两仪七曜、阴阳时序、仙释鬼神以至山川风土；小者自艺文杂技以至居处服玩、飞潜动植之类无弗考证而该载焉丹铅者，三十余年始成是帙，盖雅俗并收，今古兼摭，题曰《雅俗稽言》。”由此可见，该书所收词语非常丰富，而且“雅俗并收，今古兼摭”。至于什么是“雅”，什么是“俗”，孙穀在该书的“引”中也有交代：“人人言而实未能言者，雅也；人即不欲言而终日言者，俗也。”全书共分19个大的门类，在大类下面又分若干小类。

作者在书中虽然并未将雅类、俗类明确分开，但是在该书的编纂安排上，还是将雅言、俗语有意识地加以区别。通观全篇，《雅俗稽言》中收录的雅言詞主要集中在第二十三卷至第三十一卷的经说类、史说类和子说类，另外集卷的诗文类也有少部分雅言词，特别是二十三至二十五卷的经类，更是集中收录了很多雅词语，而其他各卷则收录了天文、地理、人伦、饮食等大量的日常俗词语。作者没有明确地表明其所收条目的雅俗，我们判断作者雅俗分类的根据有三：

一是作者在“经史子集类”的绪录中指出：“世俗谈说与笔札，引用骈字偶句，鄙语文言，往往未详出处。兹摘《困学纪闻》所载稍附杂录，聊以便阅，非敢为博雅言也。”作者指出把从《困学纪闻》所摘录的词语，附在“经史子集类”的后边，“非敢为博雅言也”，不是为了扩充经史子集类所收录的“雅言”，只不过是“聊以便阅”。由作者的这段话我们可以初步判断经史子集类的词语应该是张存绅所认定的雅词语。

二是通过经说、史说、子说以及诗文四类所收的词语，与其他各卷所收词语的对比，也明显可以看出雅俗的不同，比如：

卷二十三、卷二十四、卷二十五“经说”类：

吾与尔靡之、健讼、包承、苋陆、无咎、载鬼、苞桑、徽纆、何以从禽、舆尸、诗什、诗序、玄鸟生商、夏屋、景行、窈窕、相鼠、鸠巢、教诲尔子、绿竹、不日成之、陟岵、葑菲、宴尔、常棣、诞弥厥月、町疃、居诸、无偏无陂、明哉、百揆、禹贡、东汇、令失其行、秬鬯、峄阳孤桐、获麟、瓜代、三不知、风马牛、绕朝赠策、掌路鼓、夫征、委积、姑息、欠伸、若干、性相近、吾岂匏瓜、无所不佩、不觚、昼寝、司存、执礼、斗筲、蒲卢、置邮、士则之、追蠡、折枝、不可矶、图书

卷二十六史说类①：白驹、卑之、晓人、带砺、无何、清谈、一切、谈何容易、秦失其鹿、朝请、君相造命。卷二十七子说类：唯之与何、孟浪之言、安排、野马、成心、匠石、有喙三尺、朝三暮四、弋人何慕等。卷二十八——卷三十一诗文：骚赋、落英、晏蹇、玉树、肸蛮、神女、美人、诗谶、擅场、椎拙、警策、一字千金、杜撰、润笔②。上述四类中所收的词语明显具有“雅”的性质，而除了“字学卷”以外，其他各卷从卷目名称以及所包含

① 子说类、史说类和诗文类收录条目以作品名称等为主，比如《三皇书》《逸周书》《春秋后命》《山海经》、王勃诗、卢照邻诗、鲍照诗、陈子昂诗等，所以普通词语较少。

② 诗文部分所收词语较少，绝大部分是对诸如王勃诗、卢照邻诗、鲍照诗、陈子昂诗、《文选》《玉台新咏》《文心雕龙》《朱子语录》《铜雀词》《过秦论》《醉翁亭记》等的介绍。

的词语也可以看出是日常的普通俗语词汇，比如，

天文类：天河、天门开、日乌、日月食、月晕、月中影、倒景、常仪、二十八宿、牛女、郎星、太白、风色、青云、朝莫霞等；

天时类：四时、拜年、桃符、正五九、书罈、食天仓、人日、元夕、天穿日、社日、梅雨、端五、三伏、重阳、中秋、节候、立春、雨水、候雁北、惊蛰、桃始华、清明、谷雨、立夏、王瓜生、小满、苦菜秀、麦秋至等等；

人伦类：爷娘、宁馨、丈夫、齐眉、侧室、去妻、细君、跳槽、亲家、师生、妯娌、淡交等；

饮食类：粗精、一顿、茶品、中酒、糕、饮茶、豈粥等；

冠服类：巾帻、首饰、耳衣、面衣、逢掖、短褐、膝裤、端匹等；

器用类：熨斗、酒帘、东西、什器、聚宝盆、青奴、交床、灯烛、篷席、虎子、田器等；

人事类：别号、门下、先生、阿、渠、赤章冒枝、麻胡、束脩、洗泥、抽丰等；

人物类：内外班、小妮子、苍头、客作、酒家保、画家、医者、风流、本分、童心、细腰、穿耳、行止、三世、一人、潦倒、灵利、乖角、鲫溜、发性、经纪、火伴、偻㑩、踧扈、糊涂等。

除了这些俗词语以外，这些卷目中还包含了大量的谚语，如“乌云穿河连夜雨”、“十月十六晴，骑春下雨到清明”、“晴鸠叫晴，雨鸠叫雨”、“肥冬瘦年”、“云行东，车马通；云行西，马溅泥；云行南，水涨潭；云行北，好晒麦”、“春雾日头夏雾热，秋雾凉风冬雾雪”、“朝霞不出市，暮霞走千里”等，通过这些谚语的收录我们也可以看出这些卷目收录的是俗语而非雅言。

三是作者对雅俗两类词语的解释方式也是不同的。对俗词语的阐释主要是解释其意义，以及它们在一些诗词笔记等文献中的使用，有些在释义时会直接用“俗谓”“俗称”等指明其“俗语”的特征。比如：

【天穿日】俗憾久雨不晴曰天穿，又曰天漏。按《拾遗记》：“江东以正月二十四为天穿日，以红缕系饼饵置屋上谓之补天穿。”李诗“一放煎饼补天穿”是也。又杜诗“鼓角漏天东”。又“安得诛云师，畴能补天漏”。又“地近漏天终岁雨”，注云“梁益四时多雨，俗称漏天。”一曰正月二十为天穿日。

（卷二）

【逢冬数九】《岁时杂记》："俗用冬至日起数谓之逢冬数九。如至日逢单则连本日数，逢双则除本日数，数到九九八十一日则春将分矣。"（卷二）

【腊八日】俗呼十二月初八为腊八日。（卷二）

【跳槽】今俗以宿娼无恒主谓之跳槽，乃自家妃妾以新间旧亦曰跳槽。

魏明帝初为王时纳虞氏为妃，及即位，毛氏有宠而黜虞氏。元人传奇以明帝为跳槽。俗语本此。（卷八）

【交床】今之交床，制本自虏来，始名胡床。桓伊下马据胡床取笛三弄是也。隋以谶有胡，改名交床，胡瓜亦改黄瓜。唐柴绍击西戎，据胡床，使两女子舞，则唐史臣追本语以书也。唐穆宗长庆间，见群臣于紫宸殿御大绳床，则又名绳床矣。（卷十三）

【麻胡】今人呼麻胡来以怖小儿，其说不一。如《朝野佥载》："谓后赵石虎将麻秋暴戾好杀胡人也，故曰麻胡来。"又《大业拾遗》谓："炀帝将麻祜浚版虐民，故呼'麻祜来'。"祜音户，转为胡也。又《小名录》："刘南阳本字黝胡，以其颜面黝黑似胡，故呼刘胡来。"又《会稽录》："会稽有鬼名麻胡，好食小儿故云。"今俗又有转为麻公者误。（卷十七）

【赤章冒枝】俗称人急遽自是者曰赤章冒枝。（卷十七）

【洗泥】凡朝臣出有赐曰饯，路反有劳曰软脚，方言有洗泥酒。东坡云"多买黄封作洗泥"是也。今俗凡于人出曰饯程，反曰接风。（卷十七）

【火伴】俗呼同旅为火伴。《古木兰词》："出门看火伴，火伴皆惊忙。"……（卷二十一）

【灵利】今称人颖敏曰伶利……（卷二十一）

【乖角】俗称警敏有干局曰乖觉……（卷二十一）

而雅言词的阐释则主要是追溯语源，将其所来自的原文考证出来，而不像俗语词那样阐释意义，列举例证。比如：

【无咎】《周易·系辞》曰："无咎者善补过也。"又曰："无咎者存乎悔。"（卷二十三）

【苞桑】《易·否》："其亡其亡，系于苞桑。"传谓为安固之道，如维系于苞桑也。（卷二十三）

【夏屋】《诗经·秦风·权舆》："夏屋渠渠。"《毛传》："夏，大也。"郑笺："屋，具也。渠渠，犹勤勤也。言君始于我厚，设礼食大具以食我，其意勤勤。"然正与《字书》以夏屋为大俎相合。自朱子以屋为房屋，谓渠渠为深广，吕氏严氏相继从之，便与诗旨觉矣。（卷二十三）

【景行】《诗》："高山仰止，景行行止。"注："景行，大道也。"（卷二十三）

【窈窕】《诗》："窈窕淑女。"注："窈窕，幽闲之意。言其德深厚沉，不轻薄也。"（卷二十三）

【居诸】《诗》："日居月诸。"传云："居诸，助语辞。盖犹绿兮衣兮，兮字耳。"（卷二十三）

【瓜代】《庄公八年》："齐侯使连称、管至父戍葵丘。瓜时而往，曰：'及瓜而代'。期戍，公问不至。请代，弗许，故谋作乱。"今官员候代及贺新到官每用瓜代瓜期字，不知以官长比戍役以叛乱为庆贺可乎？且据传乃一年戍守耳。今概称瓜期，未当。（卷二十四）

【白驹】《史记》："人生一世间，如白驹过隙。"颜师古注："白驹，日景也。"自有此注，而文人遂以日景为白驹。其实不然。秦二世曰："人生居世间也，譬如骋六骥过决隙也。"决，音缺。刘孝标《答刘绍书》："隙驷不留。"李善注《墨子》曰："人之生乎地上之无几何也，譬之犹驷驰而过隙也。"则白驹仍是比喻。师古误人。（卷二十六）

张存绅的《（增订）雅俗稽言》雅俗兼收，虽未明确将雅言、俗语进行分类，但有意识地将雅言词和俗语词安排在不同卷目中，与前朝及同时代的学者相比是一种观念上的进步。但是真正标明所收词语的雅俗，并在条目安排上明确进行雅俗分类的却是清代的俗语工具书，比较突出的就是易本烺的《常语搜》。

4.3.2 《常语搜》对词语的雅俗分类

"常语"在《汉语大词典》中的解释是："通常词语，俗话"，所以"常语"就是指人们平常在使用的语汇。但是《常语搜》实际也是雅俗兼收的，是作者在日常卷读过程中收集积累的结果，作者对其所积累的词语也进行了有意识地雅俗分类集编，这在当时是十分具有超前意识的分类方法，表明易本烺对于词汇的雅俗已经有了一定的认识。张存绅的《（增订）雅俗稽言》只是初步具有了这种雅俗分辨的意识，但是易本烺却是明确地将所录词语分为雅俗两类。

易本烺的《常语搜》我们统计共有1362条词语，除去重复的7条，还有1355条。卷一、卷二为雅类，共695条，卷三、卷四为俗类，共660条。四卷中一字、二字、三字、四字、五字、七字及八字以上的词条均有收录，具体统计如表4.1所示。

表4.1　《常语搜》所收条目数量统计表

	一字词	二字词语	三字词语	四字词语	五字及以上
雅类	3	363	22	244	60
俗类	4	222	39	204	194

4.3.2.1　一字词的雅俗

从上表统计可以看出，《常语搜》所收一字词雅类和俗类都很少，雅类有三个：

【幺】以幺称人者见于南宋杨幺，楚人谓年少者谓幺。《说文》："幺，小也。"（卷一）

【称天子曰上】《史记·秦始皇本纪》："上宿雍。"注裴骃云："司马迁记事，当言'帝'，则依违，但言'上'，不敢媟言，尊尊之意也。"（卷一）

【甫】《七修类稿》："表德用甫字者，起自荆公，当时附势者多效之。然甫字亦止用于字内，后人乃于字之下亦用之。"（卷二）

俗类一字词有4个：

【等】俗以俟为等。《篇海》："等，待也。"范石湖《州桥》诗曰："州桥南北是天街，父老年年等驾迴。"（卷三）

【睡】此字始见于《史记·商君列传》（卷三）

【有】《诗·大雅》："爰众爰有。"笺曰："有，财足也。"案，俗以贫富为穷有，本此。《孔子家语》有"思其穷"。（卷三）

【貌】俗呼"无"曰"貌"，字非，以为没者亦非。考《异物汇编》："狗缨国有兽名貌，善遁，入人室中偷食，已犬叫，人觅之，即不见矣"。故至今吴俗空拳戏小儿，已而开拳曰"貌"。案，此"貌"字之由来也。（卷

三）

俗类中的“等”、“睡”、“有”很明显都是当时口语中的常用词，即使在现代汉语中也属于常用词。但是“貌”易本烺解释为：“俗呼‘无’曰‘貌’”，却让人难以理解。经过考察，我们认为表示“无”义的应该是“毛”而非“貌”。郝懿行的《证俗文》卷十七就有“河朔谓无曰毛”一条。另外考察《汉语大词典》“毛”其中一个义项便是“无”，并举例证解释：清·钱大昕《十驾斋养新录·古无轻唇音》：“古读‘无’如‘模’……‘无’又转如‘毛’。《后汉书·冯衍传》‘饥者毛食’注云：按《衍集》‘毛’字作‘无’。《汉书·功臣侯表序》‘靡有孑遗秏矣’注，孟康曰：‘秏，音毛。’师古曰：今俗语犹谓‘无’为‘秏’。大昕案：今江西、湖南方音读‘无’如‘冒’，即‘毛’之去声。”清代赵翼的《陔余丛考》里也有专门解释“毛作无字”：“天津、河间等处，土音凡‘无’字皆作‘毛’字。《佩觿集》所谓河朔人谓‘无’曰‘毛’。”

可见此处应该是当时口语里的常用词“毛”，表示“无”的意思，而非“貌”，易本烺所举《异物汇编》里的“貌”只是传说中的兽名而已。

4.3.2.2　二字词语、四字词语的雅俗

从数量上看，《常语搜》所收雅、俗两类的二字词语和四字词语都很多，而且都是雅类要比俗类更多一些。对于易本烺对二字词语、四字词语划分雅俗的标准，我们尝试从来源、产生时代以及流传性三个方面进行考察。

首先从来源来看，我们根据书中易本烺考察的词目来源，发现雅类的363个双字组合中有291个出自经部、史部以及子部的先秦诸子百家的著作，占所有雅类二字词语的80.17%，而其中又以出自“十三经”和“二十五史”为最多，共有196个。比如：

【措大】出《五代·东汉世家》：“王得中叩马谏。旻怒曰：‘老措大，毋妄沮吾军！’何义门曰寒山诗已有“措”大字。（卷一）

【祝发】《谷梁传》：“吴，夷狄之国也，祝发文身。”范甯曰：“祝，断也。”（卷一）

【阴德】《史记·晋世家》：“然不知明之为阴德也。”案，明即左氏所谓提弥明。（卷一）

【芝宇】《唐书·元德秀传》："房琯每见德秀，叹息曰：'见紫芝眉宇，使人名利之心都尽。'"按，紫芝，德秀字也。(卷一)

【郑重】《前汉·王莽传》："非皇天所以郑重降符之意"。又《三国志》："国家哀汝，故郑重赐汝好物。"(卷一)

【瓦解】《史记·匈奴传》："其困败，则瓦解云散矣。"(卷一)

【举止】《齐书·张欣泰传》："欣泰著鹿皮冠衲衣。世祖曰：'将家儿何敢作此举止。'"(卷二)

【清刚】《梁书·钟嵘传》："《诗品》：'刘越石仗清刚之气。'"(卷二)

其他的雅类二字词语来源举例如表4.2所示。

表4.2　《常语搜》雅类双字组合来源举例列表

例词	来源	例词	来源	例词	来源
计偕	《汉书》	起复	《北齐书》	谙练	《晋书》
芝宇	《新唐书》	尺牍	《史记》	鼎足	《管子》
子细	《北史》	致意	《晋书》	宵分	《魏书》
八秩	《礼记》	惭愧	《国语》	覃恩	《旧唐书》
公车	《史记》	雀跃	《庄子》	即事	《列子》
郑重	《汉书》	鹤发	《后汉书》	月弦	《左传》
权舆	《诗经》	缄默	《宋史》	擘画	《淮南子》
紬绎	《前汉书》	痼疾	《后汉书》	瓦解	《史记》
寒士	《宋史》	胶庠	《礼记》	措大	《新五代史》
祝发	《谷梁传》	跛扈	《后汉书》	酷嗜	《唐书》

俗类双字组合共222个，出自经部、史部以及诸子百家经典著作的有134个，相对雅类要少很多，占60.36%，在这些俗类的双字组合中有88个是出自诗歌、辞赋等相对不那么典雅的集部著作，比如：

【稳当】杜牧诗："为报眼波须稳当。"(卷四)

【板牙】杜诗有"板齿"语。《戏赠友》诗之一："一朝被马踏，唇裂板齿无。"(卷四)

【打扮】何应龙诗："寻常打扮最相宜。"(卷四)

【好手】杜甫诗："画师亦无数，好手不可遇。"(卷四)

【毛病】明徐咸《相马书》："马旋毛者，善旋五，恶旋十四，所谓毛病，最为害者也。"(卷四)

【乖张】南朝·梁武帝《孝思赋》："何在我而不尔，与二气而乖张。"

（卷三）

其次，从词语的出现年代来看，根据我们统计，绝大部分的雅类双字组合都产生在唐代以前，共293个，占80.27%。而在唐代以前出现的俗类双字组合只有140个，仅占63.06%。这应该和唐代以后语言的通俗化有关，唐代“是汉语古今演变的一个重要发展时期……词汇上，新词新义大量出现，口语词汇逐渐进入书面语，形成与文言文相抗衡的古白话系统，文言与白话分流。”（徐时仪，2015：121）所以唐代以后产生的词语很多属于口语白话词，自然易被作为俗类词语收录。

最后，从词语的流传性来看，我们以《现代汉语词典》为标准，雅类363个词语中，共有241个在《现代汉语词典》中出现，其百分比为66.39%，而222个俗类词语，有182个依然存在于《现代汉语词典》中，百分比为81.98%。而且未出现在《现代汉语词典》中的原因，雅类和俗类词语也是不同的。122个雅类词语未出现在《现代汉语词典》中是因为其过于古雅的性质，不适合出现在现代汉语的词汇里，比如：跨灶、八秩、家督、嗤点、町畦、临轩、汝曹、昭代、家乘、覃恩、封君、月弦、胶庠、碑版、颛臾、修途、证左等。而40个未收入《现代汉语词典》的俗类双字组合未发展成为现代汉语常用词汇的原因有二：有的虽然在清代属于特别口语化的词，如：小底、酒保、鲫溜、出尖、老母、年几等，但随着社会的发展，这些词在现代已经不太常用了；有的俗类双字组合不具有词的性质，而是口语化的词组，比如：搭船、福人、请坐、吾兄等，不适合进入规范化的词典。此外，即使收入《现代汉语词典》的雅类词又有44个明确标以“书”或“旧时”、“古代”等，以证明其“雅”的性质，比如：端倪、谙练、权舆、帲幪、校雠、尺牍、发轫、孟浪、耳食、市井、丁艰、踌躇、旷代、畏途、守成、扁舟、跬步、国色、擘画、扼腕、太息、关说、䌷绎、寒士、高堂、达人等。进入《现代汉语词典》的俗类词，有的也注以“口语”或“方言”来标明其“俗”的性质，比如：

【发蒙】〈口〉（动）犯糊涂；弄不清楚。

【不中】〈方言〉（形）不中用；不可以；不好。

以上是双字组合的雅俗分类情况，就四字组合来说，244个雅类四字组合从类型来看以成语为主，共221个，占90.57%，例如：开卷有益、因利乘便、废然而返、爱屋及乌、缪为恭敬、内圣外王、大器晚成、武断乡曲、数米而炊、童而习之、不寒而栗、尘饭涂羹、动合机宜、延年益寿、交浅言深、言人人殊、防微杜渐、吹毛求疵、同日而语、同年而语、耳而目之、处心积虑、一人乡隅、行云流水、丹成九转、安土重迁、宏奖风流、五日京兆、胶柱鼓瑟、乐此不疲、相为表里、推波助澜、深根固柢、兵凶战危、奸人之雄、擘肌分理、依违两可、择地而蹈、立竿见影、坚壁清野、平陇望蜀、旋干转坤等。

204个俗类四字组合，从性质来看只有142个属于成语，仅占69.61%。除此之外还有很多常用在口语里的四字习惯用语或组合。比如：岂有此理、闲事莫管、债多不愁、十年窗下、母老子幼、青春少年、随身衣服、玉皇大帝、奔走衣食、张三李四、呵呵大笑、弟男子侄、生生世世、一年一度、是何道理、故乡故里、人情分子、走南跳北、肥酒大肉等。

雅类221个成语中，唐代以前产生的有164个，占74.21%，而且大部分也是出自经典的经书、史书和诸子百家的著作。例如：

【不壹而足】见《公羊传》（卷二）。

【画饼充饥】《三国志·魏书·卢毓传》："选举莫取有名，名似画饼，不可啖也。"《传灯录》："画饼不可充饥。"（卷一）

【半面之识】《东观汉记》："应奉尝诣袁贺。贺将出行闭门，造车匠于阁内开扇出半面视奉，去后数十年，于路见车匠，识而呼之。"今人云半面之识本此。（卷一）

【盗亦有道】《庄子》："跖之徒问于跖曰：'盗亦有道乎？'"（卷一）

【尘饭涂羹】《韩非子》："尘饭涂羹可以戏而不可食也。"今人误作土羹。（卷一）

4.3.2.3　三字组合、五字及以上组合的雅俗分类

从数量上来看，《常语搜》里的三字词语和五字及以上的词语都是俗类明显多于雅类。三字词语共61个，其中俗类39个，雅类22个，俗类是雅类的近两倍，具体见表4.3。

表 4.3 《常语搜》所收三字组合雅俗分类列表

	俗 类	雅 类
数 量	39	22
三字组合	醉如泥、不中用、不长进、十字街、十八九、眼孔大、雪待伴、白日鬼、抱佛脚、□衣裳、打秋风、羊跪乳、打官司、打油腔、吃墨水、破落户、家常饭、没巴鼻、参末议、门外汉、有起色、忘年交、破天荒、百子图、遗腹子、无长物、有才情、开金口、后生子、眼中钉、救命计、不敢当、太夫人、主人翁、船开头、不经事、科松枝、不耐烦、外后日	不宣备、方外人、南华经、平为福、八行书、数数然、写一通、如其意、烟火气、穷措大、公家言、大方家、大手笔、小家子、子大夫、风云会、承上文、结上文、定盘星、三三径、大君子、四喜诗

从上表可以看出易本烺所收俗类三字组合大部分都是近代产生的口语中常用的短语：不中用、不耐烦、不经事、不敢当、不长进、十八九、有起色、打官司等，或者是三字惯用语：家常饭、开金口、抱佛脚、打秋风、吃墨水、眼中钉、打油腔、破天荒、没巴鼻等。而雅类三字组合绝大部分是词，而且这些词多是来自古代典籍中的词，例如：

【方外人】《庄子·大宗师篇》："孔子曰'彼游方之外者也。'"（卷一）

【小家子】出《汉书·霍光传》（卷一）。

【如其意】《公羊传》桓元年，公即位。传："此其言即位何？如其意也。"（卷一）

【数数然】本《庄子》（卷一）

【子大夫】贾谊《治安策》："子大夫自有过耳。"李善注《魏都赋》："《国语》越王勾践曰：'苟闻子大夫之言。'贾逵曰：'亲而近之曰子大夫。'"（卷一）

五字及以上词语共254个，其中俗类194个，雅类60个，俗类是雅类的三倍多。俗类多为来自口语、流传民间的谚语，比如：独木不成林、夫妻本是同林鸟、蛇要打七寸、路遥知马力日久见人心、龙生龙凤生凤老鼠生来会打洞、谩上不谩下、柴米油盐酱醋茶、着意栽花花不发等闲插柳柳成阴、将酒劝人无恶意、天不生无禄之人地不长无名之草、一朝权在手便把令来行、一人传十十人传百、没酒没酱不成道场、偷食猫儿不改性有麝自然香、蛇无头不行、一饮一啄莫非前定、今朝有酒今朝醉明日愁来明日愁、逢桥须下马过渡莫争船、人无千日好花无百日红、蝼蚁尚且偷生、嫁鸡随鸡嫁狗随狗、鸡飞狗上屋、不经一事不长一智、如今学得乌龟法得缩头时且缩头、君子避酒客、生姜树上生、人心似铁官法如垆、之乎者也矣焉哉安得停当好秀才、安排香饵钓鳖鱼、好马不背双鞍子、采得百花成蜜后不知辛苦为谁甜、早晨栽下树晚来要纳凉、常将冷眼观螃蟹看你横行到几时等。

雅类大多也是来自古代典籍的一些“名言警句”：比如来自《晏子春秋》的“识时务者为俊杰”，出自《战国策》的“前事不忘后事之师”，源自《后汉书》的“容容多后福”，来自《三国志》的“士别三日刮目相待”，来自《荀子》的“坐而言，不如起而行”等。

4.3.2.4　《常语搜》词语雅俗分类特点及原因小结

从音节数量来看，单音节词在清代已经不是词汇系统的主流，所以清人的词语类工具书里收录单音节词的数量很少，在此不予讨论。《常语搜》所收的双字、四字词汇单位和三字、五字及以上词汇单位则显现出不同的雅俗取向。二字词语和四字词语雅类比俗类要多一些，三字词语和五字及以上词语明显俗类要占绝对的比例。“双音词与四音词从乐感上更符合中华民族追求偶化的审美心理，‘偶字易适，奇字难安’，它们更多负载雅的语言。”（杨爱娇，2005：28）。双字组合和四字组合从来源来看，雅类更多来自于经、史以及诸子百家的名作，特别是《十三经》向来被奉为经典，受到文人学士的崇尚，也被历代统治阶级所肯定，在其基础上援引出的各种语汇自然也会被视为雅言。三音节词语大多产生在平民意识崛起、通俗文学兴盛的近代，大多为流传于民间的俗白词语。五字及以上的组合一般为俗谚，更是具有通俗直白、口语化特征。谚语从产生时间上来说虽然比较久远，而且有些在某些经典权威作品中也出现过，但是从源头来讲却是大众创作的，在典籍中也只是作为被引用的内容，很多被注明“鄙谚、俚谚、俚语、谚”等，即证明在人们心目中对其认定的鄙俗性质，自然属于俗类更多一些。另外，易本烺对所收词语的雅俗分类，如果从产生时间上看，唐代以前产生的词语以雅类为主，而唐代以后则俗类会相对多一些。唐代是汉语古今演变的重要时期，唐代以后汉语白话发展迅速，各类俗文学作品不断出现，从而促进了更加通俗化的方俗口语词汇的使用和传播。

但是易本烺对词语的雅俗分类标准并不具有绝对性，从统计数据可以看出，虽然从音节特点，以及来源、产生时代、流传性等来看，雅类词语和俗类词语具有不同的特点，具有一定的差别，但是二者也有一部分重合的特征，特别是双字组合雅类和俗类相差并不大。比如易本烺收入雅类的某些词语：老兄、可人、宝贝、出处、风俗、明白、世界、家人、父子、话头、宝贝等，我们今天看来并不具有雅的性质，反之被收入俗类的某些词语也明显不具有俗的性质，这说明易本烺对词语的雅俗分类也具有一定的随意性和主观性。但是清代的词语研究不可能具备现代语言研究的意识，所以我们应该认识到易本烺对词语的雅俗分类在词汇发展史上的重要意义，而对于其标准的完备程度则不能苛求。

4.3.3 《越谚剩语》对词语的雅俗分类

《越谚》是绍兴范寅在清光绪年间写的关于越地方言词语的著作，书后附有《越谚剩语》两卷，作为正编未刊资料的补充。作者指出：

余于光绪戊寅之岁，著《越谚》，编上、中、下三卷。既成，犹有妇孺常谈，为文人所猥弃，实则见诸经传诗曲，苦于习矣；不察者又有学士雅言，为俗人所罕道，设或问其来历根柢，竟有欲辨忘言者。若置之上卷《语言》中，则文仅一二三字而不成句；成句矣，问之老妪不解，仅为越士所口习，岂容混入上卷哉！……爰补辑若干语，分上、下两卷，其妇孺常谈而不成句者置之上卷，成句而学士雅言者置之下卷名曰越谚剩语。

从这段话可以看出，范寅在编辑完《越谚》以后，又发现有一些"妇孺常谈"和"学士雅言"，但是无论是放在《越谚》的哪一卷都不合适，所以又单独编成《越谚剩语》，附在《越谚》书后，上卷为"俗语"，即"妇孺常谈而不成句者"，下卷为"雅言"，即"成句而学士雅言者"。

从《越谚剩语》"雅言"和"俗语"的收录内容看，范寅雅俗分类标准比较明显的有两条：

一是根据音节数。俗语类以双音节词语、三音节词语为主，上卷406条俗语，双音节词语和三音节词语共377个，占92.86%。其中双音节词共298条，都是一些口语里的常用词，比如：工夫、能干、连忙、多谢、倒霉、体面、辛苦、公道、阿大、阿三、阿五、阿六、阿八、大娘、二娘、三娘、嘈杂、怪道、陶成、规矩、尴尬、龌龊、肮脏、邋遢、希奇、古怪、上当、棱角、懵懂、崚嶒、粗疏、铆心、畅肚、手艺、体面等。

三音节词语79条，和易本烺《常语搜》所收三音节俗语一样，多为口语里常用的短语以及一些惯用语，比如：勿割舍、不攻致、有才情、快活人、小意智、争闲气、穷人家、说大书、打连厢、托胆大、可怜见、不中意、不敢当、东道主、走江湖、着死急、落吾手、在手头、笑嘻嘻、捧腹笑、缩鼻笑、开口笑、亡聊赖、开秧门、叠稻棚、做生活、唱山歌、有名器、报风知等。

另外“俗语”部分还收录有四字词语28条，所占数量比较少，而且俗类的四字组合大部分也是口语里的惯常用语以及极个别的成语：骨肉至亲、指腹为婚、合家老小、乐在其中、孤儿寡妇、不同乡贯、不服水土、根生土养、随乡遇乡、无边无岸、飞砂走石、转弯落角、大小争锋、手忙脚乱、彻底澄清、打头打底、横冲直撞、弄巧成拙等。

五字词语1条：笑杀天下人。

下卷123条雅言中以四字组合为主，共有92条，占全部雅言词语的74.8%，而且成语占了绝对的比例，比如：分庭抗礼、力不从心、天从人愿、满面春风、好事多磨、一败涂地、名正言顺、名士风流、名家万里、雅人深致、情礼兼到、俗不可医、见笑大方、束之高阁、奉行故事、一人向隅、矫枉过直、人微言轻、文过其实、一目十行等。在编辑者范寅心目中，成语属于他所认为的“雅言”。

另外也有少量的双字词语23个：驰名、鏖战、掣肘、上学、放学、佳作、题目、杜撰、八股、影格、花押、物故、端肃、敛衽、名家、埋没、大家、谈天、化外、土宜、草稿等；三字词语只有6个：大作客、决雌雄、读生书、将门子、稽颡拜、三分话，大部分都是来自古代的经典著作，自然也被划归到雅言类。

另一个分类的标准是上卷俗语所收词语有更多有越地特色的方言词语，而下卷雅类所收词语更接近通语。上卷具有越地特色的方言词语，例如：

【歇旰】暑天午卧。

【籃㴔】“蓝滩”。薄而大。越谓物不收检。

【盪洄】“盘回”。日用之谓。

【不大】越语凡言“不甚”曰“不大”者，与《汉书·田叔传》所云“王以故不大出游”语吻相同，实则《诗》曰“不大声以色”已有此言。

【发爨】宋徽宗见爨国人来朝，其衣装巾裹举动可笑，使优人效以为戏。

见《辍耕录》。越谓可笑事曰“发爨”，本此。

【家累】《汉书·西域传》注：“累，妻子家属也。”《晋书·戴洋梁昭明陶靖节等传》、韩退之《与李翱书》皆指妻妾子女。越言子女多曰“累重”。

【叠稻棚】“蓬”。从《越言释》。

【啰唣】杨显之《潇湘雨》剧。

【鏖糟】喻琑屑也。沈周《客座新闻》载俚语诗：“姑姑嫂嫂会鏖糟。”越语：“逆乱鏖糟。”

【陶成】物稀可贵曰“陶成若干”，少赢余曰“无陶成”。

虽然明清时期学者们对词语的雅俗分类还存在一定的随意性和主观性，但是他们开始关注词语的雅俗不同，并试图按照自己的标准对词语进行雅俗分类，这不但在当时即使在现代也是一种非常进步的词语观。现代汉语的一些权威辞书在释词时其实也关注了词目的雅、俗问题，《现代汉语词典》就用不同的标示来标明词语的雅俗，标〈口〉的表示口语，标〈方〉的表示方言，这两类属于俗词语，比如：【花花搭搭】〈口〉、【巴不得】〈口〉、【蹿火】〈方〉、【花说柳说】〈方〉、【巴巴儿地】〈方〉、【白嘴儿】〈方〉；标〈书〉的表示书面文言词语，属于“雅言”，比如【崔巍】〈书〉、【喝道】〈书〉、【罢黜】〈书〉、【捭阖】〈书〉。词条中标以儿化的词语，如：【今儿】、【小孩儿】、【扳不倒儿】、【半道儿】，或者注解前加“~的”的，如：【白花花】……（~的）、【乖乖】……（~的），也都属于口语中常说的词语。即使词条中未区分，在释义时有的也用一定的词语来显示被释词的雅俗，比如释义中有“旧时”、“古代”等用语的一般是属于雅词：

【脚钱】旧时指付给搬送东西的人的工钱。

【冠冕】①古代帝王、官员戴的帽子。

【鳌山】旧时元宵节用灯彩堆叠成的山，像传说中的巨鳌形状。

【白丁】封建社会里指没有功名的人。

【首级】古代指作战时斩下的人头。

如果要追溯源头，那么早在清朝时期，学者们就已经开始尝试对词语进行雅俗分类的实践了。此外，清代的俗语辞书，无论是就质量还是数量来说，都较之以前的俗语研究有了很大的提高和进步，这也成为后代俗语类辞书发展的基础。民国时期，仍有学者仿此类书的体例编出专书。如胡朴安的《俗语典》、孙锦标的《通俗常言疏证》、李鉴堂的《俗语考原》、王国维的《俗说》，其编纂体例、收词等都继承了清代俗语辞书的传统。比如民国李鉴堂的《俗语考原》所收录的俗语也是各种类型兼收，有词：留心、荒唐、消停、牵强、张罗、扫兴、常常、许多、喜鹊、吃醋、喇叭、快活、冷笑、乡俗、乡亲、富家翁、眼巴巴、定盘星、长明灯、天花板；有各类成语、歇后语、惯用语、谚语等，如：打头风、打秋风、耳边风、戴帽子、眼中刺、打补丁、因噎废食、和盘托出、狐假虎威、长袖善舞、易如反掌、青黄不接、指日高升、急时抱佛脚、远水不救近火、强将手下无弱兵、铁棒磨锈针、反眼不相识等等；还有口语中常用的非固定语，如：借钱、不长进、不成器、不如意、不耐烦、唱了几出戏等。胡朴安编的《俗语典》所收"俗语"仍然很宽泛："它收录的70%～80%是词，另外还有20%～30%是熟语。"（傅瑜琴，2011）在该书的"自序"中，胡朴安介绍写作原因时说："余学无独造，喜事博览，常见今世俗语出于妇人孺子之口者，往往于古人笔记中得之，因知俗语亦有源，今人常用之语，其有所自，苟汇而记之，于言语之学大有裨益。"从"自序"可以看出《俗语典》的收词原则和清代学者一样，非常重视俗语，而且重视对俗语的考源和求证。清代以后学者们雅俗观的产生，诸多俗语辞书的涌现，与清代学者对俗语的重视和辑录是密不可分的。

第五章　清人词语观形成的原因

第一节　汉语词汇自身的发展

5.1.1　汉语词汇的复音化

清人词语观的形成首先基于汉语词汇自身发展的语言事实。一方面汉语词汇在不断地向复音化方向发展，构词方式也越来越丰富。上古汉语词汇以单音节词占绝对优势，但是复音词也已经有一定的数量。“甲骨卜辞只有少数名词是复音词。周秦汉语仍然以单音词为主，但复音词已占相当的比例。”（向熹，2010：393）根据程湘清（1992）、方一新（1996）等先生的研究表明，双音化的步伐从东汉开始大大加快。在中古时期，词汇得到了进一步的发展，复音词在词汇系统中占到了更多的比例。而发展到近代特别是明清时期，由于前代的传承和明清时新产生的词语，复音词的数量更是占据此时汉语词汇的主体地位。

我们搜集了学者们对各个时代代表性专书的词汇研究，将不同时期、不同材料中的词语的量化数据进行对比，从更高的层面呈现出词汇的发展或分布的总体特征，从中可以更直观地看出复音词随时代的发展而不断增多的事实。

表 5.1　各朝代代表性专书复音词数量及比例表

书名	时代	单音词数	复音词数	总词数	复音词的占比（%）
诗经①	西周	2476	974	3450	28.2

① 《诗经》、《论语》、《左传》、《墨子》、《孟子》、《荀子》、《吕氏春秋》的统计数据来自伍宗文《先秦汉语复音词研究》［M］．成都：巴蜀书社，2001.

续　表

书名	时代	单音词数	复音词数	总词数	复音词的占比（%）
论语	春秋	1150	329	1479	22.2
左传	春秋末年	2992	1185	4177	28.3
墨子	战国	2641	1336	3977	33.6
孟子	战国中	1589	651	2240	29.0
荀子	战国末	2397	1356	3753	36.0
吕氏春秋	战国末	2844	1148	3992	28.7
史记①	西汉	7200	3200	4000	43.0
列女传②	西汉	1631	1212	2843	42.6
吴越春秋③	东汉	1169	1058	2227	47.5
论衡④	东汉	1777	1589	3366	47.2
三国志⑤	西晋	2700	14663	17363	84.4
大庄严经论⑥	晋朝	1916	1587	3503	45.3
世说新语⑦	南北朝	2250	2448	4698	52.1
颜氏家训⑧	南北朝	2042	1974	4016	49.2
洛阳伽蓝记	北魏	1600	2450	4050	60.5
封氏闻见记⑨	唐代	1216	1481	2697	54.9
唐传奇⑩	唐代	2942	5473	8415	65.0
朱子语类⑪	宋代	1817	3255	5072	64.9
元杂剧	元代	2392	8653	11045	78.3
水浒传	明代	2244	8605	10849	79.3
红楼梦	清代	2374	8745	11119	78.7

需要说明的是，上述统计数据作者们已在文中说明复音词的范围排除了

① 转引自阎玉文．《三国志》复音词专题研究［D］．上海：复旦大学，2003.

② 宋明慧．《列女传》语言研究［D］．成都：四川大学，2003.

③ 杨海峰．《吴越春秋》词汇研究［D］．成都：四川大学，2005.

④ 李仕春．从复音词数据看中古汉语构词法的发展［J］，宁夏大学学报（人文社会科学版），2007.

⑤ 阎玉文．《三国志》复音词专题研究［D］．上海：复旦大学，2003.

⑥ 漆灏．《大庄严经论》词汇研究［D］．长沙：湖南师范大学，2005.

⑦ 李仕春．《世说新语》复音词统计［D］．南京：南京大学，2007.

⑧ 高光新．《颜氏家训》词汇研究［M］．北京：中国社会科学出版社，2013.

⑨ 胡霞．《封氏闻见记》词汇研究［D］．张家界：吉首大学，2012.

⑩ 李仕春．从复音词数据看近代汉语构词法的发展［J］，宁夏大学学报（人文社会科学版），2011（1）

⑪ 李潇等．《朱子语类》复音词统计［J］，今日南国，2009（136）（共统计11卷）

专有名词，诸如人名、官名、地名、年号等。虽然每个时代不同作品复音词的数量有多有少，但从总体上看，复音词比重随时代发展呈现了一种缓慢上升的趋势。通过统计可以看出，西周春秋时期复音词在整个词汇中的比重不到30%，战国时复音词比重突破30%，西汉达到40%，东汉接近50%左右，魏晋南北朝在50%左右，到唐宋时期大约60%左右，元明清已近80%。虽然我们可以根据某部作品复音词的比重去大概推测这个时期整个词汇复音化的程度，但是，某部著作中复音词数量的多少常常要受到各种主客观因素的影响，比如篇幅的长短，著作的性质，包括研究者个人的写作风格特点等。复音词认定标准不统一，尺度把握难免会有一定的差异，所统计复音词的数量不一定完全能反映出那个时代的实际情况，比如《三国志》与同时期文献如果对比的话，复音词所占比例相差甚大，阎玉文（2003）认为可能和《三国志》共36.8万字的篇幅有一定的关系，这个篇幅分别大概同时期的《世说新语》《百喻经》和《颜氏家训》的6倍、18倍和9倍。再比如在中古时期，佛经文献复音词的比重明显超过了中土文献，这属于材料性质的不同。所以，根据这种百分比去推测某个时代词汇复音化的程度，可能存在着一定的偏差，但是从复音词的总体变化趋势来看，还是能够反映词汇复音化的大概进程。随着时代的发展，词汇复音化的程度越来越高，这是毋庸置疑的。根据李仕春（2011）的统计，近代汉语复音词占词汇总数的平均百分比是73.11%，而中古汉语复音词占词汇总数的平均百分比是53.3%，由此可以看出，近代汉语复音词的数量比中古时期已经增加很多。所以清代俗语工具书所收词语以复音词为主首先是语言发展的客观事实决定的。

除了数量最多的双音节词，在清代的俗语工具书里，多音节词也占有一定的比例。因为“近代产生的新词中，双音词占有绝对优势。与此同时，还产生了不少三音节和多音节词。这是近代汉语词汇发展的特点，在近代后期表现得尤为明显。”（向熹，2010：631）随着词汇的进一步发展，需要表达的新概念进一步增加，仅仅依靠单音节和双音节词已经不能满足交际的需要，而且双音词的大量产生，也为多音节词提供了丰富的构词材料。先秦时期的多音节词以人名、地名、官名等的专有名词为主；中古时期随着语言的发展，多音节词已经不再限于专有名词，而是向普通多音节词发展，数量上也增加很多；近代汉语多音节词无论在数量还是构词方式上都有了进一步的发展。邱冰（2012：63）曾以《汉语大词典》为语料，根据词条的始见年代，对其中的单音节词、双音词以及三音节及以上的多音节词进行了数量统计，我们根据其统计数量，将总词数和多音节词的数量列出，并计算出多音节词的比例，如表 5. 2 所示。

表 5. 2　各朝代多音节词数量及比例表

年　代	总词数	多音节词	多音节词占比（%）
先秦末期	45572	3497	7. 68
西汉末期	67782	5595	8. 25
东汉末期	88650	6994	7. 89
晋　末	106532	8456	7. 94
南北朝末期	144102	11508	7. 99
唐　末	189375	17676	9. 33
宋　末	234218	24671	10. 53
清　末	309397	44129	14. 26

通过数据统计可以看出，多音节复音词最初的比例很低，但也随着时代的发展在逐步增加，总体上呈现较为平稳的增长趋势。从唐代开始比例增多比较大，清末更是在数量和比例上超乎前代，成为词汇系统中的另一个重要组成部分。从先秦到清代，汉语词汇的发展趋势就是在单音节词的基础上的双音节化以及多音节化，所以清人编纂的工具书里收录数量众多的多音节词也是有着客观语言基础的。

伴随复音化发展的同时，构词方式的发展也越来越丰富。根据程湘清（2008）的研究，汉语最早主要依靠语音造词，依靠单音节声韵调的变化来产生新词，后来随着复音化的发展，新词的产生主要靠“语法造词”。构词方式的类型发展到清代已经很完备，促使清人认识到不同的构词方式形成的各类词语。以派生式为例，词缀是汉语由单音节向复音节发展的重要手段之一，很多复音词的产生就是在原来单音节词的基础上增加一个词缀而构成，比如师——老师；姨——阿姨；鼻——鼻子；虎——老虎等。根据蒋绍愚、曹广顺（2005）等学者的研究，上古时期大量使用的词缀如“有、爰、尔、然”等，中古时期多数已经消亡。而中古又是汉语词缀发展的中兴期，产生了“阿、老、第、子、头、馨、当”等一批新的词缀，且应用广泛。近代汉语时期，词缀又有了新的发展，一方面诸如"儿、家、们、生、巴"等很多新的词缀涌现出来，同时"阿、子、头、老"等旧有词缀在用法上也发生了一定的变化。现代汉语里的一些重要词缀在这一时期已经形成或者是发展成熟了。所以清代学者能够关注到众多的汉语词缀，而且大量收录派生式词语也就不足为奇了。

5.1.2 汉语熟语的发展

除了复音词以及构词方式的发展以外，各种熟语发展到清代也已经比较完备。各类熟语的出现也使得汉语词汇类型更加的丰富多彩。正如前章论述，熟语的下位类型中产生时间最早的是谚语，其次是成语，都在先秦时代即已产生，而唐代歇后语作为一种新语种也已经出现，在具体的词目上也出现了诸如"耳边风"等我们今天所说的三字惯用语，它们被广泛多次运用并随着社会发展延续下来成为词汇材料中的重要成员。明清时期，不但流传下来的熟语材料非常丰富，而且熟语类型也很全面，为清代学者搜集大量的熟语奠定了客观基础。

我们先以成语为例，"近代汉语成语有极大的发展，成为近代词汇发展的一个重要标志。出现在近代作品里的成语总数在 5000 个以上。"（向熹，2010：739）我们任意考察了《现代汉语词典》800 个成语，有的成语虽然从语源来讲产生在上古和中古时期，但是直到近代才凝固为四字成语，比如：

【尔虞我诈】《左传·宣公十五年》："我无尔诈，尔无我虞。"清·端方《请平汉满畛域密折》："其次焉者，虽幸未致国家之分裂，而国中诸族，尔诈我虞，人各有心，不能并力一致。"①

【出尔反尔】《孟子·梁惠王下》："曾子曰：'戒之戒之！出乎尔者，反乎尔者也。'"宋·范仲淹《窦谏议录》："阴阳之理，大抵不异，为善为恶，出尔反尔，天网恢恢，疏而不漏。"

【车水马龙】旧题汉·刘珍《东汉观记·明德马皇后》："吾前过濯龙门上，见外家问起居者，车如流水马如龙。"明·兰陵笑笑生《金瓶梅》第一六

---

① 本部分成语的源流出处等来自向光忠《成语源流通释大辞典》[Z]. 南昌：江西教育出版社，2011.

回："花红柳绿，车水马龙，说不尽灯市的繁华。"

而有的成语无论从语源还是固化为成语的时间都是在近代，比如：

【白衣苍狗】唐·杜甫《可叹》诗："天上浮云如白衣，斯须改变如苍狗。"宋·秦观《寄孙莘老少监》诗："白衣苍狗无常态，璞玉浑金有定姿。"

【步步为营】明·罗贯中《三国演义》第七一回："黄忠即日拔寨前进，步步为营；每营住数日，又进。"

【安营扎寨】语出元·无名氏《隔江斗智》第二折：（周瑜）如今在柴桑渡口，安营扎寨，其意非小。

【笔走龙蛇】唐·李白《草书歌行》诗："少年上人号怀素，草书天下称独步……恍恍（恍恍）如闻神鬼惊，时时只见龙蛇走。"宋·钱处仁《醉蓬莱》词："笔走龙蛇，句雕风月，好客敦高谊。"

如果按照胡明扬（1991）近代汉语的分期"上限不晚于隋末唐初，下限不晚于《红楼梦》以前"，我们统计这800个成语，则在近代产生和凝固为成语的就有616个。甚至很多本身就是在明清时期产生的，比如：别具匠心、别具一格、不可开交、不识抬举、不由自主、趁火打劫、瞠目结舌、持之以恒、胆大妄为、弹无虚发、百里挑一等。

谚语和成语一样，"谚语数量的增加，是它奔腾向前发展的主流；另一方面，谚语也在不停地进行新陈代谢，一些谚语逐步消亡了，这是支流。"（王勤，2006：323）从下面的举例可以看出，大多数的谚语在先秦两汉产生以后，后经各个朝代一直在被人们使用，至清代时继续流传广泛，比如：

有志者事竟成。

《后汉书·耿弇传》："将军前在南阳建此大策，常以为落落难合，有志者事竟成也！"元·无名氏《冻苏秦》第一折："终有日时运亨通，封侯拜相，扬名六国，垂誉千秋，此乃有志者事竟成，大丈夫之所为也。"

清徐忠《周栎园奇缘记》："钱氏恃才色而妄希贵游，矢志既坚，痴情终遂，可谓有志者事竟成。"清·褚人获《隋唐演义》狄夫人道："自古说：有志者事竟成。沙夫人有志气，守着赵王，今独霸一方，也算守出的了。"①

① 例句均查自《汉语大词典》国学大师版以及北京大学CCL语料库网络版。

远水救不得近火。

《韩非子·说林上》："失火而取水于海，海水虽多，火必不灭矣。远水不救近火也。"《北史·赫连达传》："此皆远水不救近火，何足道哉！"《初刻拍案惊奇》卷十："后来到贵府，正值点绣女事急，只为远水不救近火，急切里就许了贵相知。"清·阮葵生《茶余客话》卷二十："远水不救近火，乃梁·杜朔周之言。"亦作"远水救不得近火"。《二刻拍案惊奇》卷三："只是远水救不得近火，小兄其实等不得那从容的事了。"《官场现形记》第五二回："如今远水救不得近火，就是我们再帮点忙，至多再凑几百银子，也无济于事。"

百闻不如一见。

《汉书·赵充国传》："百闻不如一见，兵难隃度。臣愿驰至金城，图上方略。"《金史·陈规传》："规独进曰：'兵难遥度，百闻不如一见。臣尝任陕西官，近年又屡到陕西，兵将冗懦，恐不可用。未如圣料。'"唐·唐甄《潜书·审知》："若用兵之道，非身在军中，虽上智如隔障别色，故曰'百闻不如一见'。"清·吴研人《二十年目睹之怪现状》："我也久闻玄妙观是个名胜，乐得去逛一逛。谁知到得观前，大失所望，真是百闻不如一见。"清·汪寄《海国春秋》："今使四人同议，三人既莫能为谋，西庶长又未熟谙，无法可施，只得回奏道：'百闻不如一见，臣请前往察看势局，再作良图。'"

上古、中古产生的谚语发展到清代积累到一定的数量，再加上清代新产生的谚语，所以清代时期谚语数量就会大大增加，内容也更加丰富。这个发展趋势适用于所有的熟语。

到清代时词汇单位早已经突破了单音节的限制，新的词汇尤其是复音词不断产生，构词法基本完善，同时由于大量的熟语的产生和使用，词汇系统的面貌不断地改变，词汇材料异常丰富，已经接近于现代汉语。语言的发展和语言事实决定了要有相对科学的词语观，所以在语言词汇发展的客观基础上，清代学者的词语意识也在不断地发展。随着词汇的发展，字书的编纂发展到清代似乎也已到极致，面临某种瓶颈，需要找到新的突破口，词语类工具书便顺应语言事实的发展和人们思维的发展应运而生。

第二节　平民意识的产生及俗文学的发展

语言的发展变化不是一蹴而就的，而是经过新的语言要素的长期积累，和旧质要素的逐渐衰亡来实现的。清人之所以对俗语非常重视，编辑了很多收录俗语的工具书，其中一个重要的原因就是历代产生的俗词语到清代已经积累到一定的程度，而如此众多的俗词语的产生、传播与近代特别是宋代以后平民意识的产生以及通俗文学的发展有密切的关系。

中唐以前，诗辞文赋等雅文学占据绝对的统治地位，从中唐开始，说唱变文等的俗文学开始兴起，较多地使用一些通俗口语词汇来反映当时的民间生活。而且宋代是中国历史上商品经济空前发展的一个时期，手工业、商业发达，出现了由手工业者和小商贩组成的城市市民阶层，与唐朝相比，宋代的市民群体更加庞大。士大夫们向来对通俗文学持鄙视的态度，而市民百姓却对通俗文学非常青睐，这在客观上也促使了汉语文学由雅向俗的转变。宋代话本小说承接唐代说话、变文和传奇小说的特点，更广泛地反映了市民阶层的生活，并且用接近口语的白话文体来进行创作。在诗词创作方面，“面对着强势的唐诗，宋人要想新开风气，必须要在唐人极少涉及的题材上下功夫，于是以前被认为‘俗’的事物便开始进入诗歌这一雅的文体内。”（王磊，2016）苏轼提出“以俗为雅”，“街谈市语，皆可入诗”，欧阳修、梅尧臣、黄庭坚、陈师道及杨万里等人在诗歌创作方面都是遵循这个原则。由于诗歌题材的生活化，也促进了语言的通俗化，以苏轼为代表的宋代诗人的作品中，方言俚语屡见不鲜。比如《次韵柳子玉二首》诗：“闻道床头惟竹几，夫人应不解卿卿。”苏轼自注曰：“俗谓竹几为竹夫人。”又《送竹几与谢秀才》诗：“留我同行木上座，赠君无语竹夫人。”“木上座”为柱杖，“竹夫人”即竹几，皆俗语词。①

“竹夫人”作为俗语词被《土风录》《谈征》《正音撮要》等多部清代俗语工具书收录，并在考证这个词时引用了苏轼和黄庭坚的诗，比如：

① 例句来自黄征《苏轼诗文俗语词辑释》［J］．宁波师院学报（社会科学版），1992（2）．

【竹夫人】竹几也。东坡《送竹几与谢秀才》诗："赠君无语竹夫人。"黄鲁直《赵子充示竹夫人诗序》谓曰："憩臂休膝，非夫人之职，而冬夏青青，竹之所长，予为更名曰青奴，抱节君传为竹夫人也。"（《谈徵·物部》）

【竹夫人】暑中床席间置竹笼以憩手足，谓之竹夫人，见东坡诗："闻道床头惟竹几，夫人应不解卿卿，"自注："世以竹几为竹夫人。"又诗："留我同行木上座，赠君无语竹夫人。"陆放翁诗："空床新聘竹夫人。"罗大经《鹤林玉露》云："李公甫谒真西山，西山以《竹夫人》为题，曰：'蕲春县君祝氏，可封卫国夫人。'"《黄山谷内集·赵子充示竹夫人》诗："盖凉寝竹器憩臂修膝，似非夫人之职，予为名曰。《青奴》诗云：'青奴元不解梳妆，'是其名起于宋，陆鲁望诗谓之'竹夹膝'。"（《土风录》卷三）

再比如苏轼的打油诗《猪肉颂》里有："早晨起来打两碗，饱得自家君莫管。""打两碗"的"打"作为泛义动词，可表多种动作，是唐宋以来的俗语词。这个作为泛化义的"打"，也被清代学者作为俗语词收录，比如《土风录》卷六有"打水、打饭"，其中就引用了欧阳修的解释：

【打水打饭】欧阳公《归田录》云："世俗言造舟车'打船'、'打车'，网鱼曰'打鱼'，汲水曰'打水'，役夫饷饭曰'打饭'，从者执伞曰'打伞'，以丈量地曰'打量'"。吴曾《能改斋漫录》据《经典释文》丁者，当也。以为打字从丁，以手当其事者也。故触于事者皆谓之打，今吾俗犹然。

另外，一些俗语也被文人学士们吸收到诗词创作中。宋代庄绰《鸡肋编》① 卷下（1983：117）以陈无己等人的诗为例，明确指出唐宋人诗有取于俗语者：

杜少陵新婚别云"鸡狗亦得将"，世谓谚云："嫁得鸡，逐鸡飞；嫁得狗，逐狗走"之语也。而陈无己诗亦多用一时俚语，如："昔日剜疮今补肉"，"百孔千疮容一罅"，"拆东补西裳作带"，"人穷令智短"……皆全用四字。"巧手莫为无面饼"（巧媳妇做不得无面馎饦），"不应远水救近渴，谁能留渴须远井"（远水不救近渴），"瓶悬瓽间终一碎"（瓦罐终须井上破），"急性宁小缓"（急行赶过慢行迟），"早作千年调"，"一生也作千年调"（人作千年

① 〔宋〕庄绰．鸡肋编［M］．萧鲁阳点校．北京：中华书局，1983：117.

调，鬼见拍手笑），拙勤终不补”（将勤补拙）……而东坡亦有“三杯软饱后，一枕黑甜馀”皆世俗语。

“以俗为雅”在宋代不仅表现在诗歌领域，柳永的俗词也一改词坛尚雅的用语风格，充分运用了现实生活中的日常口语和市井俗语。再如记录朱熹与门人讲学答问的《朱子语类》，也保存有大量活的口语成分，许多都是当时常用的俗词语。唐宋诗词以及《朱子语类》中的方言俗语很多都被清代学者辑录到俗语工具书中，比如钱大昕的《恒言录》所辑录的很多俗词语都来自于此：

【心孔】杜子美诗：“小儿心孔开，貌得山僧及童子。”（卷一）

【头皮】杨朴诗：“今日捉将官里去，这回断送老头皮。”（卷一）

【脊梁】《朱氏语类》：“小南和尚，少年从师参禅，一日偶靠倚而坐。其师见之，叱曰：‘得恁地无脊梁骨？’小南悚然，自此终身不靠倚坐。”（卷一）

【薄相】东坡泛颍诗：“此岂水薄相，与我相娱嬉。”（卷二）

【摆布】《朱子语录》：“摆布得来，直恁细密。”（卷二）

【吃亏】陆务观诗：“分得鑑湖才一曲，吃亏堪笑贺知章。”（卷二）

【松快】范成大诗：“马蹄松快帽檐斜。”（卷二）

【日间、夜间、日里】《朱子语录》：“气只是这个气，日里也生，夜间也生。只是日间生底为物欲梏亡，随手又耗散了。夜间生底则聚得在那里，不会耗散。”（卷二）

【著忙】陈后山诗：“胜日著忙端取怪”。任渊注：“著忙，盖亦俗语。”（卷二）

再比如翟灏的《通俗编》在解释所收录的俗语词时，也是广泛引用了唐宋诗词以及《朱子语类》为例证：

【无计留春住】欧阳修词：“雨横风狂三月暮，门掩黄昏，无计留春住。”（卷三·时序）

【门单】《朱子语录》：“《禹贡》是当时治水事毕，却总作此一书。如今人方量毕，总作一门单耳。”（卷六·政治）

【侵早】杜甫《赠崔评事》诗：“天子朝侵早。”贾岛《新居》诗：“门

尝侵早开。”王建《宫词》：“为报储王侵早入，隔门催送打球名。”按：侵早，即凌晨之谓，作“清早”者非。（卷三·时序）

【高兴】殷仲文诗：“独有清秋日，能使高兴尽。”杜甫《北征》诗：“青云动高兴。”《九日曲江》诗：“晚来高兴尽。”（卷十五·性情）

元、明、清三代，通俗文学呈现出欲压倒典雅文学的趋势，“白话文学发展到一个高峰，元曲、明清小说如《水浒全传》《西游记》《红楼梦》《儒林外史》等脍炙人口，深入人心。这些作品的基础都是北方话，但又带有不同的方言特点。于是大量口语和方言词语进入文学语言，从而得到广泛的传播。”（向熹，2010：598）在民族大融合的元代，文学样式进一步向通俗化方向发展，元曲成为当时文坛的代表，人们改变了之前视戏曲为低贱的观点，很多文人雅士甚至参与到杂剧的创作中来。元曲语言具有口语化的特点，所以元曲中自然有众多的俗语存在。江巨荣在《元杂剧“常言”“俗语”谈》（1983）一文中指出，“现存一百六十余种元人杂剧剧本所吸收和应用的口头语，就有成语、谚语、谣语、歇后语等多种类型。”例如：长江后浪催前浪、早晨栽下树到晚要乘凉、心病从来无药医、一家女儿百家求、明枪好躲暗箭难防等。

虽然有的清代学者对元曲等仍然持不屑一顾的态度，比如《常语寻源》的作者郑志鸿，在“例言”中明确指出：“近见有注释引《西厢》《水浒》者，殊非大雅，未敢学步。”但也有比较开明的清代士人已经关注到元曲等通俗文学里的口语俗语词，翟灏的《通俗编》中所录俗词语很多都来自元曲，比如：

【贵脚踏贱地】《元曲选》武汉臣《玉壶春》、李寿卿《伍员吹箫》、马致远《青衫泪》等剧，并见此语。（卷二·地理）

【养儿备老】元稹诗：“养儿将备老。”高明《琵琶记》：“养儿代老，积谷防饥。”（卷四·伦常）

【当初】《水经·瀍水》注：“安喜城下有积木交横，盖当初山水淬荡，飘积于斯。”按：《琵琶曲》有“早知今日悔当初”句。（卷三·时序）

【偷寒送暖】见白仁甫《墙头马上》曲（卷三·时序）。

【官不威，牙爪威】《元曲选》李直夫《虎头牌》、孙仲章《勘头巾》、李

行道《灰阑记》、李致远《还牢末》皆用此语。（卷五·仕进）

【先打后商量】《元曲选》武汉臣《老生儿》、李寿卿《伍员吹箫》、王实甫《丽春堂》并用此语。（卷六·政治）

【洪福齐天】《元曲选·抱粧盒》剧有此语。又关汉卿《玉镜台》曲云“福与天齐”。（卷十·祝诵）

【糟头】《元曲选·杨氏劝夫》剧：柳隆卿谓孙大“糟头”。（卷十一·品目）

【好事多磨】见高则诚《琵琶记》、曾瑞卿《留鞋记》。（卷十二·行事）

【五百年前共一家】见《元曲选》张国彬《合汗衫》、郑廷玉《忍字记》两剧。（卷十三·交际）

【下场头】见《元曲选·陈州粜米》《谢天香》二句。（卷十三·境遇）

【冷眼看螃蟹】《元曲选·潇湘雨》剧：“常将冷眼看螃蟹，看你横行到几时？”今院本袭用甚多。（卷二十九·禽鱼）

【早晨栽下树，晚来要荫凉】见马致远《岳阳楼》曲。（卷三十·草木）

明代中叶直至清初，小说、戏曲等发展迅猛，通俗文学的社会地位进一步提高，明清时期许多的士大夫都开始了小说、戏曲等通俗文学的创作。明代中叶李贽反对傍依权威，提倡人的存在价值，而认为小说、戏曲最能体现这一价值，甚至把《西厢记》和《水浒传》列入了“古今至文”。袁宏道提出“宁今宁俗，不肯拾人一字”的口号。冯梦龙提出小说语言“话须通俗方传远，语必关风始动人”。①

这一时期，小说、杂剧、戏曲等通俗形式的文学创作盛极一时。汤显祖《牡丹亭》、洪昇《长生殿》、孔尚任《桃花扇》，大量使用了当世流通于社交生活的口语俗言。

《水浒传》小说中对话多为社会下层人民的语言，有许多民间俚俗词语，间有一些粗野的詈语，如“厮”、“洒家”、“鸟人”。据常化涛（2008）的研究，《水浒传》根据故事情节的需要而使用了大量的南北方方言俗语，比如：南方方言词语：踏床、划楸、栅剌子、日子、没头神、没脚蟹、做家、促掐、

① 袁宏道，冯梦龙语都转引自徐文翔．明代文人与民歌［D］．天津：南开大学，2014.

尴尬等，山东方言词语：半晌、晌午、夜来、耍处、黑地里、杌子、耳刮子、寻思等。

《金瓶梅》是“我国第一部由文人独创的率先以市井人物与世俗风情为描写中心的长篇小说”。（赵安香，2010）大量使用了活跃在群众口头中的丰富多彩的俗词语。“据统计《金瓶梅》一书共使用俗语达331条”（郭作飞，2005），如：远亲不如近邻、篱牢犬不入、不怕官，只怕管、夹道卖门神——看出来的好画儿、同僚三世亲、贫贱之交不可忘、逢人且说三分话未可全抛一片心、一个鼻子眼儿里出气、毛坑里的石头——又臭又硬、不将辛苦易难得世间财、若要人不知除非己莫为、敢怒不敢言、君子一言，快马一鞭、叶落归根等。

张爱卿、秦建文（2006）、黄健（2008）等也对《西游记》里的数量众多的俗语进行过专门的研究，有歇后语：送上门的买卖——好做；贩古董的——识货；吃了磨刀水——锈（秀）气在内；苍蝇包网——好大面儿等；谚语：一客不犯二主、不看僧面看佛面、一日为师终身为父、强中更有强中手、人不可貌相海水不可斗量等；成语：点石成金、寸步难行、里应外合、脚踏实地、四时八节、飞砂走石、金枝玉叶、天涯海角、无忧无虑等。

《红楼梦》里的俗词语更是随处可见，向熹先生（2010：739）曾举过短短一段话，就包含了8个俗语（我们用着重号标示出）：

“凤姐道：‘……咱们家所有的这些管家奶奶，哪一个是好缠的？错一点儿，他们就笑话打趣，偏一点儿，他们就指桑骂槐的抱怨。坐山观虎斗，借刀杀人，引风吹火，站干岸儿，推倒了油瓶儿不扶，都是全挂子的武艺。’”

清代时，一方面出现了更多更加通俗化的小说，对俗语词的运用更加广泛，另一方面许多前代产生的口语词也在清代得到普遍使用，这样俗词语在清代积累到一定的程度。毫无疑问，它们也成为当时各类俗语工具书收录与探究的对象。以孙锦标的《通俗常言疏证》为例，其书证不仅使用了经史类的“雅证”，而且还援引有大量戏曲、小说等为古代正统学者所不屑一顾的“俗证”。《通俗常言疏证》“例言”指出“一是编专为常言作证，故凡经史子集以及词曲小说家言均资采择。”孙锦标的学生徐昂在《通俗常言疏证》“后序”中说：“孙师好治方言，尝著《南通方言疏证》。既复充类衍目，自经传至词曲小说，搜摭殆遍，部次竟，名曰《通俗常言疏证》。”这也说明了清代“通俗常言”的来源，比如：

【欢天喜地】元张国宾《合汗衫》：“往常我哥哥见我欢天喜地。”《长生殿》：“前日万岁爷同杨娘娘游幸曲江，欢天喜地。”（一册·天地）

【穿房入户】《水浒》二十九回：“放他穿房入户，把他当做亲人一般看待。”（一册·宫室）

【拜把子】《石头记》五七回：“梅香拜把子，都是奴才呢。”（一册·交际）

【做一日和尚撞一日钟】（又）做一日长老撞一日钟。《西游记》十六回：三藏祝拜已毕，和尚住了鼓，行者还只管撞钟不歇。和尚道：拜已毕了，还撞甚么？行者笑道：你那里晓得，我这是做一日和尚撞一日钟。（二册·释道）

【卖个人情】《三国志演义》十一回：“郭嘉曰：‘主公正好卖个人情与刘备，退军去复兖州。’”（一册·交际）

【顶搭子】《西游记》三十一回：有两个小孩子正在那里耍子，被行者赶上前，一把抓住顶搭子。（三册·头面）

【吃饭防噎走路防跌】《水浒》九回：岂不闻古人云：“吃饭防噎，走路防跌。”（三册·身体）

【五花八门】《儒林外史》四二回：那小戏子跑上场来串了个五花八门。（三册·武备）

【现成饭】《儒林外史》二回：人生在世，所最难得的是这碗现成饭。（四册·饮食）

近代正是处于由雅变俗的语体转型时期。平民意识的产生以及宋元话本、杂剧，明清白话小说等通俗文学的发展，大量的俚俗口语词汇被不断地使用并流传下来。“文艺作品日益通俗化，标志着语言正在走出庙堂和书斋而面向大众，口语俗辞开始占据社交的重要位置。”（邹酆，2006：116）而这些俗语词汇在文学作品以及口语中的广泛传播促使清代学者必须正视它们的存在，认识到各类俗词语的重要性，观念的提高使清代学者可以以此为语料来源进行俗语类工具书的编纂，清代大量方俗俚谚辞书的诞生也属势所必然。总之，平民意识的发展以及俗文学的发展促使语言由庙堂转向大众，使汉语词汇逐渐通俗化、口语化，而清人的熟语观、雅俗观也在这种趋势下逐渐形成。

第三节 前人研究的积累与继承

清代以前虽然专书的俗语著作很少，但是历代的文人学士们在各类著作中已经对俗词语进行了零散的收辑和整理，所以俗语研究发展到清代才能蔚为大观。清代学者对俗语的重视和收录是在前人对俗语研究基础上的继承与发展。

5.3.1 专书类俗语研究对清代学者的影响

“从东汉开始，历代都有人从事口语词的研究工作，这主要是对口语词的诠释。”（蒋绍愚，2005：274）东汉服虔的《通俗文》是第一部记录并诠释俗语的著作，刘叶秋（2015：70）称其为“通俗词典的先河”。此书虽然已经亡佚，但一些条目保存在后代的一些著作中。比如在《太平御览》中可见“去汁曰滗”，“淅米谓之洮汏”，“理乱谓之撩理”，“容丽曰媌，形美曰嫜，容媚曰婠，南楚以好为娃，肥骨柔弱曰媒娜，颊妍美曰妩媚，容茂曰媟”，“不媚曰嫱，可恶曰嬒，丑称曰媄”，“合绳曰纠，单展曰纫，织绳曰辫，大绳曰组”；玄应《一切经音义》中有“鱼臭曰腥，猥臭曰臊”，“鸟居曰巢，兽居曰窟”（周祖谟，2004）。在清代学者编纂的俗语类辞书中，我们也可以看到引自《通俗文》的例子，比如：

【床】《通俗文》：“八尺曰床。”（《证俗文》卷三）

【抬】《通俗文》：“振举谓之抬。”今市场故昂其价谓之抬。《宋史·食货志》：“以钞折兑粮草，有虚抬逼籴之患。”（《恒言录》卷二）

【矬】《广雅》：“矬，短也。”《通俗文》：“侏儒曰矬。”（《恒言录》卷二）

【赌钱】《广雅》：“赌，贿也。”《通俗文》：“钱戏曰赌。”（《恒言录》卷四）

南朝齐梁沈约的《俗说》，刘霁的《释俗语》，也都是涉及到俗语研究的著作，但二书均不传。而后唐宋时期随着市井文学地位的上升，俗语辑录和整理工作更进一步受到重视，唐代李义山的《杂纂》系列“皆集俚俗常谈鄙事”①，其中的条目也被清人所引用，比如：

【癞子吃猪肉】见东坡《杂纂二续》“不图好”一条。（《直语补正》）

【偷食猫儿不改性】见东坡《杂纂二续》。（《常语搜》卷三）

【恶模样】《义山杂纂·品目》有“恶模样”凡十二事。（《通俗编》卷十一）

【灵利】《东坡杂纂二续》载“谩不得”四事，其一曰“灵利孩儿买物”。（《通俗编》卷十五）

【木匠带枷自做得】王铚《续杂俎》“自作得”六事，一曰“木匠带枷”。（《通俗编》卷二十一）

宋代关于俗语词的重视较之前代又有了一定的进步。宋代无名氏的《释常谈》、龚颐正的《续释常谈》、赵叔向的《肯綮录》等，以及王君玉的《杂纂续》和苏轼的《杂纂二续》等也都是收录“常言俗语”的专书。赵叔向《肯綮录》卷首“俚俗字义”条目，计收入一百多条口语词汇，并有简单的解释或注音，比如：

谓人发乱曰“鬔鬆”；惺憁（耳慧也）；降肛（音庞缸，肥大也）；敹（以箸取物曰敹，音羁）；嗞嗟（嗟叹声）；锁镭（锁牡曰镭，镭音须）；阘门（角于门曰阘门，《国语》曰阘门而与之言）；颏（颐下曰颏）；扠（以拳加物，曰皆反）；以肩负物曰佗（音陀）；取棋子曰擎棋（音婆）；身短曰矬（昨禾切）；不善人曰狞恶（上乃庚切）；不定曰犹豫（上音由）；呼鸡曰朔朔（音竹）……②

宋无名氏的《释常谈》共收俗词语125条，除了熟语以外，更多的是收录了俗语词：右军、泰山、渭阳、宅相、玉润、东床、尺布斗粟、参商、张盖、倾盖、爱忘其丑、水窦、铜臭、素领、跃马肉食、元昆、义方、绨绤、挟纩、倒载、加笾、狐假虎威、周郎、鹬蚌相持、排闼、鼓盆、负荆、巨卿

① 李商隐．义山杂纂［M］（出版说明）．长沙：岳麓书社，2005.

② （宋）赵书向．肯綮录［M］．丛书集成初编［G］．上海：商务印书馆，1939：1－2.

之信、邓艾之疾、文过饰非、大宛、蓺粟、弹铗、佣书、蒲鞭、开东阁、东道、杨朱泣、七步之才、八斗之才、胶柱鼓瑟、郁垒、敝帷之叹、雪东门之耻、折券、分谤、弃缧、伐柯、润屋、修容、六出、蕴藉、持两端、色庄、履步、七筋、挂冠、膏肓、强项、手谈等。而且对这些俗词语进行考源和阐释，不再是单纯的收录，比如：

【投笔】从文入武谓之投笔。汉班超，字仲升，家贫，佣书以自给，乃掷笔于地曰："大丈夫当效张骞、傅介子立功于异域，以取封侯万里之外，安能久事笔砚乎？"时大将军耿康用超为行军司马，讨西域，有功，封为定远侯。

【甲第】好宅谓之甲第；甲者，首也。《汉书》："平恩侯许伯入新宅，盖宽饶访之，入门，仰视而叹曰：'富贵无常，如此甲第，所阅甚多，忽即易主。'"

【喋喋】多语话谓之喋喋。汉文帝幸上林苑虎圈，问上林尉虎圈中事，尉一词不措。有啬夫代奏对，言语无穷，应答不滞。帝乃命与啬夫官。张释之谏曰："不可。啬夫利口捷给，陛下若与之官，即使天下之人惟事口舌，喋喋而已。"帝遂纳谏。故《周易》云："吉人之辞寡，躁人之辞多。"

龚颐正的《续释常谈》继承了《释常谈》的编纂体例，也同样是对俗词语的辑录和阐释，比如：御前陛下、新除、下官、面折、脱空、承乏、备员、不快活、相公尊重、相门有相、将门有将、出入卧内、不作好事、风流罪过、遗腹子、守寡、小斤、房室、做人难、郎子、郎君、半子、老兄、吾兄、令弟、小姑、姨夫、姑夫、妹婿、妹夫妇弟、先辈、卑末、火伴、阿妳、媒人、贫道、贫子、乞儿、檀郎、丫头、累重、某甲、小家子、后生子、客气、在意等，也对其来源进行了考证。

到了明代，出现了一些辞书性质的俗语著作，这些俗语辞书综合收录各类俗词语，并注重对俗词语进行考释。其中较有代表性的有陈士元的《俚言解》、陆嘘云的《世事通考》、周梦旸的《常谈考误》、赵南星的《目前集》、张存绅的《（增订）雅俗稽言》等。本文第三章已对明代俗语工具书进行了比较详细的说明，此处不再展开阐述。

清代学者继承了如宋代、明代等学者对俗语的阐释模式，在对俗语词进行考证时，或考源，或释义，或解说。前代俗语专书所收的俗语词很多都被清代的俗语工具书收录，有的甚至直接引用，很多词语的解释都是完全相同的。比如：

【姨夫】《续释常谈》："元氏小叔与姪大渊书：'吾时在凤翔，每借书于齐仓曹家，徒走就陆姨夫师受。'"（《通俗编》卷四）

【丫头】刘宾客寄赠小樊诗："花面丫头十三四，春来绰约向人时。"（《续释常谈》）

【丫头】刘宾客寄赠小樊诗："花面丫头十三四，春来绰约向人时。"（《谈徵》）

《通俗编》"姨夫"一词的释文明确指出来自《续释常谈》，《谈征》收录"丫头"一词，虽未注明出处，但是我们发现和《续释常谈》里所收"丫头"一词的例释一字不差。

5.3.2　笔记类俗语研究对清代学者的影响

"笔记是一种历史悠久的文体，它渊源于先秦，发展于魏晋，唐以后蔚为大观，可谓中国文苑里的常青树。"（陈敏，2011：6）特别是宋代，笔记得到进一步的发展，受到越来越多的文人学士的推崇，明代也产生了数量非常可观的笔记，而清代则是笔记的集大成时代。宋代比较著名的笔记，比如王应麟的《困学纪闻》、洪迈的《容斋随笔》、沈括的《梦溪笔谈》、陆游的《老学庵笔记》、吴曾的《能改斋漫录》，以及周密的《武林旧事》、吴自牧的《梦梁录》等，明代如陶宗仪的《南村辍耕录》、陆容的《菽园杂记》、顾起元的《客座赘语》、郎瑛的《七修类稿》、田艺蘅的《留青日札》等都或多或少地记载了当时的方言、俗语。笔记体内容庞杂，题材广泛，遍及社会生活的各个方面。"写作态度上的随意率性，内容上的不拘一格，形式上的不循规范，形成了笔记'语言鄙俚，不以文饰'的文体风格和语言特色。"（齐瑞霞，2016）正是笔记这种行文风格和庞杂的内容，使其记载并保存了大量的俗语词资料。王锳（2001：5）把笔记语料的特点总结为三个方面：一是口语色彩较强；二是词汇容量较大；三是口语程度较高。笔记的作者大都是知识分子、仕宦文人，与俗文学作品中单纯地使用俗词语不同，他们已经不满足于俗语词的发现和记录，有些学者也希望能够解释清楚它们的来源，对它们的意义和用法作出描写。

南宋吴曾的《能改斋漫录》是一部以考据辨证为主的笔记，该书内容丰富，涉及朝野掌故、典章制度、诗词歌赋、方言俗语、风物人情、车服宴饮等方方面面，对方言俗语的记录及名物制度的考释散见于《事始》《辨误》《事实》《方物》《地理》等篇目中，有不少关于魏晋以降的方俗语词的记录和讨论。卷一、卷二为“事始”，对很多方言俗语词语的来源进行了考证，比如：楼罗、麦秋、瘦词、焚香、谓父为爹、不痴不聋、民曰黔首、屋翼名搏风、忺憧、唐突、和买、盐豉、冕始于胡曹、省名禁、踏踿、唾面自干、装潢子、留守、行状、口号、干笑、名纸、节度、待制、舍弟之称、侍读、御笔、冬年贺状、关节、佛妆、恩府、风闻、罢休、客作、点心、方丈、阿谁、鹘突等。这些俗词语也被清代学者吸收到编纂的俗语辞书中，有的也是直接引用了《能改斋漫录》里对某些俗词语的考证，比如：卷二有“点心”一词，吴曾解释如下：

世俗例以早晨小食为点心，自唐时已有此语。按，唐郑傪为江淮留侯，家人备夫人晨馔。夫人顾其弟曰：“治妆未毕，我未及餐，尔可且点心。”其弟举瓯已罄，俄而女仆请饭库钥匙，备夫人点心。傪诟曰：“适已给了，何得又请?”

《土风录》将此俗词收入，并将解释一并引用：

小食曰点心，见吴曾《能改斋漫录》：“唐郑傪为江淮留侯，家人备夫人晨馔。夫人顾其弟曰：‘治妆未毕，我未及餐，尔且可点心。’其弟举瓯已罄，俄而女仆请饭库钥匙，备夫人点心。傪诟曰：‘适已点心，今何得又请?’又《癸辛杂识》：“赵温叔丞相啖，阜陵谓曰：‘我欲作小点心相请。’”俗语小点心亦有出。(《土风录》卷六)

《恒言录》和《谈征》也收录“点心”一词，解释也和《能改斋漫录》如出一辙：

世俗例以早晨小食为点心。自唐时已有此语。案，唐郑傪为江淮留侯，家人备夫人晨馔。夫人顾其弟曰：“治妆未毕，我未及餐，尔且可点心。”其弟举瓯已罄，俄而女仆请饭库钥匙，备夫人点心。傪诟曰：“适已点心，今何得又请?”(《恒言录》卷五)

今人以早饭前及饭后午前午后晡前小食为点心。唐史郑傪为江淮留侯，家人备夫人晨馔。夫人顾其弟曰："治妆未毕，我未及餐，尔且可点心。"则此语唐时已然。（《谈征·名部》）

再如南宋王楙的《野客丛书》也是一部以考据见长的笔记，涉及到制度、经史、诗词、风俗、名物、地理等各个方面，作者对散见在各卷中的一些俗语口语词进行了解释和考证，比如：麦秋、喷嚏、东道主、阿堵、阿、麻胡、鼻祖耳孙、束脩、板舆、端午、众口铄金、丈人、咄嗟等。虽然不是专门的俗语专书，但是对俗词语的解释和溯源已和清代的俗语工具书无异，比如：

【麻胡】今人呼"麻胡来"，以怖小儿，其说甚多。《朝野佥载》云："伪赵石虎以麻将军秋帅师。秋，胡人，暴戾好杀，国人畏之，有儿啼，母辄恐之曰：'麻胡来'，啼声即绝。"又《大业拾遗》云："炀帝将去江都，令将军麻祜浚阪，祜虐用其民，百姓惴栗，呼'麻祜来'以恐小儿，转祜为胡。"又《南史》载刘胡本名坳胡，以其面黝黑，以胡为名，至今畏小儿啼曰"刘胡来"，啼辄止。又《会稽录》载会稽有鬼号"麻胡"，好食小儿脑，遂以恐小儿。四事不同，未知孰是。《缃素杂记》止得二事。（第二十一卷）

【阿买】晋宋人多称"阿"，如云"阿戎"、"阿连"之类，或者谓此语起于曹操称"阿瞒"。仆谓不然，观汉武帝呼陈后为"阿娇"，知此语尚矣。

设谓此妇人之称，则间以男子者，如汉《殽阬碑》阴有"阿奉"、"阿买"、"阿兴"等名。韩退之诗"阿买不识字"，知"阿买"之语有自。（第十三卷）

王楙通过不同文献，对"麻胡"一词的四种来源进行了辑录。第二个词条虽为"阿买"，实则是记录"阿"作为语助附加于人名前的用法，在清代学者的俗语工具书里同样有类似的对"阿""麻胡"的解释，另外像《野客丛书》里出现的"鼻祖耳孙、束脩、唐突、麦秋、东道主、阿堵、端午、丈人"等俗词语清代学者也同样关注。

《野客丛书》第二十九卷"俗语有所自"条云："近龚养正作《续释常谈》二十卷，仆病其未广，更欲续之，未果，姑疏大略于兹。"以相当多的篇幅记录下了当时的口语俗谚，并一一为之追溯文献用例。其中"客作儿、楼罗、噤门、主故、人力、承受、措大、小家子、无状子、茶博士、掉书袋、看人眉睫、对牛弹琴、冷灰豆爆、举头三尺有神明、龙生龙凤生凤”等，至今仍是活跃的口头用语。此部分被《恒言录·卷六》全部收录。

明代郎瑛《七修类稿》全书的内容分为七类，分别是：天地类、国事类、义理类、辩证类、诗文类、事物类、奇谑类。《续稿》七卷也是按照以上七类分为七卷。各卷中也散落一些俗词语：潮汐、雪花六出、岁年、雨夹雪、气候集解（立春、雨水、惊蛰、春分等二十四节气）、铁树开花、天开眼、起复、鸡口牛后、雁塔题名、蓝缕、赘婿、落霞、阿堵、潦倒、褦襶子、纸鸢、偻㑩、乌龙、懞子、秋风、郎等。此外，卷二十四“辩证类”有“谚语始”，虽然名为谚语，实际上是记载了很多当时口语里流行的俗词俗语：

今谚谓临产曰“坐草”，起自晋也。陈仲弓为太丘长，出捕盗，闻民有在草不起子者，回车治之。又骂人“王八贼”，盖五代王建行八，素盗驴贩私盐，人骂王八贼也。今鄙人微薄者曰“小家子”，出《汉书·霍光传》，霍禹长史任宣谓禹曰：“乐成小家子，得幸大将军，至九卿至矣。”“火伴”，出《古乐府》“出门见火伴，火伴始惊忙。”“打草惊蛇”，乃南唐王鲁为当涂令，日营资产，部人诉主簿贪污，鲁曰：“汝虽打草，吾已惊蛇。”“不快活”，桑维翰曰：“居宰相如着新鞋袜，外面好看，其中不快活也。”又有疾曰“不快”，见《三国·华佗传》。“阿谁”，见《庞统传》。“远水不救近火”，乃梁杜朔周之言。“走是上计”，见《南史·王敬则传》，有告敬则曰：“三十六策，走是上计。”“暖房”，见王建宫词云：“太仪前日暖房来”。“经纪”，因唐滕王、蒋王好聚敛，太宗赐帛诸王，敕曰：“滕叔、蒋兄，自能经纪。”“好物不在多”，晋元帝曲宴赋诗，学士朱巩止成一联，自言“好物不在多”。宋张循王以银铸成一球，名曰：“没奈何。”五代唐明宗将立后，夫人曹氏谓王淑妃曰：“我素多病，性不耐烦，妹当代我。”金逆亮制尖靴极长，取于便(革登)，足底处不及指，明谓之“不到头”；又制短鞭，谓之“没下稍”。元新官出京，有应盘缠者同去就与管事，谓之“猫儿头”。宣和间，妇人鞋底以二色帛合而成之。名“错到底”。林商为尉，性廉，令丞皆贪，一日宴会，令丞皆舞而动手，尉止回身而已。令问之，林曰：“长收赞府皆动手，尉再动手，百姓可活耶？”此取“银动手”之起也。五代唐明宗责王建曰：“汝为节度使，不作好事，不长进。”亦出《世说新语》。今骂人曰“杂种”，出晋

《前燕载记》，赞曰："蠢兹杂种。""有身"，出汉元帝与王政君"一幸有身"。

清人在对收集的俗语进行疏证、探源时，引用了很多前人以及清代笔记里的例子。比如《恒言录》就从前代各类笔记中摘录很多例证，除了我们上述介绍的"点心"一词以外，再如：

【关节】《能改斋漫录》："世以下之所以通款曲于上者曰'关节'。然唐已有此语。段文昌言于文宗曰：'今岁礼部殊不公，所取进士，皆子弟无艺，以关节得之。'又《唐摭言》云：'造请权要，谓之关节。'案《汉书·佞幸传》'高祖有籍儒，孝惠帝时有闳儒，与上卧起，公卿皆因关说。'乃知关节盖本于关说也。"

这是摘录自吴曾《能改斋漫录》卷二·事始·关节。不过在前人述作的基础上进一步发展，对该例证做了补充："《后汉书·方术传》：'古之仙者为导引之术，熊经鸱顾，引挽要体，动诸关节。'关节犹言骨节也。此又一义。"再比如《野客丛书》卷十三里有"丈人"一词解释如下：

【丈人】今人呼丈人为泰山，或者谓泰山有丈人峰故云。据《杂俎》载唐明皇东封，以张说为封禅使。及已，三公以下皆转一品。说以婿郑镒官九品，因说迁五品。玄宗怪而问之，镒不能对，黄番绰对曰："泰山之力也。"与前说不同。后山送外舅诗"丈人东南英"，注谓丈人字，俗以为妇翁之称，然字则远矣。其言虽如此，而不考所自。仆观《三国志》裴松之注"献帝舅车骑将军董"句下，谓"古无丈人之名，故谓之舅。"按裴松之，宋元嘉时人，呼妇翁为丈人，已见此时。

钱大昕在《恒言录》里只摘取了一部分，并在其后用"按语"的形式进行了解说：

【丈人】《野客丛书》丈人字，俗以为妇翁之称。仆观《三国志》裴松之注"献帝舅车骑将军董"句下，谓"古无丈人之名，故谓之舅。"按裴松之，宋元嘉时人，呼妇翁为丈人，已见此时。

大昕按，裴氏注云："董承，汉灵帝母董太后之姪，于献帝为丈人。古无丈人之名，故谓之舅也。"裴所云丈人者，唐人谓之表丈人，今人所谓表叔也。王氏据以为妇翁之称。误矣。柳子厚祭其妇翁杨凭文称丈人，而自称子婿。盖唐人乃有此称。

我们对《恒言录》的例证进行全部考察，发现其他来自各类笔记的俗词语，我们用表格列出。

表 5.3 《恒言录》中转引自各类笔记的俗词语列表

《恒言录》中的俗词语	引用的笔记名称
快活、懂子、吃茶、打秋风	明·郎瑛《七修类稿》
眼孔	唐·张鷟《朝野佥载》
爱富	唐·李匡文《资暇录》
人事	宋·许观《东斋记事》
关节、打叠、舍弟、女子称姐、客作、经纪、行状、神道、点心、唾面自干、掩耳盗铃	宋·吴曾《能改斋漫录》
旁边、丈人、对牛弹琴	宋·王楙《野客丛书》
称父曰老子、只许州官放火	宋·陆游《老学庵笔记》
小娘子、纸马	南宋·吴自牧《梦粱录》
友婿曰连襟	南宋·洪迈《容斋三笔》
放债、灯搽、椀子	南宋·洪迈《容斋五笔》
汉子、胰子、丫头、坐婆、䩺䩬、花押、扶乩、石敢当	元末明初·陶宗仪《辍耕录》
履历、花烛	唐·封演《封氏闻见录》
注脚	南宋·王应麟《困学纪闻》

《证俗文》中除了广引《说文》《玉篇》《字典》《字汇》《字汇补》《九经字样》《尔雅》《广雅》《广韵》《集韵》《篇海》《释名》《方言》《汉书》《后汉书》《晋书》等经史类的经典之外，还涉及到较多的笔记类、杂说文集类的著作，我们粗略统计，引用比较多的有唐尉迟枢的《南楚新闻》、宋王应麟的《困学纪闻》、宋周密的《齐东野语》、宋沈括的《补梦溪笔谈》、宋孔平仲的《珩璜新论》、元末明初陶宗仪的《辍耕录》、元忽思慧的《饮膳正要》、明田汝成的《委巷丛谈》、明袁彬的《北征事跡》、明陈仁锡的《潜确居类书》、明陈懋仁的《庶物异名》、明张景岳的《景岳全书》、明末清初的顾炎武的《日知录》、清王士禛的《香祖笔记》、清张学礼的《中山纪略》等笔记著作。比如：

【岁始】三始即三朝也。岁始曰献岁。《楚辞·招魂》："献岁发春兮。"王逸注："献，进也。言岁始来进，春气奋扬也。"《史记·天官书》："腊之明日曰初岁。"《四民月令》："亦曰小岁。"又《东京梦华录》："除夕夜，士庶之家，围炉团座，达旦不寐，谓之守岁。”《风土记》：“除夕夜祭先竣事，长幼聚饮祝颂而散，谓之分岁。”苏轼《馈岁诗》序：“蜀中值岁晚闲遗，谓之馈岁。酒食相邀为别岁。”案，今东齐以除夕分守岁钱酒肉问遗为饯岁，宗族相过为辞岁。……

郝懿行解释“岁始”，引用了崔寔的《四月民令》、宋代孟元老的笔记体散文《东京梦华录》、晋代名人周处所作的地方风物志《风土记》以及苏轼的诗等文献。

【面衣】疑即今俗所谓袱子也。《晋书·惠帝纪》：“尚书高光进面衣。”案，《西京杂记》：“赵飞燕为皇后，女弟昭仪上襚三十五条，有金花紫罗面衣。”则汉时已有之。陈仁锡《潜确居类编》云：“前后全用紫罗为幅，下垂杂他色为四带垂于背，为女子远行乘马之用，亦曰面帽。”

西汉刘歆的历史笔记小说集《西京杂记》里出现了“面衣”一词，而明代陈仁锡的《潜确居类编》已经对“面衣”作了比较详细的解释。郝懿行将其吸收到自己的俗语专著《证俗文》中。

【暖房】《日知录》：“《水经·鲍丘水》注云：‘土垠县有观鸡寺，寺内起大堂甚高，广可容千僧，下悉结石为之，上加涂墼，基内疏通，枝经脉散。基侧室外，四出爂火，炎势内流，一堂尽温。’此今人暖房之制，形容尽之矣。”案，北方又有地炕，凿地为坎，然柴其中，满室如春，名曰地炕，其实暖房耳。

郝懿行引用了顾炎武《日知录》中对“暖房”一词的详细解释：暖房的制作材料、取暖的原理等，另外，郝氏又用案语进一步补充说明北方的地炕实际与暖房所指相同。

《释谚》对很多俗语的考证都非常细致，旁征博引，更为重要的是，作者对很多语汇的考辨也是采取了雅俗互证的方法。从古代的各类经典著作到各类诗词歌赋、随笔、文集等，既采用了很多雅文化的资料又蕴含了俗文化的信息，其中也包括各朝代的笔记，比如：

【苦船】《西溪丛语》：“今人病不善乘船，谓之苦船，北人谓之苦车。”苦，音库。《贫膗闲评》《研北杂志》《言鲭》引之，谓即俗云“注船”也。《通俗编》卷二十六，按，即今所谓晕船。《集韵》作瘔。郭麐《樗园消夏录·卷中》亦引姚说，谓“注”皆“苦”之讹，谓患苦之也。

解释"苦船"一词，有诸多"笔记"资料的引用：宋姚宽的《西溪丛语》是宋代一部重要的考辨类笔记作品，作者姚宽旁征博引，其中包括对一些俗语词的考辨，平步青将其引入《释谚》。另外还有宋袁文的《瓮牖闲评》、元陆友《研北杂志》、清吕种玉《言鲭》、清郭麐《樗园消夏录》，又有同类著作《通俗编》相关观点的借鉴。

【当家】《研秋斋笔记》卷下《韩非子·六反第四十六》："夫当家之爱子。"按《史记·秦始皇本纪》已有"百姓当家则力农"之语。《读书杂释》卷十四："北人称同姓曰当家。"二字见《酉阳杂俎》魏贞谓周皓曰："汴周简老义士也，复与郎君当家。"今可依之。又别一义。《桐荫清话》卷二引王建诗："不是当家频向说。"与范成大诗："邮庄儿女各当家"，则如今谚所云。今北人又以之呼车夫，亦奇。

平步青对"当家"的解释，引用的笔记例证既有唐代段成式的笔记小说《酉阳杂俎》，又有同时代刘彦矩的《研秋斋笔记》、徐鼒的学术笔记《读书杂释》以及倪鸿的《桐荫清话》。

《土风录》资料征引范围也很广泛，包括经史子集、类书以及历代笔记、小说等。我们发现该书多处援引晋代周处的《风土记》（裹粽子、花朝、灶门、廿四夜、守岁等）、梁宗懔的《荆楚岁时记》（穿针、九九等）、宋孟元老的《东京梦华录》（打春、腊八粥、廿四夜）、宋周煇的《清波杂志》（空贴拜年）、宋沈括的《梦溪笔谈》（接坑三姑娘）、元陶宗仪《辍耕录》（穿耳）、明田汝成《西湖游览志》（花朝）、唐李淖《秦中岁时记》（悬天师像）、清褚人获《坚瓠集》（廿四夜）等。

翟灏的《通俗编》更是"搜罗宏福，考证精详，而自成其为一家之书，非他家所能及也"，据汪亮（2006）统计，书中所引用书目涉及了经史子集、诗文词曲、小说、字书以及诗话、艺谈、佛经、道书中的材料，共计2700余种。该书解释俗词语所使用的前人笔记类的例证更是十分丰富，比如：

【不郎不秀】《留青日札》："元时称人以郎、官、秀为等第，不郎不秀，是言其不高不下也。"按：《日札》著有二说，其一说谓即《诗》"不稂不莠"之讹，牵强不足取。（卷十一·品目）

【方头】《辍耕录》："俗谓不圆通转变者曰'方头'。陆鲁望诗：'头方不

会王门事，尘土空缁白纻衣。'" 唐时已有此语。（卷十一·品目）

【闲人有忙事】《能改斋漫录》："'闲人有忙事'，俗语也。韩偓诗用之云：'须信闲人有忙事，且来冲雨觅渔师。'"（卷十二·行事）

【擘画】《困学纪闻》："擘画出《淮南子》。"（卷十二·行事）

【会郎、会亲】《梦粱录》："两新人于三日或七朝、九日，往女家行拜门礼，广设华筵，欵待新婿，名曰'会郎'。至一月，婿家开筵，延欵亲家及亲眷，谓之'贺满月'、'会亲'。"（卷九·仪节）

【三婆两嫂】《老学庵笔记》载："尚书省二十四曹语：'吏勋封考，三婆两嫂。'盖驾幸临安后，士大夫亡失告身、批书者多行贿赂，吏曹吏胥皆致富余，故云。"（卷二十二·妇女）

【脚钱】《朝野佥载》："监察御史李畬请禄米，送至宅，母问脚钱几，令史曰：'御史例不还脚车钱。'母令送脚钱以责畬。"《豹隐纪谈》："吴俗重至节，互送节物，颜侍郎度有诗讥之云：'脚钱费尽浑闲事，原物多时还再归。'"（卷二十三·货财）

上述词语的例证就涉及到了唐代的《朝野佥载》，宋代的《困学纪闻》《老学庵笔记》《能改斋漫录》以及明代的《留青日札》《辍耕录》等笔记著作，《通俗编》引自各朝代笔记的俗词语数量众多，不再一一列举。

从上述分析可以看出，清代俗语辞书其实是在广泛征引前人俗语文献资料的基础上累积而成。清代以前的各种俗语专著，除了可以给清代俗语辞书提供语料以外，前人对俗语的阐释方式也给清代学者以借鉴。另外，唐代以后兴盛的各类笔记大部分都零零散散地收录了一些俗词语，清代学者在编纂俗语辞书的过程中也广泛地予以收录。除此之外，各种小说、杂著、诗话以及一些碑文、地方志和民间的街谈巷议等都成为清人引用的来源，这些都是清代学者吸收前代俗语研究成果的证据。清代学者对俗语收录和诠释的进步、发展，清代学者俗语观的形成，一定程度上是建立在前代学者俗语研究基础上的。

第四节 清代社会思潮的影响

"一种学术事业的繁荣，没有一定的社会条件也是不行的。"（何九盈，

2013：290）概括我国秦代之后的时代思潮为“汉之经学，隋唐之佛学，宋及明之理学，清之考证学。”并指出清代思潮，“简单言之，则对于宋明理学之一大反动，而以‘复古’为其职志者也。”清朝初期，以黄宗羲、顾炎武为代表的清代学者反对宋明理学的空谈，极力推崇汉代的经学和小学，研究经世致用之学。他们重考据，求实证，要把“经”的研究建立在古音古义研究的基础上，在此情况下，考据学兴起。另一方面当时统治者们施行的各项政策，也客观上促进了考据学的兴盛。

清朝的统治者们对待汉族学者实行了软硬兼施的政策，一方面，清王朝统治者害怕反清斗争对其统治地位的威胁，为巩固皇权统治，加强思想、文化控制，从而大兴文字狱。龚自珍的名言“避席畏闻文字狱，著书只为稻粱谋”，是对清代文字狱后果的真实写照。所以文人学士不敢妄言时事，大都选择逃避现实，将兴趣转移到古文献上作考据性的学问。另一方面，满清统治者认识到只靠残酷的镇压并不能消除汉族人民的仇恨心理，所以在施行严酷的文化统治的同时，也对广大汉族知识分子进行拉拢，开科取士，封官晋爵。另外，清前期的各朝统治者，从康熙到乾隆，一直奉儒家思想为正统，极力提倡尊孔读经。清朝统治者们尊重弘扬儒家文化的目的之一便是将士大夫们的注意力转向书斋，从而转移民族矛盾的视线，以进一步巩固自己的统治。由此，举国上下形成了浓郁的考据之风，而这种风潮于乾嘉学派达到鼎盛。

清代考据之风的兴盛也影响到其他学术方面的探讨，包括对俗语的研究。清人对俗语词的研究目的主要是考证其源流，探求俗语在古文献中的最早出处，而对俗语词在当时的实际使用不太重视。正如胡奇光（2005：207）所言：“清代小学各个部门的研究，都打上了向古代回归的烙印：音韵学以上古音为研究中心，文字学以《说文》研究为主体，训诂学以考释古义、探求语源为目标，语法学以经传虚词为研究重点，甚至方言、俗语的研究也不重于活语言的调查，而以考求古书上的最早出处为主要任务。”这种小学研究重视词语探源的传统，讲究“无一字无来历”，也使从事俗语研究的学者们认为“街谈巷语亦字字有所本”①。但是经常使用这些俗语的人对其来源大多都

① 钱大昭《迩言》沈涛序：“昔人言杜诗韩笔无一字无来历，岂知街谈巷语亦字字有所本。世人之习焉不察，好学深思者触类皆通。”

"茫然无知"，"叩其出处，老生宿儒有不能骤应者。"① 清伊秉绶在《谈徵·自序》中讲得更加明白："至若吾人日用所常见常闻，及所常行者，多习焉不察，或就事论事，或人云亦云。竟至曰名之不知所自起，言之不知所自出，事事物物不知所自来，亦何异曰饮食而不知饮食之味也？予性鄙琐，经书奥义、圣贤格言，不知求解；眼前景、口头语，祇觉无一事无一字无来历。"所以就需要学者们来考释这些词语的来源。而且"一些学者认为这种工作'或于小学之一助焉'，认为它是传统语文学（小学）的一个重要组成部分。它的内容不同于经籍词语的训诂考释，但理论方法明显受经籍词语训诂的影响。"（符淮青，2012：289）明清俗语辞书中有相当一部分就包含这一编纂目的，重视探求俗词语的来源，对词条的阐释也是以寻源为主。再加上当时常用的口语词也已经同传统的书面语使用的雅言有一定的距离，比如：陈士元《俚言解·序》云："乡俗常语，多有证据，听者玩熟而茫无考辨，则古圣察迩言何为哉！尝读《方言》，与今时所言颇不类，而《通俗文》并《释常谈》等书又指引不广。"陈士元指出乡俗常言"听者玩熟而茫无考辨"，所以就需要去寻求乡俗常语的理据。而且由于语言的发展，汉代的《方言》"与今时所言颇不类"，不能解释后代的语言现象。古白话中俗语不可解者甚多，有许多词从字面上看，属于现在还在使用的普通词语，但其词义往往不是人们所熟悉的今义。有的是新产生的口语词，有的是古已有之，但是意义发生了变化，需要去解释这个现代常用的意义。

对俗词语作深入考证的阐释不是某本俗语工具书独有的特点，在各本俗语辞书的词语阐释中，都会反映出考据之学对俗语研究的影响。比如：

【合同】《周礼·天官·小宰》："听称责以傅别，听买卖以质剂。"注云："傅别，谓为大手书于一札，中字别之。质剂，谓两书一札，同而别之。"又《秋官·朝士》"凡有责者，有判书以治则听"疏云："半分而合者，即质剂、傅别分支合同，两家各得其一者也。"按：今人产业买卖，多于契背上作一手大字，而于字中央破之，谓之合同文契。商贾交易，则直言合同而不言契。其制度称谓，由来俱甚古矣。（《通俗编》卷二十三）

① 来自清易本烺《常语搜》"弁语"。

"合同"各方执以为凭的契约、文书。翟灏考察其前身，即西周时出现的借贷契约的两种形式：傅别和质剂。

【斟酌】《国语·周语》云："而后王斟酌焉"。《荀子·富国》："节其流，开其源，而时斟酌焉。"《汉书·律历志》云："斟酌建指，以齐七政。"《扬雄传》云："皆斟酌其本，相与放依而驰骋云。"《叙传》云："斟酌六经，放易象论。"《白虎通》云："言周公辅成王，能斟酌文武之道而成之也。"《后汉书·章帝赞》曰："左右艺文，斟酌律礼。"《张奋传》云："犹周公斟酌文武之道。"《班彪传》云："因斟酌前史而讥正得失。"班固《两都赋》云："腾酒车而斟酌。"又典引云："屡访群儒，咨故老，与之乎斟酌道德之渊源，肴核仁义之林薮。"仲长统《昌言》云："非能斟酌贤愚之分，以开盛衰之数也。"

《蔡邕传》云："斟酌群言，韪其是而矫其非。"《魏志·袁涣传》云："常谈曰：世治则礼详，世乱则礼简。全在斟酌之闲耳。"《宋书·恩幸传》论："都正俗士，斟酌时宜。"（《迩言》卷一）

《迩言》对"斟酌"的考证和文献征引非常丰富，罗列了"斟酌"在不同时期的不同意义的例证。

传统小学家们在研究语言时，其研究的主要目的是给那些正统经传"解经求义"，很少关注俗语口语的研究。但是，与之同时的以翟灏为代表的一些学者却不随波逐流，他立足于口语，重视"目前"事、"唇间"语言的研究考证。这是从事俗语研究的清代学者和传统小学家们在语言研究中显现出的不同特点，但是在研究方法上受考据之风的影响，二者又具有相同的地方，即重视词语的考源、考证，俗语研究亦不例外。

另外需要指出的是，清代丰富的藏书给俗语研究提供了丰富的资料。清代统治者虽然大兴了几次文字狱，随之而禁毁了一些书，但是在恢复和整理汉民族的传统文化方面也做了不少工作。清代统治者用科举考试，纂修大型历史丛书等方式来笼络汉族知识分子。比如康熙时开明史馆，雍正时编辑《古今图书集成》，乾隆时纂辑《四库全书》，不论他们的动机如何，在客观上促进了学术事业的发展。因为纂修大型丛书，就需要在全国范围内搜集古籍材料，征集图书资料，这为一些学者接触到大量的古典文献资料创造了难得的机会，清代成为小学研究的黄金时代。另外，《四库全书》《古今图书集成》《康熙字典》等大型丛书以及字典的编纂也促使清代藏书阁的兴起。清乾隆年间，为了庋藏《四库全书》，在全国修建了 7 座皇家藏书楼。朝廷的大肆搜集，使许多尘封多年的珍贵图书都浮现出来。保存了大量的文献，此时丰富的古籍资料也为诸多著书提供了重要的客观条件，其中也包括清代学者编纂的俗语类工具书。

清代地方官学藏书也很丰富。《里语征实》的编纂者唐训方所在的湖南地区“至少有 83 个地方官学藏书处”。此外，丰富的私人藏书也给编辑者们提供了可以考察的资料。比如，以籍贯而论，清代的俗语工具书的作者大部分出生在江南地区，翟灏、梁同书、陈鳣、平步青等都是浙江人，顾张思、钱大昕、钱大昭是江苏人。江南地区经济比较发达，文化教育比较普及，私人藏书也异常丰富。据叶挺铸（2006）统计在四大藏书楼类型中私家藏书楼最多，而且主要分布在江南地区，其中浙江种类较为齐全，保护较好。浙江素有“文物之邦”之称，尤其是私家藏书历来称盛。袁同礼在《清代私家藏书概略》里说：“有清一代藏书，几为江浙所独占，考证之学，盛于江南者，盖以此也。”（徐吉军，1989）据统计，从清初到辛亥革命前的二三百年中，浙江出现了 350 多位藏书家。乾隆年间，清廷开四库馆纂修《四库全书》，乾隆就点名东南六家藏书楼，其中浙江独占 4 家。藏书丰富，《恒言广证》的编写者陈鳣的向山阁藏书“也达 10 万卷之富”。假如没有这些丰富的私家藏书，清代学者怎能博览群书，取得举世瞩目的辉煌成就呢？这些丰富的藏书使得生活在江浙地区的文人学士们能够占有丰富的资料，为他们的俗语收录以及考证提供方便。

语言的客观发展，前人研究的长期积累以及清代的社会思潮对清代学者词语观的形成具有促进作用。作为中国传统语言学的黄金时代，清代无论在文字学、音韵学还是训诂学等各方面都取得了很大的成绩，这种良好的学术时代背景，使得清代学者们的研究可以有一个更好的基础，使他们能够超过清代以前的任何一个时期。

附 录

本文所用部分工具书原文图片

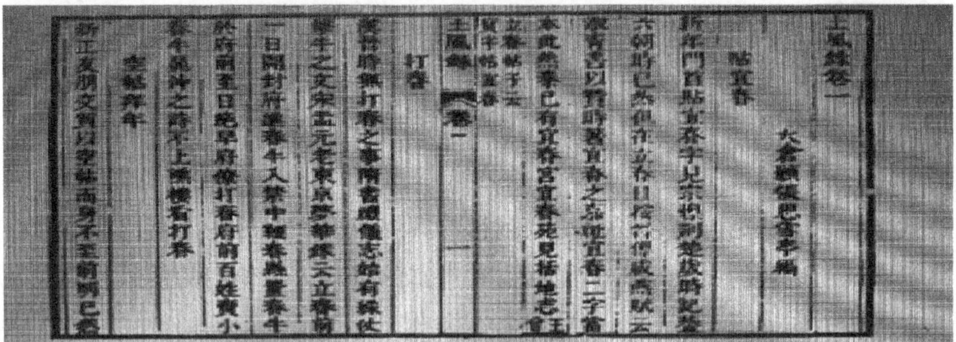

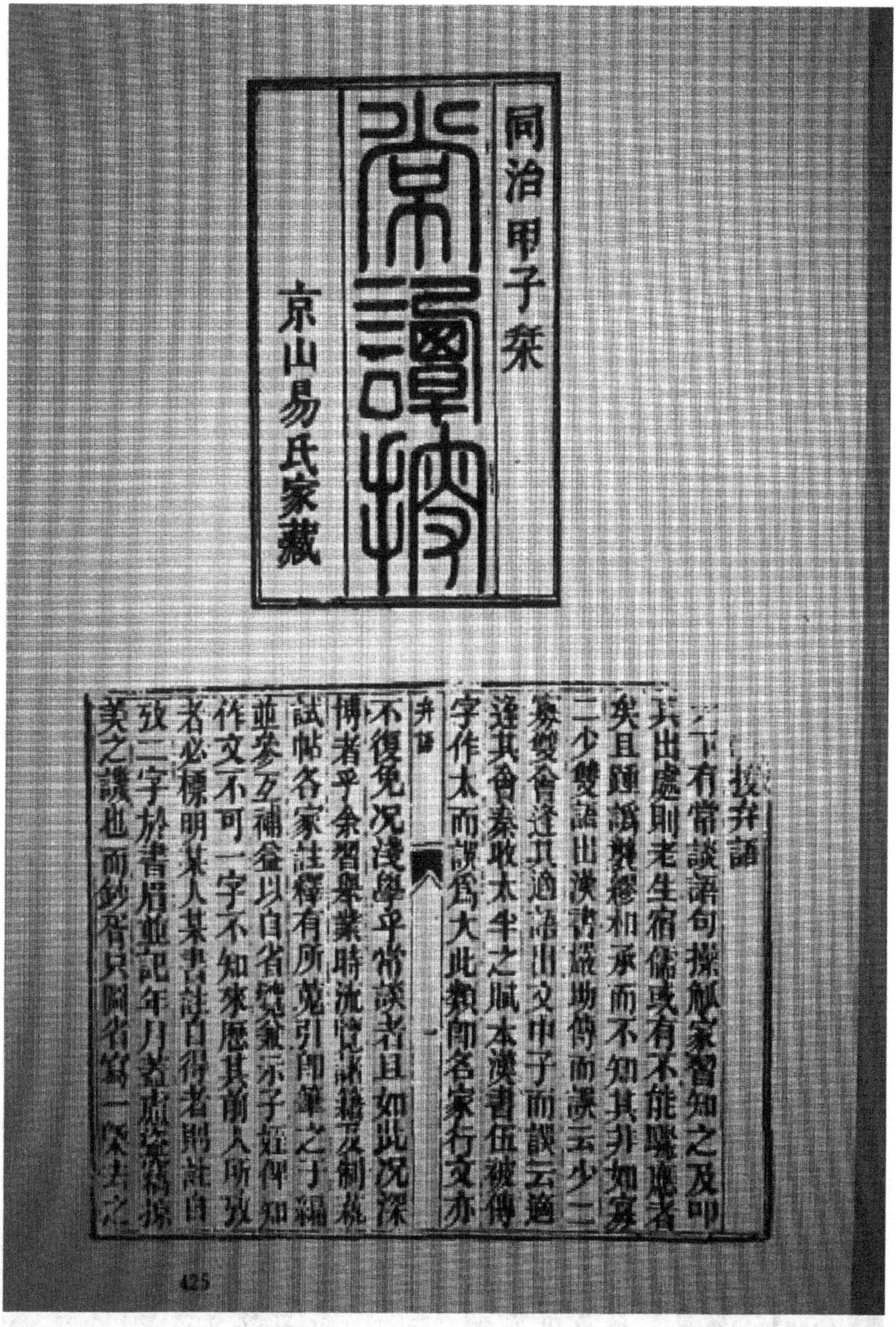
同治甲子栞

常譚搜

京山易氏家藏

跋弁語

之下有常談語句摘触家習知之及叩其出處則老生宿儒或有不能驟應者矣且顛倒舛謬相承而不知其非如寡二少雙語出漢書蕭曹傳而誤云少二寡雙會逢其適語出文中子而誤云適逢其會秦收太半之賦本漢書伍被傳字作太而誤爲大此類則名家行文亦

弁語　一

不復免況淺學乎常談者且如此況深博者乎余習舉業時流覽諸籍及制藝試帖各家註釋有所蒐引即筆之于編並參互補益以自省覽兼示子姪俾知作文不可一字不知來歷其前人所致者必標明某人某書註自得者則註自致二字於書眉並記年月者亦據稿掠美之譏也而鈔胥只圖省寫一概去之

425

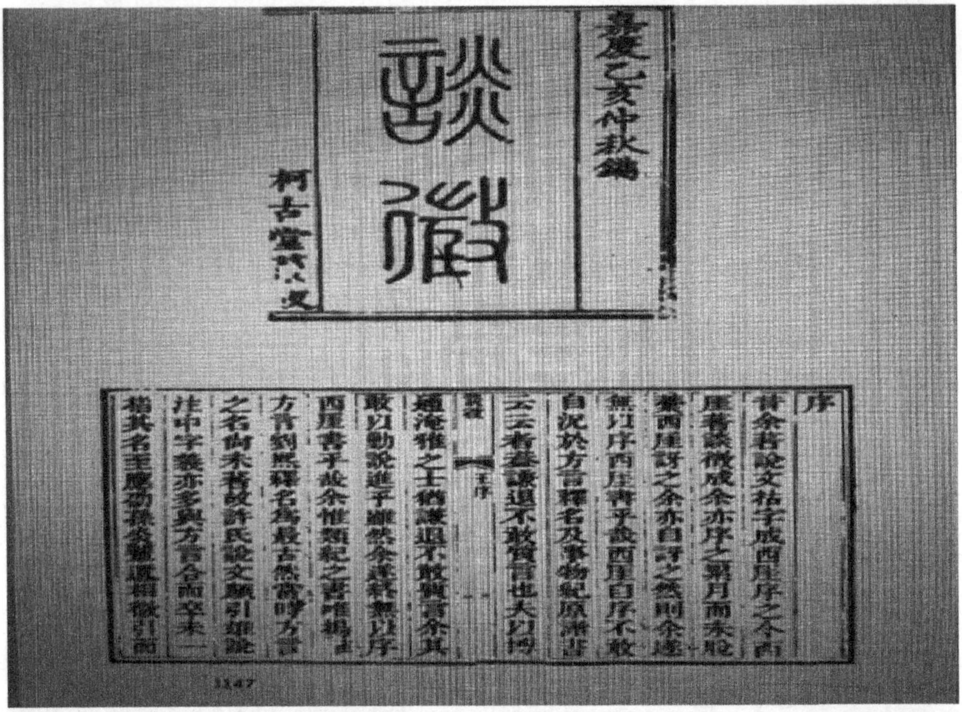
嘉慶乙亥仲秋鐫
談徵
柯古堂
序
1147

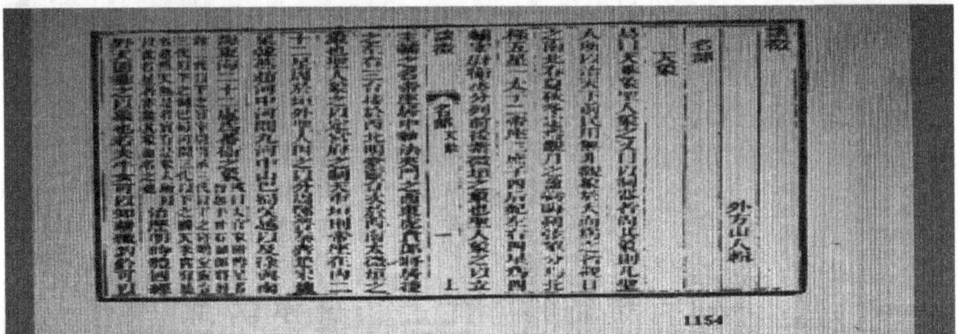
談徵
名部
天象
外方山人輯
1154

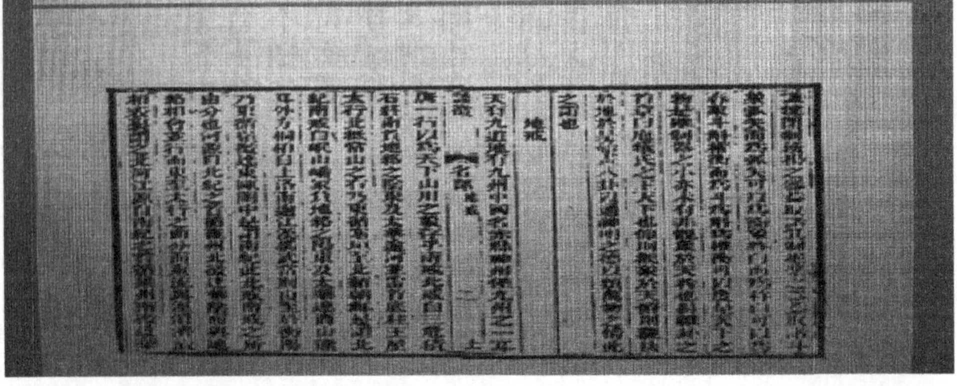
地祇

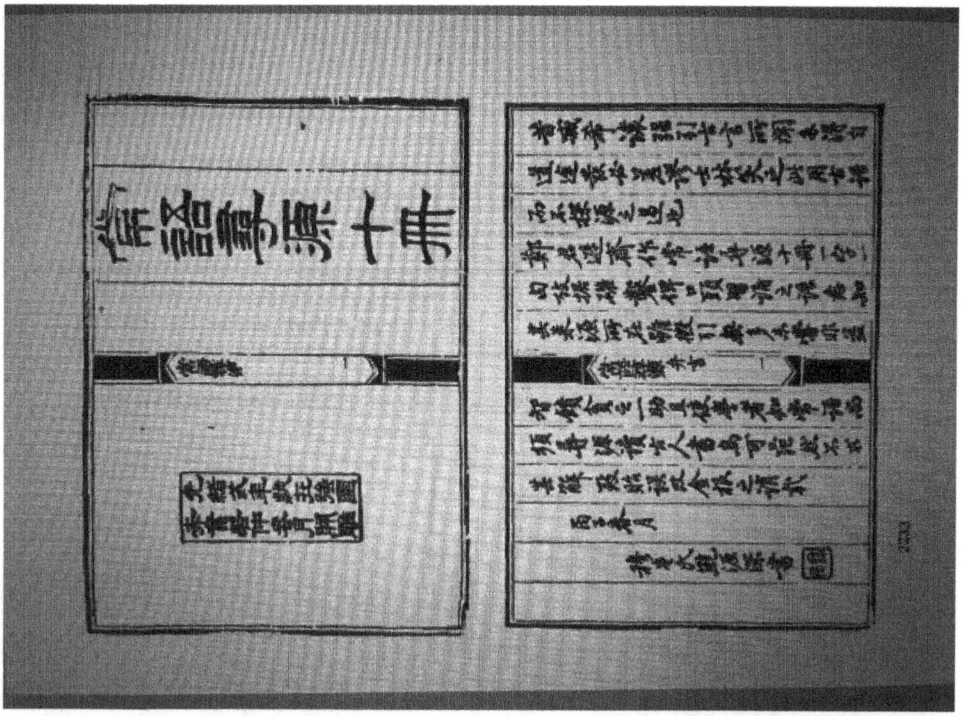

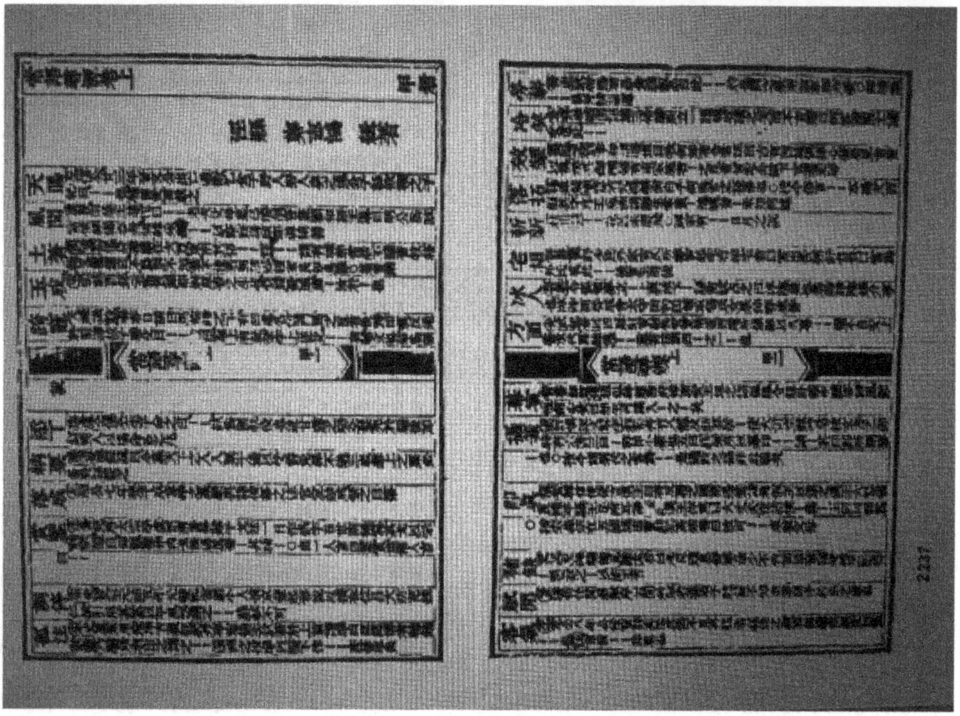

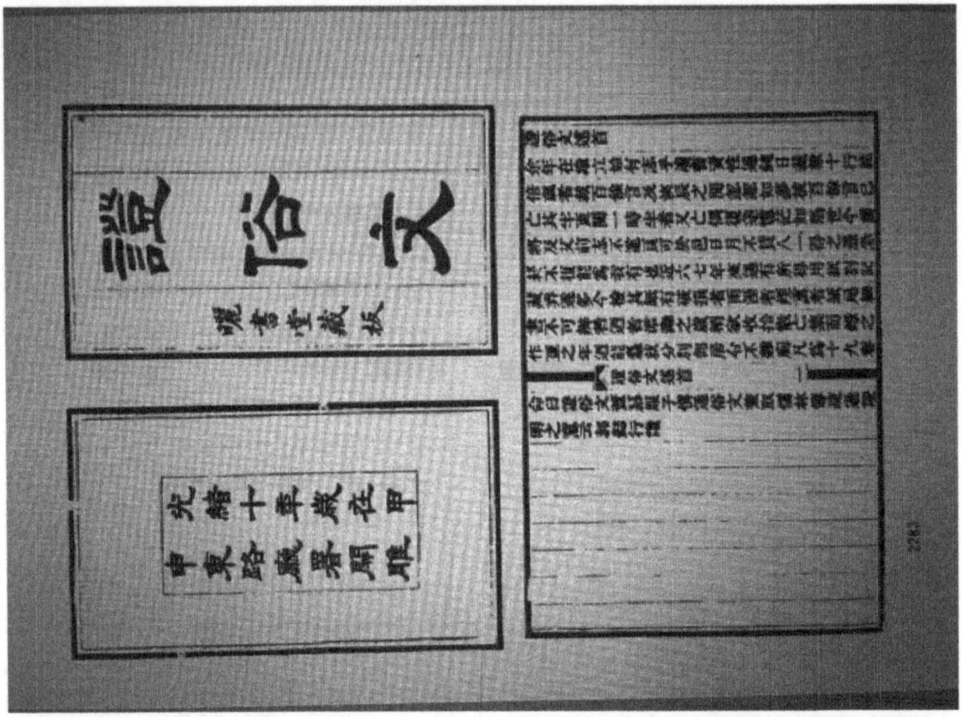
諺俗文

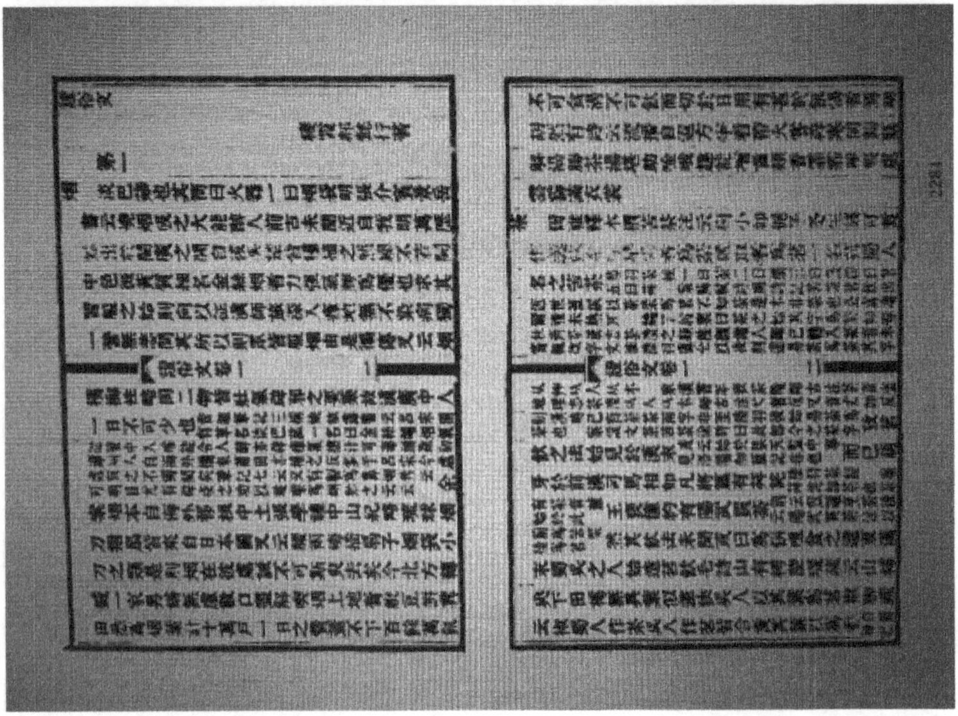

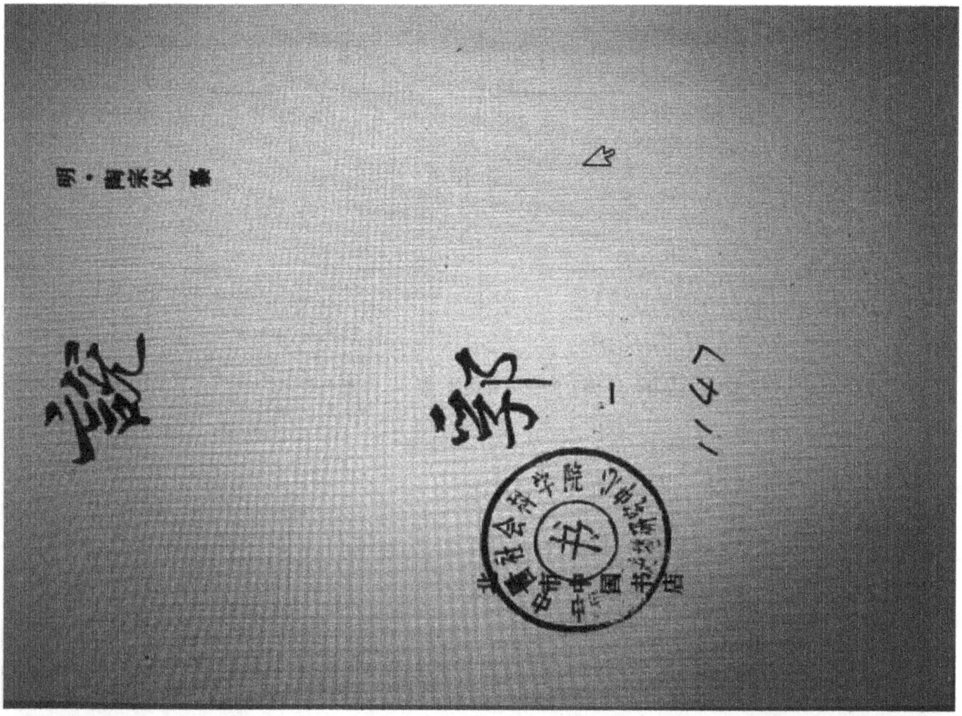

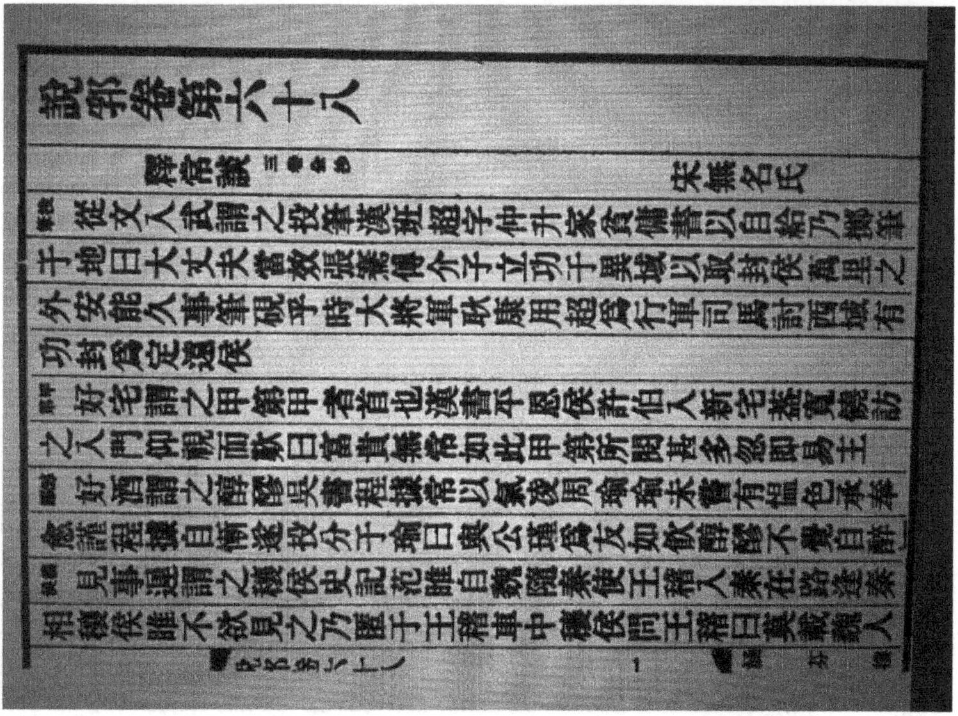

說郛卷第六十八

釋常談 三卷全抄　宋無名氏

從文入武謂之投筆漢班超字仲升家貧傭書以自給乃擲筆于地曰大丈夫當效張騫傅介子立功于異域以取封侯焉且之外安能久事筆硯乎時大將軍耿秉用超爲行軍司馬討西域有功封爲定遠侯

好宅謂之甲第甲者首也漢書平恩侯許伯入新宅蓋寬饒訪之入門仰視而歎曰富貴無常如此甲第所閱甚多忽即易主

好酒謂之醉鄉吳書程普嘗以氣陵周瑜瑜未嘗有慍色承奉愈謹程普自慚遂投分于瑜曰與公瑾爲友如飲醇醪不覺自醉

見事遲謂之穰侯史記范雎自魏隨秦使王稽入秦在路逢秦相穰侯雎不欲見之乃匿于王稽車中穰侯問王稽曰莫載謂人

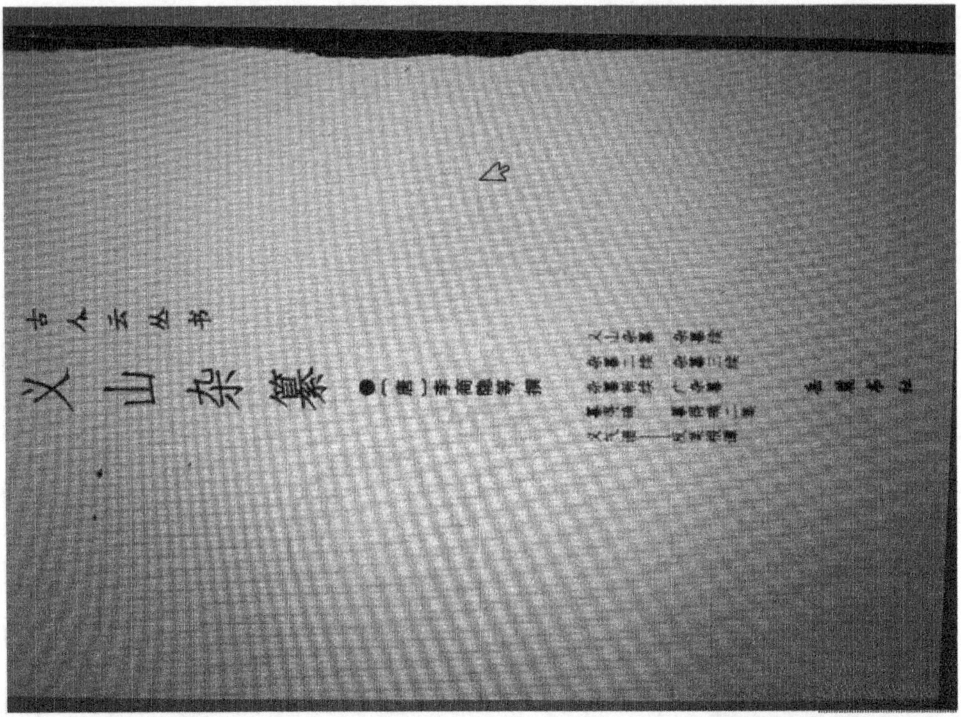
古人云丛书
义山杂纂

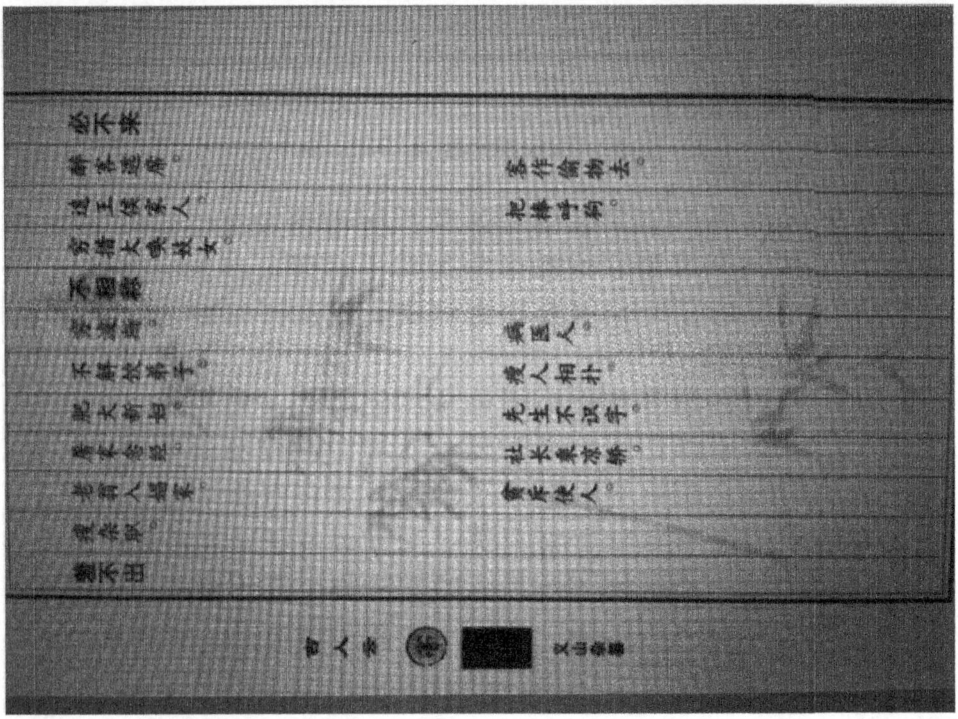

参考文献

1. 工具书及专著类

［1］（日）长泽规矩也．明清俗语辞书集成［M］．上海：上海辞书出版社，1987.

［2］（捷）拉迪斯拉夫．兹古斯塔．词典学概论［M］．北京：商务印书馆，1983.

［3］（日）太田辰夫著，江蓝生、白维国译，汉语史通考［M］．重庆：重庆出版社，1991.

［4］（英）杰弗里・利奇《语义学》，上海：上海外语教育出版社，1987.

［5］（唐）李商隐．义山杂纂［M］．长沙：岳麓书社，2005.

［6］（宋）吴曾．能改斋漫录（全二册）［M］．上海：上海古籍出版社，1979.

［7］（宋）庄绰．鸡肋编［M］．萧鲁阳点校．北京：中华书局，1983.

［8］（宋）赵书向．肯綮录［M］．丛书集成初编［G］．上海：商务印书馆，1939.

［9］（清）梁启超．清代学术概论［M］．上海：上海古籍出版社，2011.

［10］（清）顾张思．土风录［M］．明清俗语辞书集成［C］．上海：上海古籍出版社，1989.

［11］（清）西厓．谈徵［M］．明清俗语辞书集成［C］．上海：上海古籍出版社，1989.

[12]（清）唐训方．里语徵实［M］．明清俗语辞书集成［C］．上海：上海古籍出版社，1989.

[13]（清）梁章钜．称谓录［M］．明清俗语辞书集成［C］．上海：上海古籍出版社，1989.

[14]（清）郑志鸿．常语寻源［M］．明清俗语辞书集成［C］．上海：上海古籍出版社，1989.

[15]（清）翟灏．通俗编［M］．北京：商务印书馆，1958.

[16]（清）郝懿行．证俗文［M］．明清俗语辞书集成［C］．上海：上海古籍出版社，1989.

[17]（清）梁同书．直语补证［M］．北京：商务印书馆，1958.

[18]（清）钱大昭．《迩言》等五种［M］．北京：商务印书馆，1958.

[19]（清）钱大昕，陈鳣．恒言录．恒言广证［M］．北京：商务印书馆，1958.

[20]（清）范寅著．侯友兰等点注．《越谚》点注［M］．北京：人民出版社，2006.

[21]（清）王念孙．广雅疏证［M］．上海：上海古籍出版社，1983.

[22]（清）黄侃．黄侃日记［M］．北京：中华书局，2007.

[23]（清）朱骏声．说文通训定声［M］．北京：中华书局，1984.

[24]（清）刘淇．助字辨略（万有文库版）［M］．上海：商务印书馆，1937.

[25]（清）邵晋涵·尔雅正义［M］．续修四库全书·经部（影印本）［G］．上海：上海古籍出版社，1995.

[26]（清）赵翼．陔余丛考［M］．续修四库全书．子部（影印本）［G］．上海：上海古籍出版社，1995.

[27]《成语大词典》编委会．成语大词典（第 2 版）［Z］．北京：商务印书馆国际有限公司，2013.

[28]商务印书馆辞书研究中心．新华成语大词典［Z］．北京：商务印

书馆，2013.

[29] 中国社会科学院语言研究所．现代汉语词典（第6版）［Z］．北京：商务印书馆，2012.

[30] 辞海编辑委员会．辞海［Z］．上海：上海辞书出版社，1980.

[31] 罗竹风主编．汉语大词典（1-12卷本）［Z］．上海：汉语大词典出版社，1986-1993.

[32] 刘洁修．汉语成语源流大辞典［Z］．北京：开明出版社，2009.

[33] 许宝华，（日）宫田一郎主编．汉语方言大词典［Z］．北京：中华书局，1999.

[34] 向光忠．成语源流通释大辞典［Z］．南昌：江西教育出版社，2011.

[35] 曹炜．现代汉语词汇研究（修订本）［M］．广州：暨南大学出版社，2010.

[36] 曹革成．中华民俗文化［M］．北京：首都师范大学出版社，1994.

[37] 程湘清．汉语史专书复音词研究（增订本）［M］．北京：商务印书馆，2008.

[38] 陈敏．宋代笔记在汉语词汇学理论研究中的价值［M］，北京：光明日报出版社，2009.

[39] 陈云龙．近代汉语专题教程［M］．北京：人民大学出版社，2011.

[40] 董海樱．16世纪至19世纪初西人汉语研究［M］．北京：商务印书馆，2011.

[41] 董秀芳．词汇化：汉语双音词的衍生和发展［M］．成都：四川民族出版社，2002.

[42] 方厚枢．中国字典史略［M］．北京：中华书局，1983.

[43] 方一新．中古近代汉语词汇学［M］．北京：商务印书馆，2010.

[44] 冯胜利．汉语的韵律、词法与句法［M］．北京：北京大学出版社，1997.

[45] 符淮青．汉语词汇学史［M］．北京：外语教学与研究出版社，2012.

[46] 葛本仪 1997《现代汉语词汇论》（第3版）．北京：商务印书馆，2014.

[47] 顾之川．明代汉语词汇研究［M］．郑州：河南大学，2000.

[48] 郭在贻．训诂学（修订本）［M］．北京：中华书局，2005.

[49] 何九盈．中国古代语言学史［M］．北京：商务印书馆，2013.

[50] 胡奇光．中国小学史［M］．上海：上海人民出版社，2005.

[51] 黄建华．词典论［M］．上海：上海辞书出版社，1987.

[52] 黄伯荣．廖序东．现代汉语（修订本）（上册）［M］．兰州：甘肃人民出版社，1988.

[53] 贾彦德．汉语语义学［M］，北京：北京大学出版社，1992.

[54] 江蓝生．近代汉语探源［M］．北京：商务印书馆，2000.

[55] 姜聿华．中国传统语言学要籍述论［M］．北京：书目文献出版社，1992.

[56] 蒋冀骋，吴福祥．近代汉语纲要［M］．长沙：湖南教育出版社，1997.

[57] 蒋冀骋．近代汉语词汇研究［M］．长沙：湖南教育出版社，1991.

[58] 蒋绍愚．古汉语词汇研究［M］．北京：商务印书馆，2005.

[59] 蒋绍愚．近代汉语研究概要［M］．北京：北京大学出版社，2005.

[60] 蒋绍愚，曹广顺．近代汉语语法史研究综述［M］．北京：商务印书馆，2005.

[61] 林玉山．中国辞书编纂史略［M］．郑州：中州古籍出版社，1992.

[62] 刘洁修．成语［M］．北京：商务印书馆，1985.

[63] 刘叔新．汉语描写词汇学［M］．北京：商务印书馆，1990.

[64] 刘叶秋．中国字典史略［M］．北京：北京出版社，2015.

[65] 刘坚，江蓝生等．近代汉语虚词研究［M］．北京：语文出版

社，1992.

[66] 刘玉凯．成语文化［M］．北京：中国经济出版社，2013.

[67] 鲁宝元，吴丽君．日本汉语教育史研究——江户时代唐话五种［M］．北京：外语教学与研究出版社，2009.

[68] 陆志韦．汉语的构词法（修订本）．北京：科学出版社，1964.

[69] 马国凡．成语（修订版）［M］．呼和浩特：内蒙古人民出版社，1978.

[70] 马国凡．惯用语［M］．呼和浩特：内蒙古人民出版社，1982.

[71] 宁榘．谚语、格言、歇后语［M］．湖北教育出版社，1985.

[72] 齐佩瑢．训诂学概论［M］，北京：中华书局，1984.

[73] 钱剑夫．中国古代字典辞典概论［M］．北京：商务印书馆，1986.

[74] 曲彦斌．民俗语言学［M］．沈阳：辽宁教育出版社，2004.

[75] 邱冰．中古汉语词汇复音化的多视角研究［M］．南京：南京大学出版社，2012.

[76] 史存直．汉语史纲要［M］．北京：中华书局，2008.

[77] 史有为．汉语外来词［M］．北京：商务印书馆，2003.

[78] 苏新春．词汇计量及实现［M］．北京：商务印书馆，2010.

[79] 孙常叙．汉语词汇［M］．长春：吉林人民出版社，1956.

[80] 孙维张．汉语熟语学［M］．长春：吉林教育出版社，1989.

[81] 汪维辉．汉语词汇史新探［M］．上海：上海人民出版社，2007.

[82] 王力．汉语史稿［M］．北京：中华书局，2003.

[83] 王力．汉语词汇史［M］．北京：中华书局，2013.

[84] 王力．中国语言学史［M］．上海：复旦大学出版社，2006.

[85] 王勤．汉语熟语论［M］．济南：山东教育出版社，2006.

[86] 王锳．唐宋笔记语辞汇释［M］．北京：中华书局，2001.

[87] 王洪君．基于单字的现代汉语词法研究，北京：商务印书馆，2011.

[88] 王云路．词汇训诂论稿，北京：北京语言文化大学出版社，2002.
[89] 温端政，周荐．二十世纪的汉语俗语研究［M］．北京：书海出版社，2000.
[90] 温端政．汉语语汇学［M］．北京：商务印书馆，2006.
[91] 温端政，吴建生，徐颂列．汉语语汇学研究（三）［C］．北京：商务印书馆，2015.
[92] 温朔彬，温端政．汉语语汇研究史［M］．北京：商务印书馆，2009.
[93] 武占坤．汉语熟语研究通论（修订版）［M］．保定：河北大学出版社，2007.
[94] 武占坤，马国凡．谚语［M］．呼和浩特：内蒙古人民出版社，1980.
[95] 伍宗文．先秦复音词研究［M］．成都：巴蜀书社，2001.
[96] 向熹．简明汉语史［M］．北京：商务印书馆，2010.
[97] 徐朝华．上古汉语词汇史［M］．北京：商务印书馆，2003.
[98] 徐时仪．汉语白话史（第二版）［M］．北京：北京大学出版社，2015.
[99] 徐宗才．俗语［M］．北京：商务印书馆，1999.
[100] 徐国庆．现代汉语词汇系统论［M］，北京：北京大学出版社，1999.
[101] 徐烈炯．语义学（修订本）［M］．北京：语文出版社，1995.
[102] 许威汉．二十世纪的汉语词汇学［M］，太原：书海出版社，2000.
[103] 姚锡远．熟语学纲要［M］．郑州：大象出版社，2013.
[104] 杨爱娇．近代汉语三音词研究［M］．武汉：武汉大学出版社，2005.
[105] 杨伯峻．论语译注［M］．北京：中华书局，1980.

［106］杨慧玲．19 世纪汉英词典传统——马礼逊、卫三畏、翟理斯汉英词典的谱系研究［M］．北京：商务印书馆，2012.
［107］雍和明．中国辞典史论［M］．北京：中华书局，2006.
［108］袁宾．近代汉语概论［M］．上海：上海教育出版社，2005.
［109］袁宾，徐时仪等．二十世纪的近代汉语研究［M］．西安：书海出版社，2001.
［110］曾昭聪．明清俗语辞书及其所录俗语词研究［M］．上海：上海辞书出版社，2015.
［111］邹酆．辞书学探索［M］．武汉：湖北人民出版社，2001.
［112］邹酆．中国辞书学史概论［M］．武汉：湖北人民出版社，2006.
［113］张西平．欧洲早期汉学史：中西文化交流与西方汉学的兴起［M］．中华书局，2009.
［114］张永言．词汇学简论［M］．武汉：华中工学院出版社，1982.
［115］张志毅，张庆云．词汇语义学（第 3 版）［M］．北京：商务印书馆，2012.
［116］张志毅，张庆云．词汇语义学与词典编纂［M］．北京：外语教学与研究出版社，2007.
［117］章宜华，雍和明．当代词典学［M］．北京：商务印书馆，2007.
［118］赵克勤．古代汉语词汇学［M］．北京：商务印书馆，1994.
［119］钟少华．中国近代新词语谈薮［M］．北京：外语教学与研究出版社，2006.
［120］郑振铎．古代辞书史话［M］．成都：四川人民出版社，1986.
［121］郑振铎．中国语言学史［M］．石家庄：河北教育出版社，2000.
［122］周祖谟．汉语词汇讲话［M］．北京：人民教育出版社，1959.
［123］周荐．汉语词汇结构论［M］．上海：上海辞书出版社，2004a.
［124］周荐．词汇学与词典学研究［M］．北京：商务印书馆，2004b.
［125］朱广祁．《诗经》双音词论稿［M］．郑州：河南人民出版

社，1985.

2. 论文类

[1] 常华涛.《水浒传》山东方言词研究［D］. 北京：中央民族大学，2008.

[2] 陈颖.《常语寻源》及其所辑释民俗语汇和俗语词研究［D］. 大连：辽宁师范大学，2010.

[3] 陈树. 关于汉语复合词与词组划界问题的反思［J］. 语文学刊，2011（11）.

[4] 陈秀兰."成语"探源［J］. 古汉语研究，2003（1）

[5] 程湘清. 先秦双音词研究［A］. 先秦汉语研究［C］. 济南：山东教育出版社，1982.

[6] 程湘清. 试论上古汉语双音词和双音词组的区分标准［J］. 东岳论丛，1981（4）.

[7] 单纪珍.《叠雅》训诂研究［D］. 曲阜：曲阜师范大学，2015.

[8] 董明. 明代来华传教士的汉语学习及其影响［J］. 北京师范大学学报，1996（6）.

[9] 董为光. 汉语重叠式概说［J］. 语言研究，2011（4）.

[10] 杜莉. 李调元饮食观及实践的当代价值［J］. 四川旅游学院学报，2015（1）

[11] 方厚枢. 中国辞书史话（上）（下）［J］. 辞书研究，1979（1）（2）.

[12] 傅瑜琴.《俗语典》民俗语汇研究［D］. 沈阳：沈阳师范大学，2011.

[13] 瓌一. 成语、谚语、格言、俗语、俚语的区别［J］. 语文学习，1958（1）.

[14] 郭珑. 王念孙《广雅疏证》叠音词释义术语研究［J］. 广西教育学院学报，2011（3）.

[15] 郭珑．《诗经》叠音词新探［J］．广西师范大学学报（哲学社会科学版），2000（2）．

[16] 郭英德．雅与俗的扭结——明清传奇戏曲语言风格的变迁［J］．北京师范大学学报（社会科学版），1998（2）．

[17] 郭在贻．俗语词研究概述［A］．郭在贻文集（第三卷）［C］．北京：中华书局，2002.

[18] 郭作飞．《金瓶梅》中俗语的文化蕴含与明代社会［J］．求索，2005（4）．

[19] 胡明扬．近代汉语的上下限和分期问题［A］．近代汉语研究［C］．北京：商务印书馆，1992.

[20] 胡运飚．从复音词数据看词汇复音化和构词法的发展［J］．贵州文史丛刊，1997（2）．

[21] 华学诚．论《通俗文》的方俗语词研究［J］．汉语史学报，2002（5）．

[22] 黄薇．《正音撮要》研究［D］．福州：福建师范大学，2014.

[23] 黄征．汉语俗语词研究的几个理论问题［J］．杭州大学学报，1992（2）．

[24] 黄宜凤．明代笔记小说俗语词研究［D］．成都：四川大学，2007.

[25] 江巨荣．元杂剧“常言”“俗语”谈［J］．复旦学报，1983（6）．

[26] 江蓝生．“中国俗语大全”序［J］．语文研究，2004（2）．

[27] 姜柯宇．《史记》重言词研究［D］．成都：西南民族大学，2014.

[28] 蒋宗许．汉语词缀研究综述［J］．西南科技大学学报（哲学社会科学版），2008（3）．

[29] 雷永立．中国近代辞书的发展及其历史背景［J］．辞书研究，1993（4）．

[30] 李旭．《通俗编》熟语研究［D］．呼和浩特：内蒙古大学，2011.

[31] 李扬.《谈徵》与民俗 [J]. 民俗研究，1985 (1).

[32] 李庆军. 略谈古代谚语 [J]. 徐州师范学院学报，1986 (2).

[33] 李如龙. 汉语词汇衍生的方式及其流变 [J]. 河北师范大学学报 (哲社版)，2002 (5).

[34] 李莹莹.《证俗文》研究 [D]. 广州：暨南大学，2011.

[35] 李宇明. 论词语重叠的意义 [J]. 世界汉语教学，1996 (1).

[36] 李无未，陈珊珊. 日本明治时期的北京官话"会话"课本 [J]. 世界汉语教学，2006 (4).

[37] 廖宏艳. 俗语辞书《证俗文》研究 [D]. 上海：上海师范大学，2011.

[38] 林金水，吴巍巍. 传教士. 工具书. 文化传播——从《英华萃林韵府》看晚清"西学东渐"与"中学西传"的交汇 [J]. 福建师范大学学报 (哲学社会科学版)，2008 (3).

[39] 刘慧.《土风录》研究 [D]. 广州：暨南大学，2010.

[40] 刘海云.《骈雅》骈字研究 [J]. 西安：陕西师范大学，2015.

[41] 刘汉文. 俗语词研究的理论思考 [J]. 山东文学，2007 (8).

[42] 罗圣豪. 论汉语谚语 [J]. 四川大学学报 (哲学社会科学版)，2003 (1).

[43] 吕叔湘.《中国俗语大辞典》序 [J]. 语文研究，1987 (3).

[44] 马真. 先秦复音词初探 [J]. 北京大学学报 (哲学社会科学版)，1980 (5).

[45] 马真先秦复音词初探 (续) [J]. 北京大学学报 (哲学社会科学版)，1981 (1).

[46] 马国凡. 四字格论 [J]. 内蒙古师范大学学报 (汉文哲学社会科学版)，1987 (3).

[47] 潘文国. 汉英对比研究一百年 [J]. 世界汉语教学，2002 (1).

[48] 齐瑞霞. 宋代笔记俗语词研究 [D]. 济南：山东大学，2016.

[49] 乔永. 成语鉴别与成语词典收词标准的量化定性研 [J]. 语文研究，2006 (4).

[50] 曲彦斌. 民俗语言学新论 [J]，民俗研究，1992 (1).

[51] 曲彦斌. 现代俗语辞书概说 [J]. 辞书研究，1986 (1).

[52] 孙阳.《迩言》及其民俗语汇研究 [D]. 大连：辽宁师范大学，2007.

[53] 孙月. 俗语在熟语中的定位及特征 [D]. 保定：河北大学，2006.

[54] 孙立涛. 汉代谣谚文化研究综述———兼述我国古代谣谚文化发展脉络 [J]. 兰州学刊，2013 (8).

[55] 王丹. 元明清汉语词缀发展演变史研究 [D]. 苏州：苏州大学，2015.

[56] 王磊. 宋代文学的雅俗观——以宋诗“以俗为雅，以故为新”为例 [J]. 参花，2016 (8).

[57] 王琳.《通俗编》四字格俗语研究 [D]. 武汉：华中科技大学，2008.

[58] 王宁. 论汉字与汉语的辩证关系——兼论现代字本位理论的得失 [J]. 北京师范大学学报（社会科学版），2014 (1).

[59] 王勤. 俗语的性质和范围——俗语论之一 [J]. 湘潭大学报（社会科学版），1990 (4).

[60] 王洪顺. 六角恒广的日本近代汉语教育史研究 [J]，汉语学习，1999 (4).

[61] 王铭宇，周荐. 明末及清中叶中西文献所见汉语熟语 [J]. 河北师范大学学报，2016 (5).

[62] 王亚琼.《通俗编》二字格语汇结构研究 [D]. 石家庄：河北师范大学，2008

[63] 王政红. 组合性成语的生成及性质 [J]. 南京师大学报（社会科学版），2015 (3).

[64] 温端政."中国俗语大全"前言[J].语文研究，2004（2）.

[65] 温端政.语汇研究与语典编纂[J].语文研究，2007（4）.

[66] 肖竹声.四言成语的两项小统计[J].中国语文天地，1987（5）.

[67] 徐吉军.清代浙江私家藏书概论[J].东南文化，1989（6）.

[68] 徐丽.日本明治时期汉语教科书研究[D].北京：北京外国语大学，2014.

[69] 徐时仪.西学东渐与中国近代辞书编纂[J].辞书研究，2010（3）.

[70] 徐时仪.白话俗语词研究的百年历程[J].文献，2000（1）.

[71] 徐文翔.明代文人与民歌[D].天津：南开大学，2014.

[72] 许浩，唐雪凝.传统语言学视野下的成语观——从经典理论看成语[J].现代语文（语言研究版），2007（12）.

[73] 姚锡远."熟语"的种属地位及其定义域[J].汉字文化，1998（2）.

[74] 叶挺铸.藏书楼，一个逐渐陌生了的名字[N].中国文物报，2006-04-21.

[75] 于鹏翔.论乾嘉学派形成中的民族因素[J].松辽学刊（社会科学版），1990（3）.

[76] 雨时.古代歇后语的种类与源流[J].文史杂志，1990（6）.

[77] 云生.关于熟语[J].中国语文，1959（7）.

[78] 曾昭聪.明清俗语辞书的范围及其所录俗语词的特点与研究意义[J].烟台大学学报（哲学社会科学版），2012b（1）.

[79] 曾昭聪.论明清俗语辞书的收词特点——兼论辞书编纂中的"语词分立"观与"语词兼收"观[J].暨南学报（哲学社会科学版），2012a（6）.

[80] 曾昭聪.明清俗语辞书研究的回顾与展望[J].辞书研究，2009（4）.

[81] 张殿典.《里语徵实》的民俗语汇研究 [J]. 文化学刊, 2008 (5).
[82] 张午晴. 隋唐五代谚语研究 [D]. 南京: 南京师范大学, 2015.
[83] 张西平欧洲早期汉学史——中西文化交流与西方汉学的兴起 [J]. 读书, 2012 (9).
[84] 张西平. 语言接触与西方人早期汉语学习论纲 [J]. 国际汉语教育, 2012 (1).
[85] 张志毅, 张庆云. 汉语词汇学的创新问题 [A]. 苏新春, 苏宝荣. 词汇学理论与实践 [C], 北京: 商务印书馆, 2004.
[86] 张子才. 梁章钜的《称谓录》[J], 辞书研究, 1990 (3).
[87] 张爱卿, 秦建文.《西游记》中的俗语研究 [J]. 曲靖: 曲靖师范学院, 2006 (5).
[88] 赵红棉. "成语"一词源流考 [J]. 古汉语研究, 1992 (3).
[89] 赵元任. 汉语词的概念及其结构和节奏 [A], 赵元任语言论文集 [C]. 北京: 清华大学出版社, 1992 年.
[90] 赵伯义. 论钱大昕的《恒言录》[J]. 河北学刊, 1997 (3).
[91] 钟芸.《土风录》研究 [D]. 上海: 上海师范大学, 2010.
[92] 周荐. 惯用语新论 [J]. 语言教学与研究, 1998 (1).
[93] 周荐. 四字格论 [J]. 汉语学报, 2004 (1) c.
[94] 周荐. 词语观的建立和完善与词典收目 [J]. 辞书研究, 2004 (6) d.
[95] 周荐. 熟语的经典性与非经典性 [J]. 语文研究, 1994 (3).
[96] 周祖谟. 中国辞典学发展的历史 [A]. 周祖谟语言文史论集 (卷七) [C]. 北京: 学苑出版社, 2004.
[97] 朱诚. 同义连用浅论 [J]. 古汉语研究 1990 (4).
[98] 祝注先.《义山杂纂》——我国最早的一本歇后语辞典 [J], 辞书研究, 1986 (5).

后 记

本书是在博士论文基础上修改完善而成的。从博士论文题目的拟定到本书的最终完成，凝聚着个人的辛劳，也得到了师友和家人的支持和帮助。因此，在这里我要向大家表示最诚挚的感谢。

首先我要衷心感谢我的导师周荐教授。在一次参加会议的间隙，老师把清代学者的词语观这一课题交给我，并要求与清代前后以及域外汉语研究进行对比。从最初确定选题到最后修改定稿，老师多次给出建设性的指导意见，并直接提供手边的相关资料，书成时又欣然赐序。老师宽阔的学术视野和高屋建瓴的学术眼光不但引导我大大开阔了思路，而且对我今后的工作和研究都产生了重要的影响。

在南开大学学习期间，我还有幸聆听了曾晓渝、王红旗、孔祥卿、杨琳、谷峰等各位先生的精彩课程，老师们旁征博引、深入浅出的讲学使我受益匪浅。特别感谢曾晓渝、王红旗、孔祥卿三位老师，论文从开题到最后的定稿，离不开三位老师的悉心指导和帮助。老师们高屋建瓴的指导，使我不断从困惑中解脱出来，最终顺利地完成了论文的撰写，也从而有了今天这本小书的出版。

另外，要特别感谢我的硕士生导师张志毅先生。先生将我领进了词汇学的大门，是我学习语言学的引路人。我清楚地记得先生在第一次课上就提出了“培养创造性思维”和“站在学术前沿”的要求，告诫我们一定要站在前人的肩膀上学习。每每想起老师对我们的严格要求，我总是不敢有丝毫的放松、怠慢。从老师那里，我接受的不仅是具体的专业理论知识，更是严谨的治学精神和踏实的工作态度。先生的言传身教，我终生难忘。

此外，我还要感谢家人的默默付出和鼎力支持，感谢未来趋势文化传媒以及吉林大学出版社诸位编辑的辛苦校改，感谢我所在学校和学院的支持！本书写作过程中得到了山东省教育厅人文社科项目和烟台大学博士启动金项目的资助，在此一并致谢！

由于本人知识储备有限，本书一定还有不尽如人意之处，谨企盼前辈和同行批评指正。另外，受排版印刷以及材料等方面的限制，本书定稿之际删除了原博士论文的最后一章“清人词语观与域外汉语词语观的对比”。虽有些许遗憾，但以后我将在进一步搜集材料的基础上充实和完善这一部分的内容。

徐小波

2019 年 7 月 19 日